春秋左氏經傳集解

【合編本】

中册

〔東周〕左丘明 傳
〔西晉〕杜預 集解
但誠 整理

十三經漢魏古注叢書

商務印書館
創于1897 The Commercial Press

商务印书馆（上海）有限公司 出品
The Commercial Press (Shanghai) Co.Ltd

春秋左氏經傳集解宣公上第十

春秋左氏經傳集解宣公上第十〔一〕

杜　氏

宣公元年

〔宣經·元·一〕

元年春王正月，公即位。[一]

［一］無《傳》。

〔宣經·元·二〕

公子遂如齊逆女。[一]

［一］不譏喪娶者，不待貶責而自明也。卿爲君逆，例在文四年。

(宣傳·元·一)

元年春王正月，公子遂如齊逆女，尊君命也。[一]

［一］諸侯之卿出入稱名氏，所以尊君命也。《傳》於此發者，與還文不同，故釋之。

〔宣經·元·三〕

三月，遂以夫人婦姜至自齊。[一]

［一］稱婦，有姑之辭。不書氏，史闕文。

〔一〕原卷標題“宣”字後闕“公”字，據本書體例補。

（宣傳·元·二）

三月，遂以夫人婦姜至自齊，尊夫人也。[一]

［一］遂不言公子，替其尊稱，所以成小君之尊也。公子，當時之寵號，非族也，故《傳》不言舍族，《釋例》論之備矣。

〔宣經·元·四〕

夏，季孫行父如齊。

（宣傳·元·三）

夏，季文子如齊，納賂以請會。[一]

［一］宣公簒立，未列於會，故以賂請之。

〔宣經·元·五〕

晉放其大夫胥甲父于衛。[一]

［一］放者，受罪黜免，宥之以遠。

（宣傳·元·四）

晉人討不用命者，放胥甲父于衛，[一]而立胥克。[二]先辛奔齊。[三]

［一］胥甲，下軍佐。文十二年戰河曲，不肯薄秦於險。

［二］克，甲之子。

［三］辛，甲之屬大夫。

〔宣經·元·六〕

公會齊侯于平州。[一]

［一］平州，齊地，在泰山牟縣西。

（宣傳・元・五）

會于平州，以定公位。[一]

［一］篡立者，諸侯既與之會，則不得復討。臣子殺之，與弑君同，故公與齊會而位定。

〔宣經・元・七〕

公子遂如齊。

（宣傳・元・六）

東門襄仲如齊拜成。[一]

［一］謝得會也。

〔宣經・元・八〕

六月，齊人取濟西田。[一]

［一］魯以賂齊，齊人不用師徒，故曰"取"。

（宣傳・元・七）

六月，齊人取濟西之田，爲立公故，以賂齊也。[一]

［一］濟西，故曹地，僖三十一年晉文以分魯。

〔宣經・元・九〕

秋，邾子來朝。[一]

［一］無《傳》。

〔宣經・元・十〕

楚子、鄭人侵陳，遂侵宋。

〔宣經·元·十一〕

晉趙盾帥師救陳。[一]

[一]《傳》言救陳、宋，《經》無宋字，蓋闕。

〔宣經·元·十二〕

宋公、陳侯、衛侯、曹伯會晉師于棐林，伐鄭。[一]

[一]晉師救陳、宋，四國君往會之，共伐鄭也。不言會，趙盾取於兵會，非好會也。棐林，鄭地，滎陽宛陵縣東南有林鄉。

（宣傳·元·八）

宋人之弑昭公也，[一]晉荀林父以諸侯之師伐宋，宋及晉平。宋文公受盟于晉，又會諸侯于扈，將爲魯討齊，皆取賂而還。[二]鄭穆公曰："晉不足與也。"遂受盟于楚。陳共公之卒，楚人不禮焉。[三]陳靈公受盟于晉。秋，楚子侵陳，遂侵宋。晉趙盾帥師救陳、宋，會于棐林，以伐鄭也。楚蔿賈救鄭，遇于北林，[四]囚晉解揚，晉人乃還。[五]

[一]在文十六年。

[二]文十五年、十七年，二扈之盟皆受賂。

[三]卒在文十三年。

[四]與晉師相遇。滎陽中牟縣西南有林亭，在鄭北。

[五]解揚，晉大夫。

〔宣經·元·十三〕

冬，晉趙穿帥師侵崇。

〔左氏附〕

（宣傳·元·九）

晉欲求成於秦，趙穿曰：“我侵崇，秦急崇，必救之。[一]吾以求成焉。”冬，趙穿侵崇，秦弗與成。

［一］崇，秦之與國。

〔宣經·元·十四〕

晉人、宋人伐鄭。

（宣傳·元·十）

晉人伐鄭以報北林之役。[一]於是晉侯侈，趙宣子爲政，驟諫而不入，故不競於楚。[二]

［一］報囚解揚。

［二］競，强也。爲明年鄭伐宋張本。

宣公二年

〔宣經·二·一〕

二年春王二月壬子，宋華元帥師及鄭公子歸生帥師戰于大棘，宋師敗績，獲宋華元。[一]

［一］得大夫，生死皆曰獲，例在昭二十三年。大棘在陳留襄邑縣南。

(宣傳·二·一)

二年春，鄭公子歸生受命于楚，伐宋。[一] 宋華元、樂呂御之。

［一］受楚命也。

二月壬子，戰于大棘，宋師敗績，囚華元，獲樂呂，[一] 及甲車四百六十乘，俘二百五十人，馘百人。狂狡輅鄭人，鄭人入于井，[二] 倒戟而出之，獲狂狡。君子曰："失禮違命，宜其爲禽也。戎，昭果毅以聽之之謂禮，[三] 殺敵爲果，致果爲毅。易之，戮也。"[四] 將戰，華元殺羊食士，其御羊斟不與。及戰，曰："疇昔之羊子爲政，[五] 今日之事，我爲政。"與入鄭師，故敗。君子謂："羊斟非人也，以其私憾，敗國殄民，[六] 於是刑孰大焉。《詩》所謂'人之無良'者，[七] 其羊斟之謂乎？殘民以逞。"

［一］樂呂，司寇〔一〕。獲不書，非元帥也。獲，生死通名。《經》言獲

〔一〕 司寇 "寇"，原作"空"，據興國軍本、阮刻本及金澤文庫卷子改。

華元，故《傳》特護之曰“囚”，以明其生獲，故得見贖而還。

［二］狂狡，宋大夫。輅，迎也。

［三］聽，謂常存於耳，著於心想，聞其政令。

［四］易，反易。

［五］疇昔，猶前日也。

［六］憾，恨也。殄，盡也。

［七］《詩·小雅》。義取不良之人，相怨以亡。

宋人以兵車百乘、文馬百駟[一]以贖華元于鄭。半入，華元逃歸，立于門外，告而入。[二]見叔牂曰：“子之馬然也。”[三]對曰：“非馬也，其人也。”[四]既合而來奔。[五]宋城，華元爲植，巡功。[六]城者謳曰：“睅其目，皤其腹，棄甲而復。[七]于思于思，棄甲復來。”[八]使其驂乘謂之曰：“牛則有皮，犀兕尚多，棄甲則那？”[九]役人曰：“從其有皮，丹漆若何？”華元曰：“去之！夫其口衆我寡。”[一〇]

［一］畫馬爲文四百匹。

［二］告宋城門而後入，言不苟。

［三］叔牂，羊斟也。卑賤得先歸，華元見而慰之。

［四］叔牂知前言以顯，故不敢讓罪。

［五］叔牂言畢，遂奔魯。合，猶答也。

［六］植，將主也。

［七］睅，出目。皤，大腹。棄甲，謂亡師。

［八］于思，多鬢之貌。

［九］那，猶何也。

［一〇］《傳》言華元不吝其咎，寬而容衆。

〔宣經·二·二〕

秦師伐晉。

（宣傳·二·二）

秦師伐晉，以報崇也。[一] 遂圍焦。[二]

［一］伐崇在元年。

［二］焦，晉河外邑。

〔宣經·二·三〕

夏，晉人、宋人、衛人、陳人侵鄭。[一]

［一］鄭爲楚伐宋，獲其大夫。晉趙盾興諸侯之師，將爲宋報恥，畏楚而還，失霸者之義，故貶稱“人”。

（宣傳·二·三）

夏，晉趙盾救焦，遂自陰地，及諸侯之師侵鄭，[一] 以報大棘之役。楚鬬椒救鄭，曰：“能欲諸侯而惡其難乎？”遂次于鄭，以待晉師。趙盾曰：“彼宗競于楚，殆將斃矣。[二] 姑益其疾。”乃去之。[三]

［一］陰地，晉河南山北，自上洛以東至陸渾。

［二］競，强也。鬬椒，若敖之族，自子文以來世爲令尹。

［三］欲示弱以驕之。《傳》言趙盾所以稱“人”，且爲四年楚滅若敖氏張本。

〔宣經·二·四〕

秋九月乙丑，晉趙盾弒其君夷臯。[一]

［一］靈公不君而稱臣以弒者，以示良史之法，深責執政之臣，例在四年。

（宣傳·二·四）

晉靈公不君。[一]厚斂以彫牆；[二]從臺上彈人而觀其辟丸也；宰夫胹熊蹯不熟，殺之寘諸畚，使婦人載以過朝。[三]趙盾、士季見其手，問其故而患之。將諫，士季曰："諫而不入，則莫之繼也。會請先，不入，則子繼之。"三進及溜而後視之。[四]曰："吾知所過矣，將改之。"稽首而對曰："人誰無過，過而能改，善莫大焉。《詩》曰：'靡不有初，鮮克有終。'[五]夫如是，則能補過者鮮矣。君能有終，則社稷之固也，豈惟群臣賴之。又曰'衮職有闕，惟仲山甫補之'，能補過也。[六]君能補過，衮不廢矣。"[七]猶不改。宣子驟諫，公患之，使鉏麑賊之。[八]晨往，寢門闢矣，盛服將朝。尚早，坐而假寐。[九]麑退歎而言曰："不忘恭敬，民之主也。賊民之主，不忠。棄君之命，不信。有一於此，不如死也。"觸槐而死。[一〇]

［一］失君道也。以明於例，應稱國以弒。

［二］彫，畫也。

［三］畚，以草索爲之，筥屬。

［四］士季，隨會也。三進三伏，公不省而又前也。公知欲諫，故佯不視。

［五］《詩·大雅》也。

［六］《詩·大雅》也。衮，君之上服。闕，過也。言服衮者有過，則仲山甫能補之。

［七］常服衮也。

［八］鉏麑，晉力士。

［九］不解衣冠而睡。

［一〇］槐，趙盾庭樹。

秋九月，晉侯飲趙盾酒，伏甲將攻之。其右提彌明知之，[一] 趨登曰："臣侍君宴，過三爵，非禮也。"遂扶以下，公嗾夫獒焉，明搏而殺之。[二] 盾曰："棄人用犬，雖猛何爲？"[三] 鬬且出，提彌明死之。初，宣子田於首山，舍于翳桑，[四] 見靈輒餓，問其病。[五] 曰："不食三日矣。"食之，舍其半。問之，曰："宦三年矣，[六] 未知母之存否。今近焉，[七] 請以遺之。"使盡之，而爲之簞食與肉，[八] 寘諸橐以與之。既而與爲公介，[九] 倒戟以禦公徒而免之。問何故。對曰："翳桑之餓人也。"問其名居，[一〇] 不告而退，[一一] 遂自亡也。[一二]

［一］右，車右。

［二］獒，猛犬也。

［三］責公不養士，而更以犬爲自己用。

［四］田，獵也。翳桑，桑之多蔭翳者。首山在河東蒲坂縣東南。

［五］靈輒，晉人。

［六］宦，學也。

［七］去家近。

［八］簞，笥也。

［九］靈輒爲公甲士。

［一〇］問所居。

［一一］不望報也。

［一二］輒亦去。

乙丑，趙穿攻靈公於桃園。[一] 宣子未出山而復。[二] 大史書曰“趙盾弑其君”，以示於朝。宣子曰：“不然。”對曰：“子爲正卿，亡不越竟，反不討賊，非子而誰？”宣子曰：“烏呼！‘我之懷矣，自詒伊慼’，其我之謂矣。”[三] 孔子曰：“董狐，古之良史也，書法不隱。[四] 趙宣子，古之良大夫也，爲法受惡。[五] 惜也，越竟乃免。”[六] 宣子使趙穿逆公子黑臀于周而立之。[七] 壬申，朝于武宮。[八]

［一］穿，趙盾之從父昆弟子。乙丑，九月二十七日。

［二］晉竟之山也。盾出奔，聞公弑而還。

［三］逸《詩》也。言人多所懷戀，則自遺憂。

［四］不隱盾之罪。

［五］善其爲法受屈。

［六］越竟則君臣之義絶，可以不討賊。

［七］黑臀，晉文公子。

［八］壬申，十月五日〔一〕。既有日而無月，冬又在壬申下，明《傳》文無較例。

初，麗姬之亂，詛無畜群公子。[一] 自是晉無公族。[二] 及成公即位，乃宦卿之適子而爲之田〔二〕，以爲公族，[三] 又宦其餘子亦爲餘子，[四] 其庶子爲公行，[五] 晉於是有公族、餘子、公行。[六] 趙盾請以括爲公族，[七] 曰：“君姬氏之愛子也，[八] 微君姬氏，則臣狄人也。”公許之。[九] 冬，趙盾

〔一〕 十月五日　原作“十月十五日”，據興國軍本、金澤文庫卷子、阮刻本、《昭二十年疏》、《哀十二年疏》删衍文。又，孫星衍輯《春秋釋例・春秋長歷》：“壬申，朝于武宮，十月五日也。”

〔二〕 乃宦卿之適子而爲之田　“子”，原脱，據石經補。

爲旄車之族，[一〇] 使屏季以其故族爲公族大夫。[一一]

[一] 詛，盟誓。

[二] 無公子，故廢公族之官。

[三] 宦，仕也。爲置田邑以爲公族大夫。

[四] 餘子，適子之母弟也，亦治餘子之政。

[五] 庶子，妾子也。掌率公戎行。

[六] 皆官名。

[七] 括，趙盾異母弟，趙姬之中子屏季也。

[八] 趙姬，文公女，成公姊也。

[九] 盾，狄外孫也。姬氏逆之以爲適，事見僖二十四年。

[一〇] 旄車，公行之官。盾本卿適，其子當爲公族，辟屏季，故更掌旄車。

[一一] 盾以其故官屬與屏季，使爲衰之適。

〔宣經·二·五〕

冬十月乙亥，天王崩。[一]

[一] 無《傳》。

宣公三年

〔宣經·三·一〕

三年春王正月，郊牛之口傷，改卜牛。牛死，乃不郊。[一]**猶三望。**

［一］牛不稱牲，未卜日。

(宣傳·三·一)

三年春，不郊而望，皆非禮也。[一]望，郊之屬也，不郊亦無望，可也。[二]

［一］言牛雖傷死，當更改卜，取其吉者，郊不可廢也。前年冬，天王崩，未葬而郊者，不以王事廢天事。《禮記·曾子問》："天子崩，未殯，五祀不行〔一〕。既殯而祭。"自啓至于反哭，五祀之祭不行，已葬而祭。

［二］已有例在僖三十一年。復發《傳》者，嫌牛死與卜不從異。

〔宣經·三·二〕

葬匡王。[一]

［一］無《傳》。四月而葬，速。

〔左氏附〕

(宣傳·三·二)

晉侯伐鄭，及郔。鄭及晉平，士會入盟。[一]

〔一〕 五祀不行　今通行本作"五祀之祭不行"。

［一］郔，鄭地。爲夏楚侵鄭《傳》。

〔宣經·三·三〕

楚子伐陸渾之戎。

(宣傳·三·三)

楚子伐陸渾之戎，遂至於雒，觀兵于周疆。[一] 定王使王孫滿勞楚子。[二] 楚子問鼎之大小輕重焉。[三] 對曰："在德不在鼎。昔夏之方有德也，[四] 遠方圖物，[五] 貢金九牧，[六] 鑄鼎象物，[七] 百物而爲之備，使民知神姦。[八] 故民入川澤山林，不逢不若，[九] 螭魅罔兩，[一〇] 莫能逢之，[一一] 用能協于上下，以承天休。[一二] 桀有昏德，鼎遷于商，載祀六百。[一三] 商紂暴虐，鼎遷于周。德之休明，雖小，重也。[一四] 其姦回昏亂，雖大，輕也。[一五] 天祚明德，有所厎止。成王定鼎于郟鄏，[一六] 卜世三十，卜年七百，天所命也。周德雖衰，天命未改，鼎之輕重未可問也。"

［一］雒水出上雒冢領山，至河南鞏縣入河。

［二］王孫滿，周大夫。

［三］示欲偪周取天下。

［四］禹之世。

［五］圖畫山川奇異之物而獻之。

［六］使九州之牧貢金。

［七］象所圖物，著之於鼎。

［八］圖鬼神百物之形，使民逆備之。

［九］若，順也。

［一〇］螭，山神，獸形。魅，怪物。罔兩，水神。

［一一］逢，遇也。

［一二］民無災害，則上下和而受天祐。

［一三］載、祀，皆年。

［一四］不可遷。

［一五］言可移。

［一六］郟鄏，今河南也。武王遷之，成王定之。

〔宣經·三·四〕

夏，楚人侵鄭。

（宣傳·三·四）

夏，楚人侵鄭，鄭即晉故也。

〔宣經·三·五〕

秋，赤狄侵齊。[一]

［一］無《傳》。

〔宣經·三·六〕

宋師圍曹。

（宣傳·三·五）

宋文公即位，三年，殺母弟須及昭公子，武氏之謀也。[一]使戴、桓之族攻武氏於司馬子伯之館，盡逐武、穆之族。武、穆之族以曹師伐宋。秋，宋師圍曹，報武氏之亂也。

［一］武氏謀奉母弟須及昭公子以作亂〔一〕，事在文十八年。

〔一〕武氏謀……以作亂　“母”，原脱，據興國軍本補。

〔宣經·三·七〕

冬十月丙戌，鄭伯蘭卒。[一]

［一］再與文同盟。

（宣傳·三·六）

冬，鄭穆公卒。初，鄭文公有賤妾曰燕姞，[一]夢天使與己蘭，[二]曰："余爲伯儵。余，而祖也。[三]以是爲而子。[四]以蘭有國香，人服媚之如是。"[五]既而文公見之，與之蘭而御之，辭曰："妾不才，幸而有子，將不信，敢徵蘭乎？"[六]公曰："諾。"生穆公，名之曰蘭。

［一］姞，南燕姓。

［二］蘭，香草。

［三］伯儵，南燕祖。

［四］以蘭爲女子名。

［五］媚，愛也。欲令人愛之如蘭。

［六］懼將不見信，故欲計所賜蘭，爲懷子月數。

文公報鄭子之妃，曰陳嬀，[一]生子華、子臧。子臧得罪而出，[二]誘子華而殺之南里。[三]使盜殺子臧於陳、宋之間。[四]又娶于江，生公子士。朝于楚，楚人酖之，及葉而死。[五]又娶于蘇，生子瑕、子俞彌。俞彌早卒，洩駕惡瑕，文公亦惡之，故不立也。[六]公逐群公子，公子蘭奔晉，從晉文公伐鄭。[七]石癸曰："吾聞姬、姞耦，其子孫必蕃。[八]姞，吉人也，后稷之元妃也。[九]今公子蘭，姞甥也，天或啓之，必將爲君，其後必蕃，先納之，可以亢寵。"[一〇]與孔將鉏、侯宣多納之，盟于大宮而立之，[一一]

以與晉平。穆公有疾，曰："蘭死，吾其死乎？吾所以生也。"刈蘭而卒。[一二]

［一］鄭子，文公叔父子儀也。漢律：淫季父之妻曰報。

［二］出奔宋。

［三］在僖十六年。南里，鄭地。

［四］在僖二十四年。

［五］葉，楚地，今南陽葉縣。

［六］洩駕，鄭大夫。

［七］在僖三十年。

［八］姞姓，宜爲姬配耦。

［九］姞姓之女，爲后稷妃，周是以興，故曰"吉人"。

［一〇］亢，極也。

［一一］大宮，鄭祖廟。

［一二］《傳》言穆氏所以大興於鄭，天所啓也。

〔宣經·三·八〕

葬鄭穆公。[一]

［一］無《傳》。

宣公四年

〔宣經·四·一〕

四年春王正月，公及齊侯平莒及郯。莒人不肯，公伐莒取向。[一]

［一］莒、郯二國相怨，故公與齊侯共平之。向，莒邑，東海承縣東南有向城。遠，疑也。

（宣傳·四·一）

四年春，公及齊侯平莒及郯。莒人不肯，公伐莒，取向，非禮也。平國以禮不以亂，伐而不治，亂也。[一]以亂平亂，何治之有？無治，何以行禮？

［一］責公不先以禮治之而用伐。

〔宣經·四·二〕

秦伯稻卒。[一]

［一］無《傳》。未同盟。

〔宣經·四·三〕

夏六月乙酉，鄭公子歸生弑其君夷。[一]

［一］《傳》例曰："稱臣，臣之罪也。"子公實弑而書"子家"，罪其權不足也。

（宣傳·四·二）

楚人獻黿於鄭靈公，[一]公子宋與子家將見。[二]子公之食指動，[三]以示子家，曰："他日我如此，必嘗異味。"

及入，宰夫將解黿，相視而笑。公問之，[四]子家以告。及食大夫黿，召子公而弗與也。[五]子公怒，染指於鼎，嘗之而出。公怒，欲殺子公，子公與子家謀先。[六]子家曰：“畜老猶憚殺之，[七]而況君乎？”反譖子家，子家懼而從之。[八]夏，弑靈公。

［一］穆公大子夷也。

［二］宋，子公也。子家，歸生。

［三］第二指也。

［四］問所笑。

［五］欲使指動無效。

［六］先公爲難。

［七］六畜。

［八］譖子家於公。

書曰“鄭公子歸生弑其君夷”，權不足也。[一]君子曰：“仁而不武，無能達也。”[二]凡弑君稱君，君無道也。稱臣，臣之罪也。[三]鄭人立子良，[四]辭曰：“以賢則去疾不足，[五]以順則公子堅長。”乃立襄公。[六]襄公將去穆氏，[七]而舍子良。[八]子良不可，曰：“穆氏宜存，則固願也。若將亡之，則亦皆亡，去疾何爲？”[九]乃舍之，皆爲大夫。

［一］子家權不足以禦亂，懼譖而從弑君，故書以首惡。

［二］初稱“畜老”，仁也。不討子公，是不武也。故不能自通於仁道，而陷弑君之罪。

［三］稱“君”，謂唯書君名，而稱國以弑，言衆所共絶也。稱臣者，謂書弑者之名以示來世，終爲不義，改殺稱弑，辟其惡名，取有漸也。書弑之義，《釋例》論之備矣。

［四］穆公庶子。

［五］去疾，子良名。

［六］襄公，堅也。

［七］逐群兄弟。

［八］以其讓己。

［九］何爲獨留。

〔宣經·四·四〕

赤狄侵齊。[一]

［一］無《傳》。

〔宣經·四·五〕

秋，公如齊。[一]

［一］無《傳》。

〔宣經·四·六〕

公至自齊。[一]

［一］無《傳》。告于廟，例在桓二年。

〔左氏附〕

(宣傳·四·三)

初，楚司馬子良生子越椒。子文曰："必殺之。[一]是子也，熊虎之狀而豺狼之聲，弗殺，必滅若敖氏矣。諺曰'狼子野心'，是乃狼也，其可畜乎？"子良不可。子文以爲大慼。及將死，聚其族曰："椒也知政，乃速行矣，無及於難。”且泣曰：“鬼猶求食，若敖氏之鬼，不其餒而？”[二]及令尹子文卒，鬬般爲令尹，[三]子越爲司馬。蔿賈爲工正，譖子揚而殺之。子越爲令尹，己爲司馬。[四]子越又惡之。[五]乃以若敖氏之族圄伯嬴於轑陽而殺之，[六]遂處烝野，將攻王。王以三王之子爲質焉，弗受。[七]師于漳澨。[八]

［一］子文，子良之兄。

［二］而，語助，言必餒。

［三］般，子文之子子揚。

［四］賈爲椒譖子揚，而己得椒處。

［五］惡賈。

［六］圄，囚也。伯嬴，蔿賈也。轑陽，楚邑。

［七］烝野，楚邑。三王，文、成、穆。

［八］漳澨，漳水邊。

秋七月戊戌，楚子與若敖氏戰于皋滸。[一]伯棼射王，汰輈，及鼓跗，著於丁寧。[二]又射汰輈，以貫笠轂。[三]師懼，退。王使巡師曰：“吾先君文王克息，獲三矢焉，伯棼竊其二，盡於是矣。”鼓而進之，遂滅若敖氏。

［一］皋滸，楚地。

［二］伯棼，越椒也。輈，車轅。汰，過也。箭過車轅上。丁寧，鉦也。

［三］兵車無蓋，尊者則邊人執笠，依轂而立，以禦寒暑，名曰笠轂。此言箭過車轅，及王之蓋。

初，若敖娶於䢵，[一]生鬬伯比。若敖卒，從其母畜於䢵，[二]淫於䢵子之女，生子文焉。䢵夫人使棄諸夢中，[三]虎乳之。䢵子田見之，懼而歸，夫人以告，[四]遂使收之。楚人謂乳穀，謂虎於菟，故命之曰鬭穀於菟。以其女妻伯比，[五]實爲令尹子文。[六]其孫箴尹克黄，[七]使於齊，還，及宋，聞亂。其人曰："不可以入矣。"箴尹曰："棄君之命，獨誰受之？君，天也。天可逃乎？"遂歸，復命而自拘於司敗。王思子文之治楚國也，曰："子文無後，何以勸善？"使復其所，改命曰生。[八]

［一］䢵，國名。

［二］畜，養也。

［三］夢，澤名，江夏安陸縣城東南有雲夢城。

［四］告女私通所生。

［五］伯比所淫者。

［六］鬭氏始自子文爲令尹。

［七］箴尹，官名。克黄，子揚之子。

［八］易其名也。

〔宣經·四·七〕

冬，楚子伐鄭。

(宣傳·四·四)

冬，楚子伐鄭，鄭未服也。[一]

［一］前年楚侵鄭，不獲成，故曰"未服"。

宣公五年

〔宣經 · 五 · 一〕

五年春，公如齊。

(宣傳 · 五 · 一)

五年春，公如齊。高固使齊侯止公，請叔姬焉。[一]

［一］留公，强成昏。

〔宣經 · 五 · 二〕

夏，公至自齊。

(宣傳 · 五 · 二)

夏，公至自齊，書，過也。[一]

［一］公既見止，連昏於鄰國之臣，厭尊毀列，累其先君，而於廟行飲至之禮，故書以示過。

〔宣經 · 五 · 三〕

秋九月，齊高固來逆叔姬。[一]

［一］高固，齊大夫。不書女歸，降於諸侯。

(宣傳 · 五 · 三)

秋九月，齊高固來逆女，自爲也。故書曰"逆叔姬"，卿自逆也。[一]

［一］適諸侯稱女，適大夫稱字，所以别尊卑也。此《春秋》新例，故稱"書曰"，而不言"凡"也。不於莊二十七年發例者，嫌見逼而成昏，因明之。

〔宣經·五·四〕

叔孫得臣卒。[一]

［一］無《傳》。不書日，公不與小斂。

〔宣經·五·五〕

冬，齊高固及子叔姬來。[一]

［一］叔姬寧，固反馬。

（宣傳·五·四）

冬，來反馬也。[一]

［一］禮，送女留其送馬，謙不敢自安，三月廟見，遣使反馬。高固遂與叔姬俱寧，故《經》《傳》具見以示譏。

〔宣經·五·六〕

楚人伐鄭。

（宣傳·五·五）

楚子伐鄭。陳及楚平。晉荀林父救鄭，伐陳。[一]

［一］爲明年晉、衛侵陳《傳》。

宣公六年

〔宣經·六·一〕

六年春，晉趙盾、衛孫免侵陳。

（宣傳·六·一）

六年春，晉、衛侵陳，陳即楚故也。

〔宣經·六·二〕

夏四月。

〔左氏附〕

（宣傳·六·二）

夏，定王使子服求后于齊。[一]

［一］子服，周大夫。

〔宣經·六·三〕

秋八月，螽。[一]

［一］無《傳》。

〔左氏附〕

（宣傳·六·三）

秋，赤狄伐晉，圍懷及邢丘。[一]晉侯欲伐之，中行桓子曰："使疾其民，[二]以盈其貫，將可殪也。[三]《周書》曰'殪戎殷'，[四]此類之謂也。"[五]

［一］邢丘，今河内平皋縣。

［二］驕則數戰，爲民所疾。

［三］殪，盡也。貫，猶習也。

［四］《周書・康誥》也。義取周武王以兵伐殷，盡滅之。

［五］爲十五年晉滅狄《傳》。

〔宣經・六・四〕

冬十月。

〔左氏附〕

（宣傳・六・四）

冬，召桓公逆王后于齊。[一]

［一］召桓公，王卿士。事不關魯，故不書。爲成二年王甥舅張本。

〔左氏附〕

（宣傳・六・五）

楚人伐鄭，取成而還。[一]

［一］九年、十一年《傳》所稱厲之役蓋在此〔一〕。

〔左氏附〕

（宣傳・六・六）

鄭公子曼滿與王子伯廖語，欲爲卿。[一] 伯廖告人曰："無德而貪，其在《周易・豐》䷶[二]之《離》䷝，[三]弗過之矣。"[四]間一歲，鄭人殺之。

〔一〕九年……蓋在此　"在"，阮刻本作"如"。

[一] 二子，鄭大夫。

[二]《離》下《震》上，《豐》。

[三]《豐》上六變而爲純《離》也。《周易》論變，故雖不筮，必以變言其義。《豐》上六曰："豐其屋，蔀其家，闚其户，閴其無人，三歲不覿，凶。"義取無德而大其屋，不過三歲必滅亡。

[四] 不過三年。

宣公七年

〔宣經·七·一〕

七年春，衛侯使孫良夫來盟。

(宣傳·七·一)

七年春，衛孫桓子來盟，始通，且謀會晉也。[一]

[一]公即位，衛始脩好。

〔宣經·七·二〕

夏，公會齊侯伐萊。[一]

[一]《傳》例曰："不與謀也。"萊國，今東萊黄縣。

(宣傳·七·二)

夏，公會齊侯伐萊，不與謀也。凡師出與謀曰"及"，不與謀曰"會"。[一]

[一]"與謀"者，謂同志之國相與講議利害，計成而行之，故以相連及爲文。若不獲已，應命而出，則以外合爲文，皆據魯而言。師者，國之大事，存亡之所由，故詳其舉動以例别之。

〔宣經·七·三〕

秋，公至自伐萊。[一]

[一]無《傳》。

〔宣經·七·四〕

大旱。[一]

［一］無《傳》。書旱而不書雩，雩無功，或不雩。

〔左氏附〕

（宣傳·七·三）

赤狄侵晉，取向陰之禾。[一]

［一］此無"秋"字，蓋闕文。晉用桓子謀，故縱狄。

〔宣經·七·五〕

冬，公會晉侯、宋公、衛侯、鄭伯、曹伯于黑壤。

（宣傳·七·四）

鄭及晉平，公子宋之謀也，故相鄭伯以會。

冬，盟于黑壤，王叔桓公臨之，以謀不睦。[一]晉侯之立也，[二]公不朝焉，又不使大夫聘，晉人止公于會，盟于黃父。公不與盟，以賂免。[三]故黑壤之盟不書，諱之也。[四]

［一］王叔桓公，周卿士，銜天子之命，以監臨諸侯。不同歃者，尊卑之別也。

［二］在二年。

［三］黃父即黑壤。

［四］慢盟主以取執止之辱，故諱之。

宣公八年

〔宣經·八·一〕

八年春，公至自會。[一]

［一］無《傳》。義與五年書過同。

〔左氏附〕

（宣傳·八·一）

八年春，白狄及晉平。

〔左氏附〕

（宣傳·八·二）

夏，會晉伐秦，[一]晉人獲秦諜，殺諸絳市，六日而蘇。[二]

［一］《經》在"仲遂卒"下，從赴。

［二］蓋記異也。

〔宣經·八·二〕

夏六月，公子遂如齊，至黄乃復。[一]

［一］無《傳》。蓋有疾而還。大夫受命而出，雖死，以尸將事。遂以疾還，非禮也。

〔宣經·八·三〕

辛巳，有事于大廟，仲遂卒于垂。[一]**壬午，猶繹。《萬》**

入去籥。[二]

［一］有事，祭也。仲遂卒與祭同日，略書“有事”，爲繹張本。不言公子，因上行還間無異事，省文從可知也。稱字，時君所嘉，無義例也。垂，齊地。非魯竟，故書地。

［二］繹，又祭，陳昨日之禮，所以賓尸。《萬》，舞名。籥，管也。猶者可止之辭，魯人知卿佐之喪，不宜作樂而不知廢繹，故内舞去籥，惡其聲聞。

（宣傳・八・三）

有事于大廟，襄仲卒而繹，非禮也。

〔宣經・八・四〕

戊子，夫人嬴氏薨。[一]

［一］無《傳》。宣公母也。

〔宣經・八・五〕

晉師、白狄伐秦。

〔宣經・八・六〕

楚人滅舒、蓼。

（宣傳・八・四）

楚爲衆舒叛故，伐舒、蓼，滅之。[一]楚子疆之。[二]及滑汭，[三]盟吳、越而還。[四]

［一］舒、蓼，二國名。

［二］正其界也。

［三］滑，水名。

［四］吴國，今吴郡。越國，今會稽山陰縣也。《傳》言楚彊，吴、越服從。

〔宣經·八·七〕

秋七月甲子，日有食之，既。[一]

［一］無《傳》。月三十日食。

〔左氏附〕

（宣傳·八·五）

晉胥克有蠱疾，[一]郤缺爲政。[二]秋，廢胥克，使趙朔佐下軍。[三]

［一］惑以喪志。

［二］代趙盾。

［三］朔，盾之子，代胥克，爲成十七年胥童怨郤氏張本。

〔宣經·八·八〕

冬十月己丑，葬我小君敬嬴。[一]**雨不克葬。庚寅，日中而克葬。**[二]

［一］敬，謚。嬴，姓也。反哭成喪，故稱葬小君。

［二］克，成也。

（宣傳·八·六）

冬，葬敬嬴。旱，無麻，始用葛茀。[一]雨不克葬，禮也。禮，卜葬先遠日，辟不懷也。[二]

［一］記禮變之所由。茀所以引柩，殯則有之以備火，葬則以下柩。

［二］懷，思也。

〔宣經·八·九〕

城平陽。[一]

［一］今泰山有平陽縣。

（宣傳·八·七）

城平陽，書，時也。

〔宣經·八·十〕

楚師伐陳。

（宣傳·八·八）

陳及晉平，楚師伐陳，取成而還。[一]

［一］言晉、楚爭强。

宣公九年

〔宣經 · 九 · 一〕

九年春王正月，公如齊。[一]

［一］無《傳》。

〔宣經 · 九 · 二〕

公至自齊。[一]

［一］無《傳》。

〔宣經 · 九 · 三〕

夏，仲孫蔑如京師。

(宣傳 · 九 · 一)

九年春，王使來徵聘。[一]夏，孟獻子聘於周，王以爲有禮，厚賄之。

［一］徵，召也。言周徵也，徵聘不書，微加諷諭，不指斥。

〔宣經 · 九 · 四〕

齊侯伐萊。[一]

［一］無《傳》。

〔宣經 · 九 · 五〕

秋，取根牟。[一]

［一］根牟，東夷國也。今琅邪陽都縣東有牟鄉。

（宣傳·九·二）

秋，取根牟，言易也。

〔宣經·九·六〕

八月，滕子卒。[一]

［一］未同盟。

（宣傳·九·三）

滕昭公卒。[一]

［一］爲宋圍滕《傳》。

〔宣經·九·七〕

九月，晉侯、宋公、衛侯、鄭伯、曹伯會于扈。

（宣傳·九·四）

會于扈，討不睦也。[一]陳侯不會。[二]

［一］謀齊、陳。

［二］前年與楚成故。

〔宣經·九·八〕

晉荀林父帥師伐陳。

（宣傳·九·五）

晉荀林父以諸侯之師伐陳。[一]

［一］不書諸侯師，林父帥之，無將帥。

〔宣經·九·九〕

辛酉，晉侯黑臀卒于扈。[一]

［一］卒於竟外，故書地。四與文同盟。九月無辛酉，日誤。

（宣傳·九·六）

晉侯卒于扈，乃還。

〔宣經·九·十〕

冬十月癸酉，衛侯鄭卒。[一]

［一］無《傳》。三與文同盟。

〔宣經·九·十一〕

宋人圍滕。

（宣傳·九·七）

冬，宋人圍滕，因其喪也。

〔宣經·九·十二〕

楚子伐鄭。

（宣傳·九·九）

楚子爲厲之役故伐鄭。[一]

［一］六年楚伐鄭，取成於厲。既成，鄭伯逃歸，事見十一年。

〔宣經·九·十三〕

晉郤缺帥師救鄭。

（宣傳·九·十）

晉郤缺救鄭，鄭伯敗楚師于柳棼。[一]國人皆喜，唯子良憂曰："是國之災也，吾死無日矣。"[二]

［一］柳棼，鄭地。

［二］自是晉、楚交兵伐鄭[一]，十二年卒有楚子入鄭之禍。

〔宣經·九·十四〕

陳殺其大夫洩冶。[一]

［一］洩冶直諫於淫亂之朝以取死，故不爲《春秋》所貴而書名。

（宣傳·九·八）

陳靈公與孔寧、儀行父通於夏姬，皆衷其衵服以戲于朝。[一]洩冶諫曰："公卿宣淫，民無效焉。[二]且聞不令，君其納之。"[三]公曰："吾能改矣。"公告二子，二子請殺之。公弗禁，遂殺洩冶。孔子曰："《詩》云'民之多辟，無自立辟'，其洩冶之謂乎？"[四]

［一］二子，陳卿。夏姬，鄭穆公女，陳大夫御叔妻。衷，懷也。衵服，近身衣。

［二］宣，示也。

［三］納藏衵服。

［四］辟，邪也。辟，法也。《詩·大雅》。言邪辟之世不可立法，國無道，危行言孫。

〔一〕自是晉楚交兵伐鄭　"兵"，原作"共"，據興國軍本改。

宣公十年

〔宣經 · 十 · 一〕

十年春，公如齊。

〔宣傳 · 十 · 一〕

十年春，公如齊。

〔宣經 · 十 · 二〕

公至自齊。[一]

[一] 無《傳》。

〔宣經 · 十 · 三〕

齊人歸我濟西田。[一]

[一] 元年以賂齊也。不言來，公如齊，因受之。

〔宣傳 · 十 · 二〕

齊侯以我服故，歸濟西之田。[一]

[一] 公比年朝齊故。

〔宣經 · 十 · 四〕

夏四月丙辰，日有食之。[一]

[一] 無《傳》。不書朔，官失之。

〔宣經 · 十 · 五〕

己巳，齊侯元卒。[一]

［一］未同盟而赴以名。

（宣傳·十·三）

夏，齊惠公卒。

〔宣經·十·六〕

齊崔氏出奔衛。[一]

［一］齊略見舉族出，因其告辭，以見無罪。

（宣傳·十·四）

崔杼有寵於惠公，高、國畏其偪也，[一]公卒而逐之，奔衛。書曰“崔氏”，非其罪也，且告以族，不以名。[二]凡諸侯之大夫違，[三]告於諸侯曰：“某氏之守臣某，[四]失守宗廟，敢告。”所有玉帛之使者則告，[五]不然則否。[六]

［一］高、國二家，齊正卿。

［二］典策之法：告者皆當書以名。今齊特以族告，夫子因而存之，以示無罪。又言“且告以族，不以名”者，明《春秋》有因而用之，不皆改舊史。

［三］違，奔放也。

［四］上某氏者姓，下某名。

［五］玉帛之使謂聘。

［六］恩好不接，故亦不告。

〔宣經·十·七〕

公如齊。

（宣傳·十·五）

公如齊奔喪。[一]

［一］公親奔喪，非禮也。公出朝會、奔喪、會葬，皆書"如"，不言其事，史之常也。

〔宣經·十·八〕

五月，公至自齊。[一]

［一］無《傳》。

〔宣經·十·九〕

癸巳，陳夏徵舒弒其君平國。[一]

［一］徵舒，陳大夫也。靈公惡不加民，故稱臣以弒。

（宣傳·十·六）

陳靈公與孔寧、儀行父飲酒於夏氏。公謂行父曰："徵舒似女。"對曰："亦似君。"徵舒病之。[一]公出，自其廄射而殺之。二子奔楚。

［一］靈公即位，於今十五年。徵舒已爲卿，年大，無嫌是公子。蓋以夏姬淫放，故謂其子多似以爲戲〔一〕。

〔宣經·十·十〕

六月，宋師伐滕。

（宣傳·十·七）

滕人恃晉而不事宋。六月，宋師伐滕。

〔一〕故謂其子多似以爲戲　"多"，阮刻本作"爲"。

〔宣經·十·十一〕

公孫歸父如齊，葬齊惠公。[一]

[一] 無《傳》。歸父，襄仲之子。

〔宣經·十·十二〕

晉人、宋人、衛人、曹人伐鄭。[一]

[一] 鄭及楚平故。

（宣傳·十·八）

鄭及楚平。[一]諸侯之師伐鄭，取成而還。

[一] 前年敗楚師，恐楚深怨，故與之平。

〔宣經·十·十三〕

秋，天王使王季子來聘。[一]

[一] 王季子者，《公羊》以爲天王之母弟。然則字季子，天子大夫稱字。

（宣傳·十·九）

秋，劉康公來報聘。[一]

[一] 報孟獻子之聘。即王季子也，其後食采於劉。

〔宣經·十·十四〕

公孫歸父帥師伐邾，取繹。[一]

[一] 繹，邾邑，魯國鄒縣北有繹山。

（宣傳·十·十）

師伐邾，取繹。[一]

［一］爲子家如齊《傳》。

〔宣經·十·十五〕

大水。[一]

［一］無《傳》。

〔宣經·十·十六〕

季孫行父如齊。

(宣傳·十·十一)

季文子初聘于齊。[一]

［一］齊侯初即位。

〔宣經·十·十七〕

冬，公孫歸父如齊。

(宣傳·十·十二)

冬，子家如齊，伐邾故也。[一]

［一］魯侵小，恐爲齊所討，故往謝。

〔宣經·十·十八〕

齊侯使國佐來聘。[一]

［一］既葬成君，故稱君命使也。

(宣傳·十·十三)

國武子來報聘。[一]

［一］報文子也。

〔宣經 · 十 · 十九〕

饑。[一]

［一］無《傳》。有水災，嘉穀不成。

〔宣經 · 十 · 二十〕

楚子伐鄭。

（宣傳 · 十 · 十四）

楚子伐鄭，晉士會救鄭，逐楚師于潁北。[一]諸侯之師戍鄭。鄭子家卒。鄭人討幽公之亂，斲子家之棺而逐其族。[二]改葬幽公，謚之曰“靈”。

［一］潁水出河南陽城，至下蔡入淮。

［二］以四年弑君故也。斲，薄其棺，不使從卿禮。

宣公十一年

〔宣經·十一·一〕

十有一年春王正月。

〔左氏附〕

(宣傳·十一·一)

十一年春，楚子伐鄭，及櫟。子良曰："晉、楚不務德而兵爭，與其來者可也。晉、楚無信，我焉得有信?"乃從楚。

〔宣經·十一·二〕

夏，楚子、陳侯、鄭伯盟于辰陵。[一]

［一］楚復伐鄭，故受盟也。辰陵，陳地，潁川長平縣東南有辰亭。

(宣傳·十一·二)

夏，楚盟于辰陵，陳、鄭服也。[一]

［一］《傳》言楚與晉狎主盟。

〔左氏附〕

(宣傳·十一·三)

楚左尹子重侵宋。[一]王待諸郔。[二]

［一］子重，公子嬰齊，莊王弟。

［二］郔，楚地。

〔左氏附〕

(宣傳·十一·四)

令尹蔿艾獵城沂。[一]使封人慮事，[二]以授司徒。[三]量功命日，[四]分財用，[五]平板榦，[六]稱畚築，[七]程土物，[八]議遠邇，[九]略基趾，[一〇]具餱糧，[一一]度有司，[一二]事三旬而成，[一三]不愆于素。[一四]

[一]艾獵，孫叔敖也。沂，楚邑。

[二]封人，其時主築城者。慮事，謀慮計功〔一〕。

[三]司徒掌役。

[四]命作日數。

[五]財用〔二〕，築作具。

[六]榦，楨也。

[七]量輕重。畚，盛土器。

[八]爲作程限。

[九]均勞逸。

[一〇]趾，城足。略，行也。

[一一]餱，乾食也。

[一二]謀監主。

[一三]十日爲旬。

[一四]不過素所慮之期也。《傳》言叔敖之能使民。

〔一〕謀慮計功　按：阮校曰："宋本、岳本、足利本'謀'作'無'。按《正義》當作'無'。"

〔二〕財用　原作"財具"，據興國軍本、金澤文庫卷子、阮刻本改。

〔宣經·十一·三〕

公孫歸父會齊人，伐莒。[一]

［一］無《傳》。

〔宣經·十一·四〕

秋，晉侯會狄于欑函。[一]

［一］晉侯往會之，故以狄爲會主。欑函，狄地。

(宣傳·十一·五)

晉郤成子求成于衆狄，衆狄疾赤狄之役，遂服于晉。[一]秋，會于欑函，衆狄服也。是行也，諸大夫欲召狄，郤成子曰:“吾聞之，非德莫如勤，非勤何以求人？能勤有繼，其從之也。[二]《詩》曰:‘文王既勤止。’[三]文王猶勤，況寡德乎？”

［一］赤狄潞氏最强，故服役衆狄。

［二］勤則功繼之。

［三］《詩·頌》。文王勤以創業。

〔宣經·十一·五〕

冬十月，楚人殺陳夏徵舒。[一]

［一］不言楚子而稱“人”，討賊辭也。

(宣傳·十一·六)

冬，楚子爲陳夏氏亂故，伐陳。[一]謂陳人“無動，將討於少西氏”。[二]

［一］十年，夏徵舒弒君。

［二］少西，徵舒之祖，子夏之名。

〔宣經·十一·六〕

丁亥，楚子入陳。[一]

［一］楚子先殺徵舒而欲縣陳，後得申叔時諫，乃復封陳。不有其地，故書“入”，在殺徵舒之後。

（宣傳·十一·七）

遂入陳，殺夏徵舒，轘諸栗門。[一]因縣陳。[二]

［一］轘，車裂也。栗門，陳城門。

［二］滅陳以爲楚縣。

〔宣經·十一·七〕

納公孫寧、儀行父于陳。[一]

［一］二子，淫昏亂人也。君弑之後，能外託楚以求報君之讎，内結强援於國，故楚莊得平步而討陳，除弑君之賊。於時陳成公播蕩於晉，定亡君之嗣，靈公成喪，賊討國復，功足以補過，故君子善楚復之。

（宣傳·十一·八）

陳侯在晉。[一]申叔時使於齊，反，復命而退。王使讓之曰：“夏徵舒爲不道，弑其君，寡人以諸侯討而戮之，諸侯縣公皆慶寡人，[二]女獨不慶寡人，何故？”對曰：“猶可辭乎？”王曰：“可哉！”曰：“夏徵舒弑其君，其罪大矣。討而戮之，君之義也。抑人亦有言曰：‘牽牛以蹊人之田，[三]而奪之牛。’牽牛以蹊者，信有罪矣。而奪之牛，罰已重矣。諸侯之從也，曰討有罪也。今縣陳，貪其富也，以討召諸侯而以貪歸之，無乃不可乎？”王曰：“善哉！吾未之聞也。反之可乎？”對曰：“可哉！吾儕小人所謂‘取諸其懷而與之’也。”[四]乃復封陳，鄉取一人焉以歸，謂之夏州。[五]故書曰“楚子入陳”，“納公孫寧、儀行父于陳”，書有禮也。[六]

［一］靈公子，成公午。

［二］楚縣大夫皆僭稱公。

［三］抑，辭也。蹊，徑也。

［四］叔時謙言小人意淺，謂譬如取人物於其懷而還之，爲愈於不還。

［五］州，鄉屬，示討夏氏所獲也。

［六］没其縣陳本意，全以討亂存國爲文，善其復禮。

〔左氏附〕

（宣傳·十一·九）

厲之役，鄭伯逃歸，[一]自是楚未得志焉。鄭既受盟于辰陵，又徼事于晉。[二]

［一］蓋在六年。

［二］爲明年楚圍鄭《傳》。十年鄭及楚平，既無其事，辰陵盟後，鄭徼事晉，又無端跡，《傳》皆特發以明《經》也。自厲之役，鄭南北兩屬，故未得志。九年，楚子伐鄭，不以黑壤與伐，遠稱“厲之役”者，志恨在厲役，此皆《傳》上下相包通之義也。

春秋左氏經傳集解宣公下第十一

春秋左氏經傳集解宣公下第十一〔一〕

杜　氏

宣公十二年

〔宣經·十二·一〕

十有二年春，葬陳靈公。[一]

［一］無《傳》。賊討、國復二十二月，然後得葬。

〔宣經·十二·二〕

楚子圍鄭。[一]

［一］前年盟辰陵，而又徼事晉故。

(宣傳·十二·一)

十二年春，楚子圍鄭。旬有七日，鄭人卜行成，不吉。卜臨于大宫，[一]且巷出車，吉。[二]國人大臨，守陴者皆哭。[三]楚子退師，鄭人脩城，進復圍之，三月克之。[四]入自皇門，至于逵路。[五]鄭伯肉袒牽羊以逆，[六]曰："孤不天，[七]不能事君，使君懷怒以及敝邑，孤之罪也。敢不唯命是聽？其俘諸江南以實海濱，亦唯命。其翦以賜諸侯，使臣妾之，亦唯命。[八]若惠顧前好，[九]徼福於厲、宣、桓、武，不泯其社稷，[一〇]使改事君，夷於九

〔一〕原卷標題"宣"字後闕"公"字，據本書體例補。

縣，[一一]君之惠也，孤之願也，非所敢望也。敢布腹心，君實圖之。”左右曰：“不可許也，得國無赦。”王曰：“其君能下人，必能信用其民矣，庸可幾乎？”退三十里而許之平。[一二]潘尫入盟，子良出質。[一三]

［一］臨，哭也。大宮，鄭祖廟。

［二］出車於巷，示將見遷，不得安居。

［三］陴，城上僻倪。皆哭，所以告楚窮也。

［四］哀其窮哭，故爲退師，而猶不服，故復圍之九十日。

［五］塗方九軌曰逵。

［六］肉袒牽羊，示服爲臣僕。

［七］不爲天所佑。

［八］翦，削也。

［九］楚、鄭世有盟誓之好。

［一〇］周厲王、宣王，鄭之所自出也。鄭桓公、武公，始封之賢君也。願楚要福于此四君，使社稷不滅。泯，猶滅也。

［一一］楚滅九國以爲縣，願得比之。

［一二］退一舍以禮鄭。

［一三］潘尫，楚大夫。子良，鄭伯弟。

〔宣經·十二·三〕

夏六月乙卯，晉荀林父帥師及楚子戰于邲，晉師敗績。[一]

［一］晉上軍成陳，故書“戰”。邲，鄭地。

(宣傳·十二·二)

夏六月，晉師救鄭。荀林父將中軍，[一]先縠佐之。[二]士會將上軍，[三]郤克佐之。[四]趙朔將下軍，[五]欒書佐之。[六] 趙括、趙嬰齊爲中軍大夫。[七] 鞏朔、韓穿爲上軍大夫。荀首、趙同爲下軍大夫。[八] 韓厥爲司馬。[九] 及河，聞鄭既及楚平。桓子欲還，曰："無及於鄭而勦民，焉用之？"[一〇] 楚歸而動，不後。[一一] 隨武子曰："善。[一二] 會聞用師，觀釁而動。[一三] 德刑、政事、典禮不易，不可敵也，不爲是征。[一四] 楚軍討鄭，怒其貳而哀其卑，叛而伐之，服而舍之，德刑成矣。伐叛，刑也；柔服，德也。二者立矣。昔歲入陳，[一五] 今茲入鄭，民不罷勞，君無怨讟，[一六] 政有經矣。[一七] 荆尸而舉，[一八] 商、農、工、賈，不敗其業，而卒乘輯睦，[一九] 事不奸矣。[二〇] 蔿敖爲宰，擇楚國之令典，[二一] 軍行：右轅，左追蓐，[二二] 前茅慮無，[二三] 中權後勁〔一〕。[二四] 百官象物而動，軍政不戒而備，[二五] 能用典矣。

［一］代郤缺。

［二］彘季代林父。

［三］河曲之役，郤缺將上軍，宣八年代趙盾爲政，將中軍。士會代將上軍。

［四］郤缺之子，代臾駢。

［五］代欒盾。

［六］欒盾之子，代趙朔。

［七］括、嬰齊，皆趙盾異母弟。

［八］荀首，林父弟。趙同，趙嬰兄。

［九］韓萬玄孫。

〔一〕 軍行右轅左追蓐前茅慮無中權後勁　今從杜預讀。然傳遜云"右轅、左追蓐、前茅慮無、中權、後勁者，楚分其三軍爲五部，而使之各專其職"，則當讀爲"軍行：右轅，左追蓐，前茅慮無，中權後勁"。

［一〇］桓子，林父。勦，勞也。

［一一］動兵伐鄭。

［一二］武子，士會。

［一三］釁，罪也。

［一四］言征伐爲有罪，不爲有禮。

［一五］討徵舒。

［一六］讟，謗也。

［一七］經，常也。

［一八］荆，楚也。尸，陳也。楚武王始更爲此陳法，遂以爲名。

［一九］步曰卒，車曰乘。

［二〇］奸，犯也。

［二一］宰，令尹。蔿敖，孫叔敖。

［二二］在車之右者，挾轅爲戰備。在左者追求草蓐爲宿備。《傳》曰"令尹南轅"，又曰"改乘轅"。楚陳以轅爲主。

［二三］慮無，如今軍行前有斥候蹹伏。皆持以絳及白爲幡，見騎賊舉絳幡，見步賊舉白幡，備慮有無也。茅，明也。或曰，時楚以茅爲旌識。

［二四］中軍制謀，後以精兵爲殿。

［二五］物，猶類也。戒，勑令。

"其君之舉也，内姓選於親，外姓選於舊，[一]舉不失德，賞不失勞，老有加惠，[二]旅有施舍，[三]君子小人，物有服章，[四]貴有常尊，賤有等威，[五]禮不逆矣。德立、刑行、政成、事時、典從、禮順，若之何敵之？見可而進，知難而退，軍之善政也。兼弱攻昧，武之善經也。[六]子姑整軍而經武乎？[七]猶有弱而昧者，何必楚？仲虺有言曰‘取亂侮亡’，兼弱也。[八]《汋》曰‘於鑠王師，遵養時晦’，[九]耆昧也。[一〇]《武》曰‘無競惟烈’，[一一]撫弱耆昧以務烈所，可也。”[一二]彘子曰：“不可。[一三]晉所以霸，師武臣力也。今失諸侯，不可謂力。有敵而不從，不可謂武。由我失霸，不如死。且成師以出，聞敵彊而退，非夫也。[一四]命爲軍帥而卒以非夫，唯群子能，我弗爲也。”以中軍佐，濟。[一五]

[一] 言親疏並用。

[二] 賜老則不計勞。

[三] 旅客來者，施之以惠，舍不勞役。

[四] 尊卑別也。

[五] 威儀有等差。

[六] 昧，昏亂。經，法也。

[七] 姑，且也。

[八] 仲虺，湯左相，薛之祖奚仲之後。

[九]《汋》,《詩・頌》篇名。鑠，美也。言美武王能遵天之道，須暗昧者惡積而後取之。

[一〇] 耆，致也。致討於昧。

[一一]《武》,《詩・頌》篇名。烈，業也。言武王兼弱取昧，故成無疆之業。

[一二] 言當務從武王之功業，撫而取之。

[一三] 彘子，先縠。

[一四] 非丈夫。

[一五] 佐，彘子所帥也。濟，渡河。

知莊子曰："此師殆哉！[一]《周易》有之，在《師》䷆[二]之《臨》䷒[三]曰：'師出以律，否臧，凶。'[四]執事順成爲臧，逆爲否，[五]衆散爲弱，[六]川壅爲澤，[七]有律以如己也，[八]故曰'律，否臧'，且律竭也。[九]盈而以竭，夭且不整，所以凶也。[一〇]不行之謂臨〔一〕。[一一]有帥而不從，臨孰甚焉。此之謂矣。[一二]果遇，必敗。[一三]彘子尸之。[一四]雖免而歸，必有大咎。"[一五]韓獻子謂桓子[一六]曰："彘子以偏師陷，子罪大矣。子爲元帥，師不用命，誰之罪也？失屬亡師，爲罪已重，不如進也。[一七]事之不捷，惡有所分。[一八]與其專罪，六人同之，不猶愈乎？"[一九]師遂濟。

[一] 莊子，荀首。

[二]《坎》下《坤》上，《師》。

[三]《兑》下《坤》上，《臨》。《師》初六變而之《臨》。

[四] 此《師》卦初六爻辭。律，法。否，不也。

[五] 今彘子逆命不順成，故應否臧之凶。

[六]《坎》爲衆，今變爲《兑》，《兑》柔弱。

[七]《坎》爲川，今變爲《兑》，《兑》爲澤，是川見壅。

[八] 如，從也。法行則人從法，法敗則法從人。《坎》爲法象，今爲衆則散，爲川則壅，是失法之用，從人之象。

[九] 竭，敗也。《坎》變爲《兑》，是法敗。

[一〇] 水遇夭塞，不得整流，則竭涸也。

[一一] 水變爲澤，乃成《臨》卦。澤，不行之物。

[一二] 譬彘子之違命，亦不可行。

〔一〕 不行之謂臨　阮刻本作"不行謂之臨"。

［一三］遇敵。

［一四］主此禍。

［一五］爲明年晉殺先縠《傳》。

［一六］獻子，韓厥。

［一七］令鄭屬楚，故曰“失屬”。彘子以偏師陷，故曰“亡師”。

［一八］捷，成也。

［一九］三軍皆敗，則六卿同罪，不得獨責元帥。

楚子北，師次於郔〔一〕。［一］沈尹將中軍，［二］子重將左，子反將右。將飲馬於河而歸。［三］聞晉師既濟，王欲還，嬖人伍參欲戰。［四］令尹孫叔敖弗欲，曰：“昔歲入陳，今兹入鄭，不無事矣。戰而不捷，參之肉其足食乎？”參曰：“若事之捷，孫叔爲無謀矣。不捷，參之肉將在晉軍，可得食乎？”令尹南轅反旆。［五］伍參言於王曰：“晉之從政者新，未能行令。其佐先縠剛愎不仁，未肯用命。［六］其三帥者，專行不獲，［七］聽而無上，衆誰適從？［八］此行也，晉師必敗。且君而逃臣，若社稷何？”王病之，告令尹，改乘轅而北之，次于管以待之。

［一］郔，鄭北地。

［二］沈或作寢。寢，縣也。今汝陰固始縣。

［三］子反，公子側。

［四］參，伍奢之祖父。

［五］迴車南鄉。旆，軍前大旗。

［六］愎，很也。

〔一〕楚子北師次於郔　“北”，原作“比”，據石經改。

［七］欲專其所行而不得。

［八］聽彘子、趙同、趙括，則爲軍無上，令衆不知所從。

晉師在敖、鄗之間。[一]鄭皇戌使如晉師，曰："鄭之從楚，社稷之故也，未有貳心。楚師驟勝而驕，其師老矣，而不設備。子擊之，鄭師爲承，[二]楚師必敗。"彘子曰："敗楚服鄭，於此在矣，必許之。"欒武子曰：[三]"楚自克庸以來，[四]其君無日不討國人而訓之，[五]于民生之不易、禍至之無日、戒懼之不可以怠。[六]在軍無日不討軍實而申儆之。[七]于勝之不可保，紂之百克而卒無後。訓之以若敖、蚡冒篳路藍縷以啓山林，[八]箴之曰'民生在勤，勤則不匱'，不可謂驕。[九]先大夫子犯有言曰：'師直爲壯，曲爲老。'我則不德而徼怨于楚，我曲楚直，不可謂老〔一〕。[一〇]其君之戎分爲二廣，[一一]廣有一卒，卒偏之兩。[一二]右廣初駕，數及日中，左則受之，以至于昏。内官序當其夜，[一三]以待不虞，不可謂無備。子良，鄭之良也。師叔，楚之崇也。[一四]師叔入盟，子良在楚，楚、鄭親矣。來勸我戰，我克則來，不克遂往。以我卜也，鄭不可從。"趙括、趙同曰："率師以來，唯敵是求，克敵得屬，又何俟？必從彘子。"[一五]知季曰〔二〕："原、屏，咎之徒也。"[一六]趙莊子曰："欒伯善哉！[一七]實其言，必長晉國。"[一八]

［一］熒陽京縣東北有管城。敖、鄗二山在熒陽縣西北。

［二］承，繼也。

〔一〕不可謂老　"謂"，原作"爲"，據石經改。

〔二〕知季曰　興國軍本"知季"後有"子"字，石經無。

［三］武子，欒書。

［四］在文十六年。

［五］討，治也。

［六］于，曰也。

［七］軍實，軍器。

［八］若敖、蚡冒，皆楚之先君。篳路，柴車。藍縷，敝衣。言此二君勤儉以啓土。

［九］箴，誠。

［一〇］不德謂以力爭諸侯〔一〕。徼，要也。

［一一］君之親兵。

［一二］十五乘爲一廣。《司馬法》：百人爲卒，二十五人爲兩。車十五乘爲大偏。今廣十五乘，亦用舊偏法，復以二十五人爲承副。

［一三］内官，近官。序，次也。

［一四］師叔，潘尫，爲楚人所崇貴。

［一五］得屬，服鄭。

［一六］知季，莊子也。原，趙同。屏，趙括。徒，黨也。

［一七］莊子，趙朔。欒伯，武子。

［一八］實，猶充也。言欒書之身行能充此言〔二〕，則當執晉國之政也。

楚少宰如晉師，［一］曰：“寡君少遭閔凶，不能文。［二］聞二先君之出入此行也，［三］將鄭是訓定，豈敢求罪于晉？

〔一〕不德謂以力爭諸侯　“德”，阮刻本作“得”。

〔二〕言欒書之身行能充此言　前“言”字，原脱，據興國軍本、金澤文庫卷子、阮刻本補。

二三子無淹久。”[四] 隨季對曰：“昔平王命我先君文侯曰：‘與鄭夾輔周室，毋廢王命。’今鄭不率，[五] 寡君使群臣問諸鄭，豈敢辱候人？[六] 敢拜君命之辱。”彘子以爲諂，使趙括從而更之曰：“行人失辭，[七] 寡君使群臣遷大國之迹於鄭，[八] 曰：‘無辟敵。’群臣無所逃命。”

[一] 少宰，官名。

[二] 閔，憂也。

[三] 二先君，楚成王、穆王。

[四] 淹，留也。

[五] 率，遵也。

[六] 候人，謂伺候望敵者。

[七] 言誤對。

[八] 遷，徙也。

楚子又使求成于晉，晉人許之，盟有日矣。[一] 楚許伯御樂伯，攝叔爲右，以致晉師。[二] 許伯曰：“吾聞致師者，御靡旌摩壘而還。”[三] 樂伯曰：“吾聞致師者，左射以菆，[四] 代御執轡，御下，兩馬掉鞅而還。”[五] 攝叔曰：“吾聞致師者，右入壘折馘，[六] 執俘而還。”皆行其所聞而復。晉人逐之，左右角之。[七] 樂伯左射馬而右射人，角不能進，矢一而已。麋興於前，射麋麗龜。[八] 晉鮑癸當其後，使攝叔奉麋獻焉，曰：“以歲之非時，獻禽之未至，敢膳諸從者。”鮑癸止之曰：“其左善射，其右有辭，君子也。”既免。[九]

[一] 有期日。

[二] 單車挑戰，又示不欲崇和，以疑晉之群帥。

［三］靡旌，驅疾也。摩，近也。

［四］左，車左也。菆，矢之善者。

［五］兩，飾也。掉，正也。示閒暇。

［六］折馘，斷耳。

［七］張兩角，從旁夾攻之。

［八］麗，著也。龜，背之隆高當心者。

［九］止不復逐。

晉魏錡求公族，未得[一]而怒，欲敗晉師。請致師，弗許。請使，許之。遂往，請戰而還。楚潘黨逐之，及熒澤，見六麋，射一麋以顧獻曰："子有軍事，獸人無乃不給於鮮？敢獻於從者。"[二]叔黨命去之。[三]趙旃求卿未得，[四]且怒於失楚之致師者。請挑戰，弗許。請召盟，許之。與魏錡皆命而往。郤獻子曰："二憾往矣，[五]弗備必敗。"彘子曰："鄭人勸戰，弗敢從也。楚人求成，弗能好也。師無成命，多備何爲？"士季曰："備之善，若二子怒楚，楚人乘我，喪師無日矣。[六]不如備之。楚之無惡，除備而盟，何損於好？若以惡來，有備不敗。且雖諸侯相見，軍衛不徹，警也。"[七]彘子不可。[八]士季使鞏朔、韓穿帥七覆于敖前，[九]故上軍不敗。趙嬰齊使其徒先具舟于河，故敗而先濟。

［一］錡，魏犨子，欲爲公族大夫。

［二］熒澤在熒陽縣東。新殺爲鮮，見六得一，言其不如楚。

［三］叔黨，潘黨，潘尪之子。

［四］旃，趙穿子。

[五] 獻子，郤克。

[六] 乘，猶登也。

[七] 徹，去也。

[八] 不肯設備。

[九] 帥，將也。覆爲伏兵七處。

潘黨既逐魏錡，[一] 趙旃夜至於楚軍，[二] 席於軍門之外，使其徒入之。[三] 楚子爲乘廣三十乘，分爲左右。右廣雞鳴而駕，日中而説。[四] 左則受之，日入而説。許偃御右廣，養由基爲右。彭名御左廣，屈蕩爲右。[五] 乙卯，王乘左廣以逐趙旃。趙旃棄車而走林，屈蕩搏之，得其甲裳。[六] 晉人懼二子之怒楚師也，使軘車逆之。[七] 潘黨望其塵，使騁而告曰："晉師至矣。"楚人亦懼王之入晉軍也，遂出陳。孫叔曰："進之。寧我薄人，無人薄我。《詩》云'元戎十乘，以先啓行〔一〕'，先人也。[八]《軍志》曰'先人有奪人之心'，薄之也。"[九] 遂疾進師，車馳卒奔，乘晉軍。桓子不知所爲，鼓於軍中曰："先濟者有賞。"中軍、下軍爭舟，舟中之指可掬也。[一〇]

[一] 言魏錡見逐而退。

[二] 二人雖俱受命，而行不相隨，趙旃在後至。

[三] 布席坐，示無所畏也。

[四] 説，舍也。

[五] 楚王更迭載之，故各有御、右。

[六] 下曰裳。

〔一〕 以先啓行　原作"以啓先行"，石經漫漶。據今通行本正。

［七］軘車，兵車名。

［八］元戎，戎車在前也。《詩·小雅》。言王者軍行必有戎車十乘，在前開道，先人爲備。

［九］奪敵戰心。

［一〇］兩手曰掬。

晉師右移，上軍未動。[一]工尹齊將右拒卒以逐下軍。[二]楚子使唐狡與蔡鳩居告唐惠侯，[三]曰："不穀不德而貪，以遇大敵，不穀之罪也。然楚不克，君之羞也，敢藉君靈以濟楚師。"[四]使潘黨率游闕四十乘，[五]從唐侯以爲左拒，以從上軍。駒伯曰："待諸乎？"[六]隨季曰："楚師方壯，若萃於我，吾師必盡。[七]不如收而去之，分謗生民，不亦可乎？"[八]殿其卒而退，不敗。[九]王見右廣，將從之乘。屈蕩户之曰："君以此始，亦必以終。"[一〇]自是楚之乘廣先左。[一一]晉人或以廣隊不能進，[一二]楚人惎之脱扃，[一三]少進，馬還，又惎之。拔旆投衡，乃出。[一四]顧曰："吾不如大國之數奔也。"

［一］言餘軍皆移去，唯上軍在。《經》所以書戰，言猶有陳。

［二］工尹齊，楚大夫。右拒，陳名。

［三］二子，楚大夫。唐，屬楚之小國，義陽安昌縣東南有上唐鄉。

［四］藉，猶假借也。

［五］游車補闕者。

［六］駒伯，郤克，上軍佐也。

［七］萃，集也。

［八］同奔爲分謗，不戰爲生民。

［九］以其所將卒爲軍後殿。

［一〇］戶，止也。軍中易乘，則恐軍人惑〔一〕。

［一一］以乘左得勝故。

［一二］廣，兵車。

［一三］惎，教也。扃，車上兵闌。

［一四］還，便旋不進。旆，大旗也。拔旗投衡上，使不帆風，差輕。

趙旃以其良馬二，濟其兄與叔父，以他馬反，遇敵不能去，棄車而走林。逢大夫與其二子乘，[一]謂其二子無顧。[二]顧曰："趙傁在後。"[三]怒之，使下，指木曰："尸女於是。"授趙旃綏以免。明日以表尸之，[四]皆重獲在木下。[五]楚熊負羈囚知罃。知莊子以其族反之。[六]厨武子御，[七]下軍之士多從之。[八]每射，抽矢菆，納諸厨子之房。[九]厨子怒曰："非子之求而蒲之愛，[一〇]董澤之蒲，可勝既乎？"[一一]知季曰："不以人子，吾子其可得乎？吾不可以苟射故也。"射連尹襄老，獲之，遂載其尸。射公子穀臣，囚之。以二者還。[一二]及昏，楚師軍於邲，晉之餘師不能軍，[一三]宵濟，亦終夜有聲。[一四]

［一］逢，氏。

［二］不欲見趙旃。

［三］傁，老稱也。

［四］表所指木，取其尸。

〔一〕則恐軍人惑　"軍"，原脱，據興國軍本補。"惑"，阮刻本作"識"。

［五］兄弟累尸而死。

［六］負羈，楚大夫。知罃，知莊子之子。族，家兵。反，還戰。

［七］武子，魏錡。

［八］知莊子下軍大夫故。

［九］抽，擢也。菆，好箭。房，箭舍。

［一〇］蒲，楊柳，可以爲箭。

［一一］董澤，澤名。河東聞喜縣東北有董池陂。既，盡也。

［一二］穀臣，楚王子。

［一三］不能成營屯。

［一四］言其兵衆，將不能用。

丙辰，楚重至於邲，[一]遂次于衡雍。潘黨曰："君盍築武軍[二]而收晉尸以爲京觀？[三]臣聞克敵必示子孫，以無忘武功。"楚子曰："非爾所知也。夫文，止戈爲武。[四]武王克商，作《頌》曰：'載戢干戈，載櫜弓矢。[五]我求懿德，肆于時夏，允王保之。'[六]又作《武》，其卒章曰：'耆定爾功。'[七]其三曰：'鋪時繹思，我徂惟求定。'[八]其六曰：'綏萬邦，屢豐年。'[九]夫武，禁暴、戢兵、保大、定功、安民、和衆、豐財者也。[一〇]故使子孫無忘其章。[一一]今我使二國暴骨，暴矣；觀兵以威諸侯，兵不戢矣。暴而不戢，安能保大？猶有晉在，焉得定功？所違民欲猶多，民何安焉？無德而强爭諸侯，何以和衆？利人之幾[一二]而安人之亂，以爲己榮，何以豐財？[一三]武有七德，我無一焉，何以示子孫？其爲先君宮，告成事而已。[一四]武非吾功也。古者明王伐不敬，取其鯨鯢而封之，以爲大戮，於是乎有京觀，以懲淫慝。[一五] 今罪無所，[一六] 而民皆盡忠以死君命，又可以爲京觀乎〔一〕？”祀于河，作先君宮，告成事而還。[一七]

[一] 重，輜重也。

[二] 築軍營以彰武功。

[三] 積尸封土其上，謂之“京觀”。

[四] 文，字。

[五] 戢，藏也。櫜，韜也。《詩》美武王能誅滅暴亂而息兵。

[六] 肆，遂也。夏，大也。言武王既息兵，又能求美德，故遂大，而信王保天下。

[七]《武》,《頌》篇名。耆，致也。言武王誅紂，致定其功。

[八] 其三,三篇。鋪，布也。繹，陳也。時，是也。思，辭也。《頌》美武王能布政陳教，使天下歸往求安定。

[九] 其六,六篇。綏，安也。屢，數也。言武王既安天下，數致豐年。此三、六之數，與今《詩·頌》篇次不同，蓋楚樂歌之次第。

[一〇] 此武七德。

[一一] 著之篇章，使子孫不忘。

[一二] 幾，危也。

[一三] 兵動則年荒。

[一四] 祀先君，告戰勝。

[一五] 鯨鯢，大魚名。以喻不義之人吞食小國。

[一六] 晉罪無所犯也。

〔一〕 又可以爲京觀乎 “可”，興國軍本作“何”；又，興國軍本有“觀”字，據補。按：阮校曰：“宋本、淳熙本、岳本、足利本‘何’作‘可’。石經無‘觀’字，後旁增于‘京’字下。《爾雅疏》引亦脱。”

［一七］《傳》言楚莊有禮，所以遂興。

〔左氏附〕

（宣傳·十二·三）

是役也，鄭石制實入楚師，將以分鄭而立公子魚臣。辛未，鄭殺僕叔及子服。[一]君子曰："史佚所謂毋怙亂者，謂是類也。[二]《詩》曰：'亂離瘼矣，爰其適歸？'[三]歸於怙亂者也夫。"[四]

［一］僕叔，魚臣也。子服，石制也。

［二］言恃人之亂以要利。

［三］《詩·小雅》。離，憂也。瘼，病也。爰，於也。言禍亂憂病，於何所歸乎。歎之。

［四］恃亂則禍歸之〔一〕。

〔宣經·十二·四〕

秋七月。

〔宣經·十二·五〕

冬十有二月戊寅，楚子滅蕭。[一]

［一］蕭，宋附庸國。十二月無戊寅，戊寅，十一月九日。

（宣傳·十二·六）

冬，楚子伐蕭，宋華椒以蔡人救蕭。蕭人囚熊相宜僚及公子丙。王曰："勿殺，吾退。"蕭人殺之，王怒，遂圍蕭，蕭潰。申公巫臣曰："師人多寒。"王巡三軍，拊而勉

〔一〕 恃亂則禍歸之 "亂"，阮刻本作"禍"。

之。[一]三軍之士皆如挾纊。[二]遂傳於蕭。還無社與司馬卯言，號申叔展。[三]叔展曰："有麥麴乎？"曰："無。""有山鞠窮乎？"曰："無。"[四]"河魚腹疾柰何？"[五]曰："目於眢井而拯之。"[六]"若爲茅絰，哭井則已。"[七]明日，蕭潰。申叔視其井，則茅絰存焉，號而出之。[八]

[一] 拊，撫慰勉之。

[二] 纊，綿也。言説以忘寒。

[三] 還無社，蕭大夫。司馬卯、申叔展，皆楚大夫也。無社素識叔展，故因卯呼之。

[四] 麥麴、鞠窮，所以禦濕。欲使無社逃泥水中。無社不解，故曰"無"。軍中不敢正言，故謬語。

[五] 叔展言無禦濕藥，將病。

[六] 無社意解，欲入井，故使叔展視虚廢井而求拯己。出溺爲拯。

[七] 叔展又教結茅以表井，須哭乃應以爲信。

[八] 號，哭也。《傳》言蕭人無守心。

〔左氏附〕

(宣傳·十二·四)

鄭伯、許男如楚。[一]

[一] 爲十四年晉伐鄭《傳》。

〔左氏附〕

(宣傳·十二·五)

秋，晉師歸，桓子請死。晉侯欲許之。士貞子諫曰："不可。[一]城濮之役，晉師三日穀，[二]文公猶有憂色，左右曰：‘有喜而憂，如有憂而喜乎？’[三]公曰：‘得臣猶在，憂未歇也。[四]困獸猶鬭，況國相乎？’及楚殺子玉，[五]公喜而後可知也，[六]曰：‘莫余毒也已。’是晉再克而楚再敗也。楚是以再世不競。[七]今天或者大警晉也，[八]而又殺林父以重楚勝，其無乃久不競乎？林父之事君也，進思盡忠，退思補過。社稷之衛也，若之何殺之？夫其敗也，如日月之食焉，何損於明？”晉侯使復其位。[九]

［一］貞子，士渥濁。

［二］在僖二十八年。

［三］言憂喜失時。

［四］歇，盡也。

［五］子玉，得臣。

［六］喜見於顔色。

［七］成王至穆王。

［八］警，戒也。

［九］言晉景所以不失霸。

〔宣經·十二·六〕

晉人、宋人、衛人、曹人同盟于清丘。[一]

［一］晉、衛背盟，故大夫稱“人”。宋華椒承群僞之言，以誤其國，宋雖有守信之善，而椒猶不免譏。清丘，衛地，今在濮陽縣東南。

(宣傳·十二·七)

晉原縠、宋華椒、衛孔達、曹人同盟于清丘。[一]曰：“恤病討貳。”於是卿不書。不實其言也。[二]

［一］原縠，先縠。

［二］宋伐陳，衛救之，不討貳也。楚伐宋，晉不救，不恤病也。

〔宣經·十二·七〕

宋師伐陳，衛人救陳。[一]

［一］背清丘之盟。

（宣傳·十二·八）

宋爲盟故，伐陳。[一]衛人救之。孔達曰："先君有約言焉，若大國討我則死之。"[二]

［一］陳貳於楚故。

［二］衛成公與陳共公有舊好，故孔達欲背盟救陳而以死謝晉，爲十四年衛殺孔達《傳》。

宣公十三年

〔宣經·十三·一〕

十有三年春，齊師伐莒。

（宣傳·十三·一）

十三年春，齊師伐莒，莒恃晉而不事齊故也。

〔宣經·十三·二〕

夏，楚子伐宋。

（宣傳·十三·二）

夏，楚子伐宋，以其救蕭也。[一] 君子曰："清丘之盟，唯宋可以免焉。"[二]

［一］救蕭在前年。

［二］宋討陳之貳。今宋見伐，晉、衛不顧盟以恤宋，而《經》同貶宋大夫。《傳》嫌華椒之罪累及其國，故曰"唯宋可以免"。

〔宣經·十三·三〕

秋，螽。[一]

［一］無《傳》。爲災，故書。

〔左氏附〕

（宣傳·十三·三）

秋，赤狄伐晉，及清，先縠召之也。[一]

［一］邲戰不得志，故召狄欲爲變。清，一名清原。

〔宣經 · 十三 · 四〕

冬，晉殺其大夫先縠。[一]

［一］書名，以罪討。

(宣傳 · 十三 · 四)

冬，晉人討邲之敗，與清之師，歸罪於先縠而殺之，盡滅其族。君子曰："'惡之來也，己則取之'，其先縠之謂乎？"[一]

［一］盡滅其族，爲誅已甚，故曰"惡之來也"。

〔左氏附〕

(宣傳 · 十三 · 五)

清丘之盟，晉以衛之救陳也討焉。[一]使人弗去，曰："罪無所歸，將加而師。"孔達曰："苟利社稷，請以我說。[二]罪我之由，我則爲政，而亢大國之討，將以誰任？[三]我則死之。"[四]

［一］尋清丘之盟以責衛。

［二］欲自殺以說晉。

［三］亢，禦也，謂禦宋討陳也。

［四］爲明年殺孔達《傳》。

宣公十四年

〔宣經·十四·一〕

十有四年春，衛殺其大夫孔達。[一]

［一］書名，背盟于大國，罪之。

(宣傳·十四·一)

十四年春，孔達縊而死，衛人以說于晉而免。[一]遂告于諸侯曰："寡君有不令之臣達，構我敝邑于大國，既伏其罪矣，敢告。"[二]衛人以爲成勞，復室其子，[三]使復其位。[四]

［一］以殺告，故免于伐。

［二］諸殺大夫亦皆告。

［三］以有平國之功，故以女妻之〔一〕。

［四］襲父祿位。

〔宣經·十四·二〕

夏五月壬申，曹伯壽卒。[一]

［一］無《傳》。文十四年盟新城。

〔宣經·十四·三〕

晉侯伐鄭。

(宣傳·十四·二)

夏，晉侯伐鄭，爲邲故也。[一]告於諸侯，蒐焉而

〔一〕故以女妻之 "故"，阮刻本作"復"。

還。[二] 中行桓子之謀也。曰:“示之以整，使謀而來。”鄭人懼，使子張代子良于楚。[三] 鄭伯如楚，謀晉故也。鄭以子良爲有禮，故召之。[四]

[一] 晉敗於邲，鄭遂屬楚。

[二] 蒐，簡閱車馬。

[三] 十二年子良質於楚。子張，穆公孫。

[四] 有讓國之禮。

〔宣經 · 十四 · 四〕

秋九月，楚子圍宋。

(宣傳 · 十四 · 三)

楚子使申舟聘于齊，曰:“無假道于宋。”[一] 亦使公子馮聘于晉，不假道于鄭。申舟以孟諸之役惡宋，[二] 曰:“鄭昭宋聾，[三] 晉使不害，我則必死。”王曰:“殺女，我伐之。”見犀而行。[四] 及宋，宋人止之。華元曰:“過我而不假道，鄙我也。鄙我，亡也。[五] 殺其使者，必伐我。伐我，亦亡也。亡，一也。”乃殺之。楚子聞之，投袂而起，[六] 屨及於窒皇，[七] 劍及於寢門之外，車及於蒲胥之市。秋九月，楚子圍宋。

[一] 申舟，無畏。

[二] 文十年楚子田孟諸，無畏抶宋公僕。

[三] 昭，明也。聾，闇也。

[四] 犀，申舟子。以子託王，示必死。

[五] 以我比其邊鄙，是與亡國同。

[六] 投，振也。袂，袖也。

［七］室皇，寢門闕。

〔宣經·十四·五〕

葬曹文公。[一]

［一］無《傳》。

〔宣經·十四·六〕

冬，公孫歸父會齊侯于穀。

（宣傳·十四·四）

冬，公孫歸父會齊侯于穀，見晏桓子，與之言魯樂。桓子告高宣子，[一]曰："子家其亡乎？懷於魯矣。[二]懷必貪，貪必謀人。謀人，人亦謀己。一國謀之，何以不亡？"[三]

［一］桓子，晏嬰父。宣子，高固。

［二］子家，歸父字。懷，思也。

［三］爲十八年歸父奔齊《傳》。

〔左氏附〕

（宣傳·十四·五）

孟獻子言於公曰："臣聞小國之免於大國也，聘而獻物，[一]於是有庭實旅百；[二]朝而獻功，[三]於是有容貌、采章、嘉淑而有加貨。[四]謀其不免也。誅而薦賄，則無及也。[五]今楚在宋，君其圖之。"公說。[六]

［一］物，玉、帛、皮、幣也。

［二］主人亦設籩豆百品，實於庭以答賓。

［三］獻其治國若征伐之功於牧伯。

［四］容貌，威儀容顏也。采章，車服文章也。嘉淑，令辭稱讚也。加貨，命宥幣帛也。言往共，則來報亦備。

［五］薦，進也。見責而往，則不足解罪。

［六］爲明年歸父會楚子《傳》。

宣公十五年

〔宣經·十五·一〕

十有五年春，公孫歸父會楚子于宋。

(宣傳·十五·一)

十五年春，公孫歸父會楚子于宋。[一]

［一］終前年《傳》。

〔宣經·十五·二〕

夏五月，宋人及楚人平。[一]

［一］平者，揔言二國和，故不書其人。

(宣傳·十五·二)

宋人使樂嬰齊告急于晉。晉侯欲救之。伯宗曰："不可。[一]古人有言曰：'雖鞭之長，不及馬腹。'[二]天方授楚，未可與爭，雖晉之彊，能違天乎？諺曰：'高下在心，[三]川澤納汙，[四]山藪藏疾，[五]瑾瑜匿瑕。'[六]國君含垢，[七]天之道也。[八]君其待之。"[九]乃止。使解揚如宋，使無降楚，曰："晉師悉起，將至矣。"鄭人囚而獻諸楚，楚子厚賂之，使反其言，[一〇]不許，三而許之。登諸樓車，使呼宋而告之。[一一]遂致其君命，楚子將殺之，使與之言曰："爾既許不穀而反之，何故？非我無信，女則棄之，速即爾刑。"對曰："臣聞之，君能制命爲義，臣能承命爲信，信載義而行之爲利。謀不失利，以衛社稷，民之主也。義無二信，[一二]信無二命。[一三]君之賂臣，不知命也。受命以出，有死無霣，[一四]又可賂乎？臣之許君，以成命也。[一五]死而成命，臣之祿也。寡君有信臣，[一六]下臣獲考，[一七]死又何求〔一〕？”楚子舍之以歸。

[一] 伯宗，晉大夫。

[二] 言非所擊。

[三] 度時制宜。

[四] 受汙濁。

[五] 山之有林藪，毒害者居之。

[六] 匿，亦藏也。雖美玉之質，亦或居藏瑕穢。

[七] 忍垢耻。

[八] 晉侯耻不救宋，故伯宗爲説小惡不損大德之喻。

[九] 待楚衰。

[一〇] 反言晉不救。

[一一] 樓車，車上望櫓。

[一二] 欲爲義者，不行兩信。

[一三] 欲行信者，不受二命。

[一四] 霣，廢隊也。

[一五] 成其君命。

[一六] 己不廢命。

[一七] 考，成也。

夏五月，楚師將去宋。[一]申犀稽首於王之馬前，曰：“毋畏知死而不敢廢王命，王棄言焉。”王不能答。[二]申叔

〔一〕 楊樹達《古書句讀釋例》：“武億云：‘此宜以“下臣獲考死”爲句，如《書·洪範》所云考終命者。“又何求”另讀，義爲近之。’今按，武説是。”

時僕，[三]曰："築室、反耕者，宋必聽命。"從之。[四]宋人懼，使華元夜入楚師，登子反之牀，起之，曰："寡君使元以病告，[五]曰：'敝邑易子而食，析骸以爨。[六]雖然，城下之盟，有以國斃，不能從也。[七]去我三十里，唯命是聽。'"子反懼，與之盟而告王。退三十里，宋及楚平，華元爲質，盟曰："我無爾詐，爾無我虞。"[八]

［一］在宋積九月，不能服宋故。

［二］未服宋而去，故曰"棄言"。

［三］僕，御也。

［四］築室於宋，分兵歸田，示無去志，王從其言。

［五］《兵法》：因其鄉人而用之，必先知其守將左右、謁者、門者〔一〕、舍人之姓名，因而利道之。華元蓋用此術得以自通。

［六］爨，炊也。

［七］寧以國斃，不從城下盟。

［八］楚不詐宋，宋不備楚。盟不書，不告。

〔宣經·十五·三〕

六月癸卯，晉師滅赤狄潞氏。以潞子嬰兒歸。[一]

［一］潞，赤狄之別種。潞氏，國，故稱氏。子，爵也。林父稱師，從告。

〔一〕謁者門者　"門"前原有"守"字，興國軍本同。金澤文庫卷子、阮刻本無。阮校曰："淳熙本'者'下增'守'字，非也。""門者"典籍習見，如《穀梁·襄二十九年》《孫子·用間》《韓非子·内儲説》《淮南子·人間》。據删。

(宣傳·十五·三)

潞子嬰兒之夫人，晉景公之姊也。酆舒爲政而殺之，又傷潞子之目。[一]晉侯將伐之，諸大夫皆曰："不可。酆舒有三儁才，[二]不如待後之人。"伯宗曰："必伐之。狄有五罪，儁才雖多，何補焉？不祀，一也。耆酒，二也。棄仲章而奪黎氏地，三也。[三]虐我伯姬，四也。傷其君目，五也。怙其儁才而不以茂德，兹益罪也。後之人或者將敬奉德義以事神人，而申固其命，[四]若之何待之？不討有罪，曰'將待後'，後有辭而討焉，毋乃不可乎？夫恃才與衆，亡之道也。商紂由之，故滅。[五]天反時爲災，[六]地反物爲妖，[七]民反德爲亂，亂則妖災生。故文反正爲乏，[八]盡在狄矣。"晉侯從之。

[一] 酆舒，潞相。

[二] 儁，絶異也。言有才藝勝人者三。

[三] 仲章，潞賢人也。黎氏，黎侯國，上黨壺關縣有黎亭。

[四] 審其政令。

[五] 由，用也。

[六] 寒暑易節。

[七] 群物失性。

[八] 文，字。

六月癸卯，晉荀林父敗赤狄于曲梁。辛亥，滅潞。[一]酆舒奔衛，衛人歸諸晉，晉人殺之。

[一] 曲梁，今廣平曲梁縣也。書"癸卯"，從赴。

〔宣經·十五·四〕

秦人伐晉。[一]

［一］無《傳》。

〔宣經·十五·五〕

王札子殺召伯、毛伯。[一]

［一］稱“殺”者，名兩下相殺之辭。兩下相殺，則殺者有罪。王札子，王子札也。蓋《經》文倒“札”字。

（宣傳·十五·四）

王孫蘇與召氏、毛氏爭政。[一]使王子捷殺召戴公及毛伯衛，[二]卒立召襄。[三]

［一］三人皆王卿士。

［二］王子捷即王札子。

［三］襄，召戴公之子。

〔左氏附〕

（宣傳·十五·五）

秋七月，秦桓公伐晉，次于輔氏。[一]壬午，晉侯治兵于稷，以略狄土。[二]立黎侯而還。[三]及雒，魏顆敗秦師于輔氏。[四]獲杜回，秦之力人也。初，魏武子有嬖妾無子。武子疾，命顆曰：“必嫁是。”[五]疾病則曰：“必以爲殉。”及卒，顆嫁之，曰：“疾病則亂，吾從其治也。”及輔氏之役，顆見老人結草以亢杜回，[六]杜回躓而顛，故獲之。夜夢之，曰：“余，而所嫁婦人之父也。[七]爾用先人

之治命〔一〕，余是以報。”[八]

[一] 晉地。

[二] 略，取也。稷，晉地，河東聞喜縣西有稷山。壬午，七月二十九日。晉時新破狄，土地未安，權秦師之弱，故别遣魏顆距秦，而東行定狄地。

[三] 狄奪其地，故晉復立之。

[四] 晉侯還及雒也。雒，晉地。

[五] 武子，魏犨，顆之父。

[六] 亢，禦也。

[七] 而，女也。

[八]《傳》舉此以示教。

〔左氏附〕

(宣傳 · 十五 · 六)

晉侯賞桓子狄臣千室，[一] 亦賞士伯以瓜衍之縣。[二] 曰:“吾獲狄土，子之功也。微子，吾喪伯氏矣。”[三] 羊舌職説是賞也，[四] 曰:“《周書》所謂‘庸庸祗祗’者，謂此物也夫。[五] 士伯庸中行伯，[六] 君信之，亦庸士伯，此之謂明德矣。文王所以造周，不是過也。故《詩》曰:‘陳錫載周。’能施也。[七] 率是道也，其何不濟?”

[一] 千家。

[二] 士伯，士貞子。

[三] 伯，桓子字。邲之敗，晉侯將殺林父，士伯諫而止。

〔一〕 爾用先人之治命 按：阮校曰：“石經用字下有‘而’字。案，《漢書 · 張衡傳注》《論衡 · 死僞篇》引《傳》無‘而’字。顧炎武《九經誤字》云：‘監本脱，當依石經。’未辨此處石經，乃朱梁補刊也。”

［四］職，叔向父。

［五］《周書·康誥》。庸，用也。祗，敬也。物，事也。言文王能用可用，敬可敬。

［六］言中行伯可用。

［七］錫，賜也。《詩·大雅》。言文王布陳大利以賜天下，故能載行周道，福流子孫。

〔左氏附〕

（宣傳·十五·七）

晉侯使趙同獻狄俘于周，不敬，劉康公曰："不及十年，原叔必有大咎，[一]天奪之魄矣。"[二]

［一］劉康公，王季子也。原叔，趙同也。

［二］心之精爽是謂魂魄。爲成八年晉殺趙同《傳》。

〔宣經·十五·六〕

秋，螽。[一]

［一］無《傳》。

〔宣經·十五·七〕

仲孫蔑會齊高固于無婁。[一]

［一］無《傳》。無婁，杞邑。

〔宣經·十五·八〕

初稅畝。[一]

［一］公田之法，十取其一。今又履其餘畝，復十收其一，故哀公

曰："二，吾猶不足。"遂以爲常，故曰"初"。

（宣傳·十五·八）

初稅畝，非禮也。穀出不過藉，[一] 以豐財也。

［一］周法：民耕百畝，公田十畝，借民力而治之，稅不過此。

〔宣經·十五·九〕

冬，蝝生。[一]

［一］螽子以冬生，遇寒而死，故不成螽。

（宣傳·十五·九）

冬，蝝生。饑，幸之也。[一]

［一］蝝未爲災而書之者，幸其冬生不爲物害。時歲雖饑，猶喜而書之。

〔宣經·十五·十〕

饑。[一]

［一］風雨不和，五稼不豐。

宣公十六年

〔宣經 · 十六 · 一〕

十有六年春王正月，晉人滅赤狄甲氏及留吁。[一]

[一] 甲氏、留吁，赤狄別種。晉既滅潞氏，今又并盡其餘黨。士會稱“人”，從告。

(宣傳 · 十六 · 一)

十六年春，晉士會帥師滅赤狄甲氏及留吁、鐸辰。[一]三月，獻狄俘。[二]晉侯請于王。戊申，以黻冕命士會將中軍，且爲大傅，[三]於是晉國之盜逃奔于秦。羊舌職曰：“吾聞之，禹稱善人，[四]不善人遠。此之謂也夫！《詩》曰：‘戰戰兢兢，如臨深淵，如履薄冰。’善人在上也。[五]善人在上，則國無幸民。諺曰‘民之多幸，國之不幸也’，是無善人之謂也。”

[一] 鐸辰不書，留吁之屬。

[二] 獻于王也。

[三] 代林父將中軍，且加以大傅之官。黻冕，命卿之服。大傅，孤卿。

[四] 稱，舉也。

[五] 言善人居位，則無不戒懼。

〔宣經 · 十六 · 二〕

夏，成周宣榭火。[一]

[一]《傳》例曰：“人火之也。”成周，洛陽。宣榭，講武屋別在洛陽者。《爾雅》曰：“無室曰榭。”謂屋歇前。

(宣傳 · 十六 · 二)

夏，成周宣榭火，人火之也。凡火，人火曰火，天火曰災。

〔宣經 · 十六 · 三〕

秋，郯伯姬來歸。

(宣傳 · 十六 · 三)

秋，郯伯姬來歸，出也。

〔左氏附〕

(宣傳 · 十六 · 四)

爲毛、召之難故，王室復亂，[一] 王孫蘇奔晉，晉人復之。[二]

[一] 毛、召難在前年。

[二] 毛、召之黨，欲討蘇氏，故出奔。

〔宣經 · 十六 · 四〕

冬，大有年。[一]

[一] 無《傳》。

〔左氏附〕

(宣傳 · 十六 · 五)

冬，晉侯使士會平王室，定王享之。原襄公相禮，[一] 殽烝，[二] 武子私問其故。[三] 王聞之，召武子曰："季氏，而弗聞乎？王享有體薦，[四] 宴有折俎。[五] 公當享，卿當宴，

王室之禮也。”[六]武子歸而講求典禮，以脩晉國之法。[七]

［一］原襄公，周大夫。相，佐也。

［二］烝，升也，升殽於俎。

［三］享當體薦而殽烝，故怪問之。武，士會謚；季，其字。

［四］享則半解其體而薦之，所以示其儉〔一〕。

［五］體解節折，升之於俎，物皆可食，所以示慈惠也。

［六］公謂諸侯。

［七］《傳》言典禮之廢久。

〔一〕所以示其儉　“其”，阮刻本作“共”。

宣公十七年

〔宣經·十七·一〕

十有七年春王正月庚子，許男錫我卒。[一]

［一］無《傳》。再與文同盟。

〔宣經·十七·二〕

丁未，蔡侯申卒。[一]

［一］無《傳》。未同盟而赴以名。丁未，二月四日。

〔左氏附〕

(宣傳·十七·一)

十七年春，晉侯使郤克徵會于齊。[一] 齊頃公帷婦人使觀之，郤子登，婦人笑於房。[二] 獻子怒，出而誓曰："所不此報，無能涉河。"[三] 獻子先歸，使欒京廬待命于齊，曰："不得齊事，無復命矣。"[四] 郤子至，請伐齊，晉侯弗許。請以其私屬，又弗許。[五]

［一］徵，召也。欲爲斷道會。

［二］跛而登階，故笑之。

［三］不復渡河而東〔一〕。

［四］欒京廬，郤克之介，使得齊之罪乃復命。

［五］私屬，家衆也。爲成二年戰于鞌《傳》。

〔一〕不復渡河而東 "渡"，阮刻本作"度"。

齊侯使高固、晏弱、蔡朝、南郭偃會。[一]及斂盂，高固逃歸。[二]

［一］晏弱，桓子。

［二］聞郤克怒故。

〔宣經·十七·三〕

夏，葬許昭公。[一]

［一］無《傳》。

〔宣經·十七·四〕

葬蔡文公。[一]

［一］無《傳》。

〔宣經·十七·五〕

六月癸卯，日有食之。[一]

［一］無《傳》。不書朔，官失之。

〔宣經·十七·六〕

己未，公會晉侯、衛侯、曹伯、邾子同盟于斷道。[一]

［一］斷道，晉地。

(宣傳·十七·二)

夏，會于斷道，討貳也。盟于卷楚。[一]辭齊人，晉人執晏弱于野王，執蔡朝于原，執南郭偃于溫。[二]苗賁皇使，見晏桓子，[三]歸言於晉侯曰："夫晏子何罪？昔者諸侯事吾先君，皆如不逮，[四]舉言群臣不信，諸侯皆有貳志。[五]齊君恐不得禮，[六]故不出而使四子來。左右或沮之，[七]曰：‘君不出，必執吾使。’故高子及斂盂而逃。夫三子者曰：‘若絶君好，寧歸死焉。’爲是犯難而來。吾若善逆彼，[八]以懷來者，吾又執之，以信齊沮，吾不既過矣乎？過而不改，而又久之，以成其悔，何利之有焉？使反者得辭，[九]而害來者，以懼諸侯，將焉用之？”晉人緩之，逸。[一〇]

［一］卷楚即斷道。

［二］執三子不書，非卿。野王縣今屬河内。

［三］賁皇，楚鬭椒之子。楚滅鬭氏而奔晉，食邑于苗地。晏弱時在野王，故因使而見之。

［四］言汲汲也。

［五］舉，亦皆也。

［六］不見禮待。

［七］沮，止也。

［八］彼，齊三人。

［九］反者，高固，謂得不當來之辭。

［一〇］緩不拘執，使得逃去也。《傳》言晉不能脩禮，諸侯所以貳。

〔宣經·十七·七〕

秋，公至自會。[一]

［一］無《傳》。

〔左氏附〕

（宣傳·十七·三）

秋八月，晉師還。

〔左氏附〕

(宣傳·十七·四)

范武子將老,[一]召文子曰:"燮乎,吾聞之,喜怒以類者鮮,[二]易者實多。[三]《詩》曰:'君子如怒,亂庶遄沮。君子如祉,亂庶遄已。'[四]君子之喜怒,以已亂也。弗已者必益之。郤子其或者欲已亂於齊乎?不然,余懼其益之也。余將老,使郤子逞其志,庶有豸乎?[五]爾從二三子唯敬〔一〕。"[六]乃請老,郤獻子爲政。

[一]老,致仕。初受隨,故曰"隨武子"。後更受范,復爲范武子。

[二]文子,士會之子。燮,其名。

[三]易,遷怒也。

[四]《詩·小雅》也。遄,速也。沮,止也。祉,福也。

[五]豸,解也。欲使郤子從政快志以止亂。

[六]二三子,晉諸大夫。

〔宣經·十七·八〕

冬十有一月壬午,公弟叔肸卒。[一]

[一]《傳》例曰:"公母弟。"

(宣傳·十七·五)

冬,公弟叔肸卒。公母弟也。凡大子之母弟,公在曰公子,不在曰弟。[一]凡稱"弟",皆母弟也。[二]

[一]以兄爲尊。

〔一〕爾從二三子唯敬　"從",原脱,石經漫漶,據興國軍本補。

[二] 此策書之通例也。庶弟不得稱公弟，而母弟或稱公子。若嘉好之事，則仍舊史之文。惟相殺害，然後據例以示義。所以篤親親之恩，崇友于之好，《釋例》論之備矣。

宣公十八年

〔宣經·十八·一〕

十有八年春，晉侯、衛世子臧伐齊。

（宣傳·十八·一）

十八年春，晉侯、衛大子臧伐齊，至于陽穀。齊侯會晉侯，盟于繒，以公子彊爲質于晉。晉師還，蔡朝、南郭偃逃歸。[一]

［一］晉既與齊盟，守者解緩，故得逃。

〔宣經·十八·二〕

公伐杞。[一]

［一］無《傳》。

〔宣經·十八·三〕

夏四月。

〔左氏附〕

（宣傳·十八·二）

夏，公使如楚乞師，欲以伐齊。[一]

［一］公不事齊，齊與晉盟，故懼而乞師于楚。不書，微者行。

〔宣經·十八·四〕

秋七月，邾人戕鄫子于鄫。[一]

［一］《傳》例曰："自外曰戕。"邾大夫就鄫殺鄫子。

（宣傳・十八・三）

秋，邾人戕鄫子于鄫。凡自虐其君曰弒，自外曰戕。[一]

［一］弒、戕皆殺也，所以别内外之名。弒者積微而起，所以相測量，非一朝一夕之漸。戕者，卒暴之名。

〔宣經・十八・五〕

甲戌，楚子旅卒。[一]

［一］未同盟而赴以名。吴、越之葬〔一〕，僭而不典，故絶而不書，同之夷蠻，以懲求名之僞。

（宣傳・十八・四）

楚莊王卒，楚師不出，既而用晉師。[一]楚於是乎有蜀之役。[二]

［一］成二年戰于鞌是。

［二］在成二年冬。蜀，魯地，泰山博縣西北有蜀亭。

〔宣經・十八・六〕

公孫歸父如晉。

（宣傳・十八・五）

公孫歸父以襄仲之立公也，有寵，[一]欲去三桓以張公室。[二]與公謀而聘于晉，欲以晉人去之。

［一］歸父，襄仲子。

［二］時三桓强，公室弱，故欲去之以張大公室。

〔一〕吴越之葬　"越"，興國軍本作"楚"。

〔宣經·十八·七〕

冬十月壬戌，公薨于路寢。

（宣傳·十八·六）

冬，公薨。季文子言於朝曰："使我殺適立庶，以失大援者，仲也夫。"[一]臧宣叔怒曰："當其時不能治也，後之人何罪？子欲去之，許請去之。"[二]遂逐東門氏。[三]

［一］適謂子惡，齊外甥，襄仲殺之而立宣公。南通於楚，既不能固，又不能堅事齊、晉，故云"失大援"也。

［二］宣叔，文仲子，武仲父，許其名也。時爲司寇，主行刑。言子自以歸父害己，欲去者，許請爲子去之。

［三］襄仲居東門，故曰"東門氏"。

〔宣經·十八·八〕

歸父還自晉，至笙，遂奔齊。[一]

［一］大夫還，不書，《春秋》之常也。今書歸父還奔，善其能以禮退。不書族者，非常所及。今特書，略之。笙，魯竟外，故不言出。

（宣傳·十八·七）

子家還，及笙，[一]壇帷，復命於介。[二]既復命，袒、括髮，[三]即位哭，三踊而出，[四]遂奔齊。書曰"歸父還自晉"，善之也。

［一］子家，歸父字〔一〕。

〔一〕歸父字　"字"，原脱，據興國軍本補。

[二] 除地爲壇而張帷[一]。介，副也。將去，使介反命於君。

[三] 以麻約髮[二]。

[四] 依在國喪禮設哭位，公薨故。

〔一〕 除地爲壇而張帷 “地”，原作“也”，據興國軍本、金澤文庫卷子、阮刻本改。

〔二〕 以麻約髮 “約”，阮刻本作“爲”。

春秋左氏經傳集解成公上第十二

春秋左氏經傳集解成公上第十二〔一〕

杜　氏

成公元年

〔成經·元·一〕

元年春王正月，公即位。[一]

［一］無《傳》。

〔成經·元·二〕

二月辛酉，葬我君宣公。[一]

［一］無《傳》。

〔成經·元·三〕

無冰。[一]

［一］無《傳》。周二月，今之十二月，而無冰。書，冬溫。

〔左氏附〕

(成傳·元·一)

元年春，晉侯使瑕嘉平戎于王。[一]單襄公如晉拜成。[二]劉康公徼戎，將遂伐之。[三]叔服曰："背盟而欺大國，此

〔一〕原卷標題"成"字後闕"公"字，據本書體例補。

必敗。[四]背盟不祥，欺大國不義，神人弗助，將何以勝？”不聽。遂伐茅戎。三月癸未，敗績于徐吾氏。[五]

［一］平文十七年郔垂之役。詹嘉處瑕，故謂之瑕嘉。

［二］單襄公，王卿士。謝晉爲平戎。

［三］康公，王季子也。戎平還，欲要其無備。

［四］叔服，周内史。

［五］徐吾氏，茅戎之別也。

〔成經·元·四〕

三月，作丘甲。[一]

［一］周禮，九夫爲井，四井爲邑，四邑爲丘。丘十六井出戎馬一匹，牛三頭。四丘爲甸，甸六十四井出長轂一乘，戎馬四匹，牛十二頭，甲士三人，步卒七十二人。此甸所賦，今魯使丘出之，譏重斂，故書。

（成傳·元·二）

爲齊難故，作丘甲。[一]

［一］前年魯乞師於楚，欲以伐齊，楚師不出，故懼而作丘甲。

〔成經·元·五〕

夏，臧孫許及晉侯盟于赤棘。[一]

［一］晉地。

（成傳·元·三）

聞齊將出楚師，夏，盟于赤棘。[一]

［一］與晉盟，懼齊、楚。

〔成經·元·六〕

秋，王師敗績于茅戎。[一]

[一] 茅戎，戎别種也〔一〕。不言戰，王者至尊，天下莫之得校，故以自敗爲文。不書敗地，而書"茅戎"，明爲茅戎所敗。書"秋"，從告。

（成傳·元·四）

秋，王人來告敗。[一]

[一] 解《經》所以秋乃書。

〔成經·元·七〕

冬十月。

〔左氏附〕

（成傳·元·五）

冬，臧宣叔令脩賦、繕完、[一]具守備，曰："齊、楚結好，我新與晉盟，晉、楚爭盟，齊師必至。雖晉人伐齊，楚必救之，是齊、楚同我也。[二]知難而有備，乃可以逞。"[三]

[一] 治完城郭。

[二] 同，共也。

[三] 逞，解也。爲二年齊侯伐我《傳》。

〔一〕 戎别種也 "種"，原脱，據興國軍本補。

成公二年

〔成經·二·一〕

二年春，齊侯伐我北鄙。

(成傳·二·一)

二年春，齊侯伐我北鄙，圍龍。[一]頃公之嬖人盧蒲就魁門焉，[二]龍人囚之。齊侯曰："勿殺，吾與而盟，無入而封。"[三]弗聽，殺而膊諸城上。[四]齊侯親鼓，士陵城，三日，取龍。遂南侵，及巢丘。[五]

[一] 龍，魯邑，在泰山博縣西南。

[二] 攻龍門也。

[三] 封，竟。

[四] 膊，磔也。

[五] 取龍、侵巢丘不書，其義未聞。

〔成經·二·二〕

夏四月丙戌，衛孫良夫帥師及齊師戰于新築，衛師敗績。[一]

[一] 新築，衛地。皆陳曰戰，大崩曰敗績。四月無丙戌，丙戌，五月一日。

(成傳·二·二)

衛侯使孫良夫、石稷、甯相、向禽將侵齊，與齊師遇。[一]石子欲還，孫子曰："不可。以師伐人，遇其師而還，將謂君何？[二]若知不能，則如無出。今既遇矣，不如戰也。"

[一] 齊伐魯還，相遇於衛地。良夫，孫林父之父。石稷，石碏四

世孫。甯相，甯俞子。

［二］言無以答君。

夏有。[一]

［一］闕文。失新築戰事。

石成子曰："師敗矣。子不少須，衆懼盡。[一]子喪師徒，何以復命？"皆不對。又曰："子，國卿也。隕子，辱矣。[二]子以衆退，我此乃止。"[三]且告車來甚衆。[四]齊師乃止，次于鞫居。[五]新築人仲叔于奚救孫桓子，桓子是以免。[六]既，衛人賞之以邑，[七]辭，請曲縣、[八]繁纓以朝，許之。[九]仲尼聞之曰："惜也，不如多與之邑。唯器與名，不可以假人，[一〇]君之所司也。名以出信，[一一]信以守器，[一二]器以藏禮，[一三]禮以行義，[一四]義以生利，[一五]利以平民，政之大節也。若以假人，與人政也。政亡，則國家從之，弗可止也已。"

［一］成子，石稷也。衛師已敗，而孫良夫復欲戰，故成子欲使須救。

［二］隕，見禽獲。

［三］我於此止禦齊師。

［四］新築人救孫桓子，故並告令軍中。

［五］鞫居，衛地。

［六］于奚，守新築大夫。

［七］賞于奚。

［八］軒，縣也。周禮，天子樂，宮縣，四周；諸侯軒縣，闕南方。

［九］繁纓，馬飾，皆諸侯之服。

［一〇］器，車服。名，爵號。

［一一］名位不愆，爲民所信。

［一二］動不失信，則車服可保。

［一三］車服所以表尊卑。

［一四］尊卑有禮，各得其宜。

［一五］得其宜則利生。

〔成經·二·三〕

六月癸酉，季孫行父、臧孫許、叔孫僑如、公孫嬰齊帥師會晉郤克、衛孫良夫、曹公子首及齊侯戰于鞌，齊師敗績。[一]

［一］魯乞師於晉，而不以與謀之例者，從盟主之令，上行於下，非匹敵和成之類，例在宣七年。曹大夫常不書，而書“公子首”者，首命於國，備於禮，成爲卿故也。鞌，齊地。

(成傳·二·三)

孫桓子還於新築，不入，[一]遂如晉乞師。臧宣叔亦如晉乞師，皆主郤獻子。[二]晉侯許之七百乘。[三]郤子曰：“此城濮之賦也。[四]有先君之明，與先大夫之肅，故捷。克於先大夫，無能爲役，[五]請八百乘。”許之。[六]郤克將中軍，士燮佐上軍〔一〕，[七]欒書將下軍，[八]韓厥爲司馬，以救魯、衛。臧宣叔逆晉師，且道之。季文子帥師會之。及衛地，

〔一〕士燮佐上軍　“佐”，畾忍堂本石經作“將”。按：阮校曰：“石經、宋本、淳熙本、岳本、足利本‘將’作‘佐’，是也。案四年《傳》尚云‘士燮佐上軍’，至十三年《傳》始云‘士燮將上軍’，此時不得爲將明矣。”

韓獻子將斬人，郤獻子馳，將救之，至則既斬之矣。郤子使速以徇，告其僕曰：“吾以分謗也。”[九]

[一] 不入國。

[二] 宣十七年，郤克至齊，爲婦人所笑，遂怒。故魯、衛因之。孫桓子、臧宣叔皆不以國命，各自詣郤克，故不書。

[三] 五萬二千五百人。

[四] 城濮在僖二十八年。

[五] 不中爲之役使。

[六] 六萬人。

[七] 范文子代荀庚。

[八] 代趙朔。

[九] 不欲使韓氏獨受謗。

師從齊師于莘。[一] 六月壬申，師至于靡笄之下。[二] 齊侯使請戰，曰：“子以君師，辱於敝邑，不腆敝賦，詰朝請見。”[三] 對曰：“晉與魯、衛兄弟也。來告曰：‘大國朝夕釋憾於敝邑之地。’[四] 寡君不忍，使群臣請於大國，無令輿師淹於君地。[五] 能進不能退，君無所辱命。”[六] 齊侯曰：“大夫之許，寡人之願也。若其不許，亦將見也。”齊高固入晉師，桀石以投人，[七] 禽之而乘其車，[八] 繫桑本焉，以徇齊壘，[九] 曰：“欲勇者賈余餘勇。”[一〇]

[一] 莘，齊地。

[二] 靡笄，山名。

[三] 詰朝，平旦。

[四] 大國謂齊。敝邑，魯、衛自稱。

［五］輿，衆也。淹，久也。

［六］言自欲戰，不復須君命。

［七］綝，擔也。

［八］既獲其人，因釋己車而載所獲者車。

［九］將至齊壘，以桑樹繫車而走，欲自異。

［一〇］賈，賣也〔一〕。言己勇有餘，欲賣之。

癸酉，師陳于鞌。邴夏御齊侯，逢丑父爲右。晉解張御郤克，鄭丘緩爲右。齊侯曰："余姑翦滅此而朝食。"[一]不介馬而馳之，[二]郤克傷於矢，流血及屨，未絶鼓音，[三]曰："余病矣。"張侯曰："自始合而矢貫余手及肘，余折以御，左輪朱殷，豈敢言病？吾子忍之。"[四]緩曰："自始合，苟有險〔二〕，余必下推車，子豈識之？然子病矣。"[五]張侯曰："師之耳目在吾旗鼓，進退從之。此車一人殿之，可以集事，[六]若之何其以病敗君之大事也？擐甲執兵，固即死也。[七]病未及死，吾子勉之。"左并轡，右援枹而鼓，馬逸不能止，師從之。[八]齊師敗績，逐之〔三〕，三周華不注。[九]

［一］姑，且也。翦，盡也。

［二］介，甲也。

［三］中軍將自執旗鼓，故雖傷而擊鼓不息。

［四］張侯，解張也。朱，血色，血色久則殷。殷音近烟，今人謂

〔一〕賣也　"賣"，原作"買"，興國軍本同。據文義改。按：阮校曰："岳本、足利本'賣'作'買'，非也。"

〔二〕苟有險　"險"，原作"束"，據石經改。

〔三〕逐之　"逐"，原作"遂"，據石經、興國軍本改。

赤黑爲殷色。言血多汙車輪，御猶不敢息。

［五］以其不識己推車。

［六］殿，鎮也。集，成也。

［七］擐，貫也。即，就也。

［八］晉師從郤克車〔一〕。

［九］華不注，山名。

韓厥夢子輿謂己曰："且辟左右〔二〕。"［一］故中御而從齊侯。［二］邴夏曰："射其御者，君子也。"公曰："謂之君子而射之，非禮也。"［三］射其左，越于車下。［四］射其右，斃于車中。綦毋張喪車，從韓厥，曰："請寓乘。"［五］從左右皆肘之〔三〕，使立於後。［六］韓厥俛，定其右。［七］逢丑父與公易位。［八］將及華泉，驂絓於木而止〔四〕。［九］丑父寢於轏中。［一〇］蛇出於其下，以肱擊之，傷而匿之，故不能推車而及。［一一］韓厥執縶馬前，［一二］再拜，稽首，奉觴加璧以進，［一三］曰："寡君使群臣爲魯、衛請，曰：'無令輿師陷入君地。'［一四］下臣不幸，屬當戎行，無所逃隱。［一五］且懼奔辟而忝兩君。臣辱戎士，［一六］敢告不敏，攝官承乏。"［一七］丑父使公下，如華泉取飲。鄭周父御佐車，宛茷爲右，載齊侯以免。［一八］韓厥獻丑父，郤獻子將戮之。呼曰："自今無有代其君任患者。有一於此，將爲戮乎？"郤子曰：

〔一〕晉師從郤克車　"車"，原作"軍"，據興國軍本改。

〔二〕且辟左右　興國軍本漫漶。按：阮校曰："石經、宋本'且'作'旦'。顧炎武云：'石經誤，非也。'案，錢大昕云：'夢必在夜，則作"旦"義爲長。'"

〔三〕從左右皆肘之　"肘"，原作"射"，據石經改。

〔四〕驂絓於木而止　"驂"，原脱，據石經補。

“人不難以死免其君，我戮之不祥，赦之以勸事君者。”乃免之。

［一］子輿，韓厥父。

［二］居中代御者。自非元帥，御者皆在中，將在左。

［三］齊侯不知戎禮。

［四］越，隊也。

［五］綦毋張，晉大夫。寓，寄也。

［六］以左右皆死，不欲使立其處。

［七］俛，俯也。右被射，仆車中，故俯安隱之。

［八］居公處。

［九］驂，馬絓也。

［一〇］轏，士車。

［一一］爲韓厥所及。丑父欲爲右，故匿其傷。

［一二］縶，馬絆也。執之，示脩臣僕之職。

［一三］進觴璧，亦以示敬。

［一四］本但爲二國救請，不欲乃過入君地，謙辭。

［一五］屬，適也〔一〕。

［一六］若奔辟，則爲辱晉君，并爲齊侯羞，故言二君。此蓋韓厥自處臣僕謙敬之飾言。

［一七］言欲以己不敏，攝承空乏，從君俱還。

［一八］佐車，副車。

齊侯免，求丑父，三入三出。[一] 每出，齊師以帥退，入于狄卒。[二] 狄卒皆抽戈楯冒之，以入于衛師。衛

〔一〕適也　“也”，原脱，據興國軍本補。

師免之。[三] 遂自徐關入。齊侯見保者曰："勉之！齊師敗矣。"[四] 辟女子，[五] 女子曰："君免乎？"曰："免矣。"曰："鋭司徒免乎？"曰："免矣。"[六] 曰："苟君與吾父免矣，可若何？"[七] 乃奔。[八] 齊侯以爲有禮。[九] 既而問之，辟司徒之妻也，[一〇] 予之石窌。[一一] 晉師從齊師，入自丘輿，擊馬陘。[一二]

[一] 重其代己〔一〕，故三入晉軍求之。

[二] 齊師大敗，皆有退心，故齊侯輕出其衆，以帥厲退者，遂迸入狄卒。狄卒者，狄人從晉討齊者。

[三] 狄、衛畏齊之强，故不敢害齊侯，皆共免護之。

[四] 所過城邑皆勉勵其守者。

[五] 使辟君也。齊侯單還，故婦人不辟之。

[六] 鋭司徒，主鋭兵者。

[七] 言餘人不可復如何。

[八] 走辟君。

[九] 先問君，後問父故也。

[一〇] 辟司徒，主壘壁者。

[一一] 石窌，邑名。濟北盧縣東有地名石窌〔二〕。

[一二] 丘輿、馬陘，皆齊邑。

齊侯使賓媚人賂以紀甗、玉磬與地。[一] "不可，則聽客之所爲。"賓媚人致賂，晉人不可，曰："必以蕭同叔子爲質，[二] 而使齊之封内盡東其畝。"[三] 對曰："蕭同叔子

〔一〕 重其代己 "代"，阮刻本作"待"。

〔二〕 濟北盧縣東有地名石窌 "縣"，原作"孫"，據興國軍本改。

非他，寡君之母也。若以匹敵，則亦晉君之母也。吾子布大命於諸侯，而曰：‘必質其母以爲信。’其若王命何？[四]且是以不孝令也。《詩》曰：‘孝子不匱，永錫爾類。’[五]若以不孝令於諸侯，其無乃非德類也乎？[六]先王疆理天下物土之宜而布其利，[七]故《詩》曰：‘我疆我理，南東其畝。’[八]今吾子疆理諸侯，而曰‘盡東其畝’而已，唯吾子戎車是利，[九]無顧土宜，其無乃非先王之命也乎？反先王則不義，何以爲盟主？其晉實有闕。[一〇]四王之王也，[一一]樹德而濟同欲焉。[一二]五伯之霸也，[一三]勤而撫之，以役王命。[一四]今吾子求合諸侯，以逞無疆之欲，[一五]《詩》曰：‘布政優優，百祿是遒。’[一六]子實不優而棄百祿，諸侯何害焉？[一七]不然，[一八]寡君之命使臣則有辭矣，曰：‘子以君師辱於敝邑，不腆敝賦，以犒從者。[一九]畏君之震，師徒橈敗。[二〇]吾子惠徼齊國之福，不泯其社稷，使繼舊好，唯是先君之敝器、土地不敢愛。子又不許，請收合餘燼，[二一]背城借一，[二二]敝邑之幸，亦云從也。況其不幸，敢不唯命是聽。’”[二三]

［一］媚人，國佐也。甗，玉甑，皆滅紀所得。

［二］同叔，蕭君之字，齊侯外祖父。子，女也。難斥言其母，故遠言之。

［三］使壟畝東西行。

［四］言違王命。

［五］《詩·大雅》。言孝心不乏者，又能以孝道長賜其志類。

［六］不以孝德賜同類。

［七］疆，界也。理，正也。物土之宜，播殖之物各從土宜。

［八］《詩·小雅》。或南或東，從其土宜。

［九］晉之伐齊，循壟東行易。

［一〇］闕，失。

［一一］禹、湯、文、武。

［一二］樹，立也。濟，成也。

［一三］夏伯昆吾，商伯大彭、豕韋，周伯齊桓、晉文。

［一四］役，事也。

［一五］疆，竟也。

［一六］《詩·頌》。殷湯布政優和，故百祿來聚。遒，聚也。

［一七］言不能爲諸侯害。

［一八］不見許。

［一九］戰而曰犒，爲孫辭。

［二〇］震，動。橈，曲也。

［二一］燼，火餘木。

［二二］欲於城下復借一戰。

［二三］言完全之時，尚不敢違晉，今若不幸，則從命。

魯、衛諫曰："齊疾我矣，[一] 其死亡者皆親暱也。子若不許，讎我必甚，唯子則又何求？子得其國寶，[二] 我亦得地，[三] 而紓於難，[四] 其榮多矣。齊、晉亦唯天所授，豈必晉？"晉人許之。對曰："群臣帥賦輿，[五] 以爲魯、衛請，若苟有以藉口而復於寡君，[六] 君之惠也，敢不唯命是聽。"

［一］諫郤克也。

［二］謂甗、磬。

［三］齊歸所侵。

［四］齊服則難緩。

［五］賦輿，猶兵車。

［六］藉，薦。復，白也。

禽鄭自師逆公。[一]

［一］禽鄭，魯大夫。歸逆公會晉師。

〔成經·二·四〕

秋七月，齊侯使國佐如師。己酉，及國佐盟于袁婁。[一]

［一］《穀梁》曰："鞌去齊五百里，袁婁去齊五十里〔一〕。"

(成傳·二·四)

秋七月，晉師及齊國佐盟于爰婁，使齊人歸我汶陽之田。

〔左氏附〕

(成傳·二·五)

公會晉師于上鄍。[一]賜三帥先路三命之服，[二]司馬、司空、輿帥、候正、亞旅皆受一命之服。[三]

［一］上鄍，地闕。公會晉師不書，史闕。

［二］三帥：郤克、士燮、欒書。已嘗受王先路之賜，今改而易新，并此車所建所服之物。

［三］晉司馬、司空皆大夫，輿帥主兵車，候正主斥候，亞旅亦大夫也。皆魯侯賜。

〔一〕 鞌去齊……五十里　阮校曰："案，《穀梁》二'齊'字並作'國'。陳樹華云：'杜氏引據恐不明白，改作"齊"也。'"

〔成經·二·五〕

八月壬午，宋公鮑卒。[一]

［一］未同盟而赴以名。

（成傳·二·六）

八月，宋文公卒，始厚葬，用蜃炭，益車馬，始用殉，[一]重器備，[二]椁有四阿，棺有翰檜。[三]君子謂：“華元、樂舉，於是乎不臣。臣治煩去惑者也，是以伏死而爭。今二子者，君生則縱其惑，[四]死又益其侈，是棄君於惡也。何臣之爲？”[五]

［一］燒蛤爲炭以瘞壙，多埋車馬用人從葬。

［二］重，猶多也。

［三］四阿，四注椁也。翰，旁飾。檜，上飾。皆王禮。

［四］謂文十八年殺母弟須。

［五］若言何用爲臣。

〔成經·二·六〕

庚寅，衛侯速卒。[一]

［一］宣十七年盟于斷道。據《傳》，庚寅，九月七日。

（成傳·二·七）

九月，衛穆公卒。晉三子自役弔焉，哭於大門之外。[一]衛人逆之，[二]婦人哭於門内，[三]送亦如之，遂常以葬。[四]

［一］師還過衛，故因弔之。未復命，故不敢成禮。

［二］逆於門外設喪位。

［三］喪位，婦人哭於堂，賓在門外，故移在門内。

［四］至葬行此禮。

〔成經·二·七〕

取汶陽田。[一]

[一] 晉使齊還魯，故書"取"。不以好得，故不言歸。

〔左氏附〕

(成傳·二·八)

楚之討陳夏氏也，[一]莊王欲納夏姬。申公巫臣曰："不可。君召諸侯，以討罪也。今納夏姬，貪其色也。貪色爲淫，淫爲大罰。《周書》曰'明德慎罰'，[二]文王所以造周也。明德，務崇之之謂也。慎罰，務去之之謂也。若興諸侯以取大罰，非慎之也。君其圖之。"王乃止。子反欲取之，巫臣曰："是不祥人也。是夭子蠻，[三]殺御叔，[四]弑靈侯，[五]戮夏南，[六]出孔、儀，[七]喪陳國。[八]何不祥如是？人生實難，其有不獲死乎？[九]天下多美婦人，何必是？"子反乃止。王以予連尹襄老。襄老死於邲，不獲其尸。[一〇]其子黑要烝焉。[一一]巫臣使道焉，曰："歸，吾聘女。"[一二]又使自鄭召之曰："尸可得也，[一三]必來逆之。"姬以告王，王問諸屈巫，[一四]對曰："其信。知罃之父，成公之嬖也，而中行伯之季弟也。[一五]新佐中軍，而善鄭皇戌，甚愛此子，[一六]其必因鄭而歸王子與襄老之尸以求之。[一七]鄭人懼於邲之役，而欲求媚於晉，其必許之。"

[一] 在宣十一年。

[二]《周書》,《康誥》。

[三] 子蠻，鄭靈公，夏姬之兄，殺死無後。

[四] 御叔，夏姬之夫，亦早死。

［五］陳靈公也。

［六］夏姬子徵舒。

［七］孔寧、儀行父。

［八］楚滅陳。

［九］言死易得，無爲取夏姬以速之。

［一〇］邲戰在宣十二年。

［一一］黑要，襄老子。

［一二］道夏姬使歸鄭。

［一三］襄老尸。

［一四］屈巫，巫臣。

［一五］知罃父，荀首也。中行伯，荀林父也。邲之戰，楚人囚知罃。

［一六］愛知罃也。

［一七］王子，楚公子穀臣也。邲之戰，荀首囚之〔一〕。

王遣夏姬歸，將行，謂送者曰："不得尸，吾不反矣。"巫臣聘諸鄭，鄭伯許之。[一]及共王即位，將爲陽橋之役，[二]使屈巫聘于齊，且告師期。巫臣盡室以行。[三]申叔跪從其父將適郢，遇之，[四]曰："異哉！夫子有三軍之懼，而又有《桑中》之喜，宜將竊妻以逃者也。"[五]及鄭，使介反幣而以夏姬行。[六]將奔齊，齊師新敗，曰："吾不處不勝之國。"遂奔晉，而因郤至，[七]以臣於晉，晉人使爲邢大夫。[八]子反請以重幣錮之。[九]王曰："止。其自爲謀也，

〔一〕荀首囚之　阮刻本作"以荀首囚也"。按：阮校曰："宋本、岳本、足利本無'以'字。'也'作'之'，淳熙本亦作'之'，是也。"

則過矣。其爲吾先君謀也，則忠。忠，社稷之固也。所蓋多矣。[一〇]且彼若能利國家，雖重幣，晉將可乎？[一一]若無益於晉，晉將棄之，何勞錮焉？”[一二]

[一]聘夏姬。

[二]楚伐魯至陽橋，在此年冬。

[三]室家盡去。

[四]叔跪，申叔時之子。

[五]《桑中》，《衛風》。淫奔之詩。

[六]介，副也。幣，聘物。

[七]至，郤克族子。

[八]邢，晉邑。

[九]禁錮勿令仕。

[一〇]蓋，覆也。

[一一]言不許。

[一二]爲七年楚滅巫臣族，晉南通吴張本〔一〕。

〔左氏附〕

（成傳·二·九）

晉師歸，范文子後入。武子曰：“無爲吾望爾也乎？”[一]對曰：“師有功，國人喜以逆之。先入，必屬耳目焉，是代帥受名也，故不敢。”武子曰：“吾知免矣。”[二]郤伯見，公曰：“子之力也夫！”對曰：“君之訓也，二三子之力也，臣何力之有焉？”[三]范叔見，勞之如郤伯。對曰：“庚所命也，克之制也，燮何力之有焉？”[四]欒伯見，公亦

〔一〕晉南通吴張本　“本”，原作“仁”，據興國軍本改。

如之。對曰："爕之詔也，士用命也，書何力之有焉？"[五]

［一］武子，士會，文子之父。

［二］知其不益己禍。

［三］郤伯，郤克。

［四］荀庚將上軍，時不出。范文子上軍佐代行，故稱帥以讓。

［五］詔，告也。欒書下軍帥，故推功上軍。《傳》言晉將帥克讓，所以能勝齊。

〔左氏附〕

（成傳·二·十）

宣公使求好于楚。莊王卒，宣公薨，不克作好。[一]公即位，受盟于晉，[二]會晉伐齊。衛人不行使于楚，[三]而亦受盟于晉，從於伐齊，故楚令尹子重爲陽橋之役以救齊。將起師，子重曰："君弱，[四]群臣不如先大夫，師衆而後可。《詩》曰：'濟濟多士，文王以寧。'[五]夫文王猶用衆，況吾儕乎？[六]且先君莊王屬之曰：'無德以及遠方，莫如惠恤其民而善用之。'"乃大户、[七]已責、[八]逮鰥、[九]救乏、赦罪、悉師。王卒盡行，彭名御戎，蔡景公爲左，許靈公爲右。[一〇]二君弱，皆强冠之。

［一］在宣十八年。

［二］元年盟赤棘。

［三］不聘楚。

［四］《傳》曰："寡人生十年而喪先君。"共王即位至是三年，蓋年十二三矣。

［五］《詩·大雅》。言文王以衆士安。

［六］儕，等。

［七］閱民户口。

［八］棄逋責。

［九］施及老鰥。

［一〇］王卒盡行，故王戎車亦行。雖無楚王，令二君當左右之位。

〔成經·二·八〕

冬，楚師、鄭師侵衛。[一]

［一］子重不書，不親伐。

(成傳·二·十一)

冬，楚師侵衛，遂侵我。師于蜀。[一] 使臧孫往，[二] 辭曰："楚遠而久，固將退矣。無功而受名，臣不敢。"[三] 楚侵及陽橋，[四] 孟孫請往賂之。[五] 以執斲、執鍼、織紝[六] 皆百人，公衡爲質，[七] 以請盟。楚人許平。

［一］公賂之而退，故不書侵。

［二］臧孫，宣叔也。

［三］不敢虚受退楚名。

［四］陽橋，魯地。

［五］楚侵遂深，故孟孫請以賂往。孟孫，獻子也。

［六］執斲，匠人。執鍼，女工。織紝，織繒布者。

［七］公衡，成公子。

〔成經·二·九〕

十有一月，公會楚公子嬰齊于蜀。[一] **丙申，公及楚人、秦人、宋人、陳人、衛人、鄭人、齊人、曹人、邾人、薛人、**

鄫人盟于蜀。[二]

[一] 公與大夫會，不貶嬰齊者，時有許、蔡之君故。

[二] 齊在鄭下，非卿。《傳》曰“卿不書”，匱盟也。然則楚卿於是始與中國準。自此以下，楚卿不書，皆貶惡也。

(成傳·二·十二)

十一月，公及楚公子嬰齊、蔡侯、許男、秦右大夫説、宋華元、陳公孫寧、衛孫良夫、鄭公子去疾及齊國之大夫盟于蜀。[一] 卿不書，匱盟也。於是乎畏晉而竊與楚盟，故曰“匱盟”。[二] 蔡侯、許男不書，乘楚車也，謂之失位。[三] 君子曰：“位其不可不慎也乎。蔡、許之君，一失其位，不得列於諸侯，況其下乎？《詩》曰‘不解于位，民之攸塈’，[四] 其是之謂矣。”

[一] 齊大夫不書其名，非卿也。

[二] 匱，乏也。

[三] 乘楚王車爲左右，則失位也。卿不書，則稱人。諸侯不書，皆不見《經》，君臣之别。

[四]《詩·大雅》。言在上者勤正其位，則國安而民息也。攸，所也。塈，息也。

〔左氏附〕

(成傳·二·十三)

楚師及宋，公衡逃歸。臧宣叔曰：“衡父不忍數年之不宴，[一] 以棄魯國，國將若之何，誰居？後之人必有任是夫！國棄矣。”[二] 是行也，晉辟楚，畏其衆也。君子曰：“衆之不可已也。大夫爲政，猶以衆克，況明君而善用其衆乎？

《大誓》所謂‘商兆民離，周十人同’者，衆也。”[三]

[一] 宴，樂也。

[二] 居，辭也。言後人必有當此患。

[三]《大誓》,《周書》。萬億曰兆。民離則弱，合則成衆。言殷以散亡，周以衆興。

〔左氏附〕

（成傳·二·十四）

晉侯使鞏朔獻齊捷于周。王弗見，使單襄公辭焉，曰：“蠻夷戎狄，不式王命。[一] 淫湎毀常，王命伐之，則有獻捷，王親受而勞之，所以懲不敬、勸有功也。兄弟甥舅，侵敗王略，[二] 王命伐之，告事而已，不獻其功，所以敬親暱、[三] 禁淫慝也。[四] 今叔父克遂有功于齊，[五] 而不使命卿鎮撫王室，所使來撫余一人，而鞏伯實來，未有職司於王室，[六] 又奸先王之禮，[七] 余雖欲於鞏伯，[八] 其敢廢舊典以忝叔父？夫齊，甥舅之國也，而大師之後也。[九] 寧不亦淫從其欲以怒叔父，抑豈不可諫誨？”士莊伯不能對。[一〇] 王使委於三吏，[一一] 禮之如侯伯克敵使大夫告慶之禮，降於卿禮一等。王以鞏伯宴而私賄之，使相告之曰：“非禮也，勿籍。”[一二]

[一] 式，用也。

[二] 兄弟，同姓國。甥舅，異姓國。略，經略法度。

[三] 告伐事而不獻囚俘。

[四] 淫慝，爲虣掠百姓取囚俘也〔一〕。

〔一〕 爲虣掠百姓取囚俘也 “爲”，阮刻本作“謂”。

［五］克，能也。

［六］鞏朔，上軍大夫，非命卿，名位不達於王室。

［七］謂獻齊捷。

［八］欲受其獻。

［九］齊世與周昏，故曰“甥舅”。

［一〇］莊伯，鞏朔。

［一一］委，屬也。三吏，三公也。

［一二］相，相禮者。籍，書也。王畏晉，故私宴賄以慰鞏朔。

成公三年

〔成經 · 三 · 一〕

三年春王正月，公會晉侯、宋公、衛侯、曹伯伐鄭。[一]

［一］宋、衛未葬而稱爵以接鄰國，非禮也。

(成傳 · 三 · 一)

三年春，諸侯伐鄭，次于伯牛，討邲之役也。[一]遂東侵鄭。[二]鄭公子偃帥師禦之，[三]使東鄙覆諸鄤，[四]敗諸丘輿。[五]皇戌如楚獻捷〔一〕。

［一］伯牛，鄭地。邲役在宣十二年。

［二］晉潛軍深入。

［三］偃，穆公子。

［四］覆，伏兵也。

［五］鄤、丘輿，皆鄭地。晉偏軍爲鄭所敗，故不書。

〔成經 · 三 · 二〕

辛亥，葬衛穆公。[一]

［一］無《傳》。

〔成經 · 三 · 三〕

二月，公至自伐鄭。[一]

〔一〕皇戌如楚獻捷　“戌”，原作“戍”，興國軍本同。據石經改。阮校曰：“石經、宋本、岳本‘戍’作‘戌’，不誤。”

［一］無《傳》。

〔成經·三·四〕

甲子，新宫災，三日哭。[一]

［一］無《傳》。三年喪畢，宣公神主新入廟，故謂之“新宫”。書“三日哭”，善得禮。宗廟，親之神靈所馮居，而遇災，故哀而哭之。

〔成經·三·五〕

乙亥，葬宋文公。[一]

［一］無《傳》。七月而葬，緩。

〔成經·三·六〕

夏，公如晉。

〔成傳·三·二〕

夏，公如晉，拜汶陽之田。[一]

［一］前年，晉使齊歸魯汶陽田故。

〔成經·三·七〕

鄭公子去疾帥師伐許。

〔成傳·三·三〕

許恃楚而不事鄭，鄭子良伐許。

〔成經·三·八〕

公至自晉。[一]

［一］無《傳》。

〔左氏附〕

（成傳·三·四）

晉人歸楚公子穀臣與連尹襄老之尸于楚，以求知罃。[一] 於是荀首佐中軍矣，[二] 故楚人許之。王送知罃曰："子其怨我乎？"對曰："二國治戎，臣不才，不勝其任，以爲俘馘，執事不以釁鼓，[三] 使歸即戮，君之惠也，臣實不才，又誰敢怨？"王曰："然則德我乎？"對曰："二國圖其社稷，而求紓其民，[四] 各懲其忿，以相宥也，[五] 兩釋纍囚以成其好，[六] 二國有好，臣不與及，其誰敢德？"[七] 王曰："子歸，何以報我？"對曰："臣不任受怨，君亦不任受德，無怨無德，不知所報。"王曰："雖然，必告不穀。"對曰："以君之靈，纍臣得歸骨於晉，寡君之以爲戮，死且不朽。[八] 若從君之惠而免之，以賜君之外臣首，[九] 首其請於寡君，而以戮於宗，亦死且不朽。若不獲命，[一〇] 而使嗣宗職，[一一] 次及於事，而帥偏師以脩封疆，雖遇執事，[一二] 其弗敢違。[一三] 其竭力致死，無有二心，以盡臣禮，所以報也。"王曰："晉未可與爭。"重爲之禮而歸之。

［一］邲之戰，楚獲知罃。

［二］荀首，知罃父。

［三］以血塗鼓爲釁鼓。

［四］紓，緩也。

［五］宥，赦也。

［六］纍，繫也〔一〕。

［七］言二國本不爲己。

［八］戮其不勝任。

［九］稱於異國君曰外臣。

［一〇］君不許戮。

［一一］嗣其祖宗之位職。

［一二］遇楚將帥。

［一三］違，辟也。

〔成經·三·九〕

秋，叔孫僑如帥師圍棘。[一]

［一］棘，汶陽田之邑，在濟北蛇丘縣。

(成傳·三·五)

秋，叔孫僑如圍棘，取汶陽之田，棘不服，故圍之。[一]

［一］僑如，叔孫得臣子。

〔成經·三·十〕

大雩。[一]

［一］無《傳》。以過時書。

〔成經·三·十一〕

晉郤克、衛孫良夫伐廧咎如。[一]

［一］赤狄別種。

〔一〕 繫也 “繫”，原作“繁”，據興國軍本改。

(成傳·三·六)

晉郤克、衛孫良夫伐廧咎如〔一〕，討赤狄之餘焉。[一]廧咎如潰，上失民也。[二]

[一] 宣十五年，晉滅赤狄潞氏，其餘民散入廧咎如，故咎之〔二〕。

[二] 此《傳》釋《經》之文，而《經》無“廧咎如潰”，蓋《經》闕此四字。

〔成經·三·十二〕

冬十有一月，晉侯使荀庚來聘。衛侯使孫良夫來聘。丙午，及荀庚盟。丁未，及孫良夫盟。[一]

[一] 先晉後衛，尊霸主。

(成傳·三·七)

冬十一月，晉侯使荀庚來聘，且尋盟。[一]衛侯使孫良夫來聘，且尋盟。[二]

[一] 尋元年赤棘盟。荀庚，林父之子。

[二] 尋宣七年盟。

公問諸臧宣叔曰:“中行伯之於晉也〔三〕，其位在三。[一]孫子之於衛也，位爲上卿，將誰先?”對曰:“次國之上卿，當大國之中，中當其下，下當其上大夫。[二]小國之上卿，當大國之下卿，中當其上大夫，下當其下大夫。[三]上下如是，古之制也。[四]衛在晉〔四〕，不得爲次國，[五]晉爲盟主，

〔一〕 衛孫良夫伐廧咎如 “咎”，原脱，據石經補。

〔二〕 故咎之 “咎”，興國軍本作“討”。

〔三〕 中行伯之於晉也 “中”，阮刻本作“仲”。

〔四〕 衛在晉 《後漢書》注引作“衞之于晉”。見洪亮吉:《春秋左傳詁》，第448頁。

其將先之。”[六]丙午，盟晉。丁未，盟衛，禮也。

[一]下卿。

[二]降一等。

[三]降大國二等。

[四]古制，公爲大國，侯伯爲次國，子男爲小國。

[五]春秋時以强弱爲大小，故衛雖侯爵，猶爲小國。

[六]計等則二人位敵，以盟主故，先晉。

〔成經·三·十三〕

鄭伐許。[一]

[一]無《傳》。不書將帥，告辭略。

〔左氏附〕

（成傳·三·八）

十二月甲戌，晉作六軍。[一]韓厥、趙括、鞏朔、韓穿、荀騅、趙旃皆爲卿，賞鞌之功也。[二]

[一]爲六軍，僭王也。萬二千五百人爲軍。

[二]韓厥爲新中軍，趙括佐之。鞏朔爲新上軍，韓穿佐之。荀騅爲新下軍，趙旃佐之。晉舊自有三軍，今增此，故爲六軍。

〔左氏附〕

（成傳·三·九）

齊侯朝于晉，將授玉。[一]郤克趨進曰：“此行也，君爲婦人之笑辱也〔一〕，寡君未之敢任。”[二]晉侯享齊侯，齊侯

〔一〕君爲婦人之笑辱也　“婦”，按：阮校曰：“石經初刻作‘御’，後改作‘婦’。”

視韓厥，韓厥曰："君知厥也乎？"齊侯曰："服改矣。"[三]韓厥登，舉爵曰："臣之不敢愛死，爲兩君之在此堂也。"

[一] 行朝禮。

[二] 言齊侯之來以謝婦人之笑，非爲脩好，故云晉君不任當此惠。

[三] 戎朝異服也。言"服改"，明識其人。

〔左氏附〕

（成傳·三·十）

荀罃之在楚也，鄭賈人有將寘諸褚中以出。既謀之，未行，而楚人歸之。賈人如晉，荀罃善視之，如實出己。賈人曰："吾無其功，敢有其實乎？吾小人，不可以厚誣君子。"遂適齊。[一]

[一]《傳》言知罃之賢。

成公四年

〔成經·四·一〕

四年春，宋公使華元來聘。

（成傳·四·一）

四年春，宋華元來聘，通嗣君也。[一]

［一］宋共公即位。

〔成經·四·二〕

三月壬申，鄭伯堅卒。[一]

［一］無《傳》。二年，大夫盟于蜀。壬申，二月二十八日。

〔成經·四·三〕

杞伯來朝。

（成傳·四·二）

杞伯來朝，歸叔姬故也。[一]

［一］將出叔姬，先脩禮朝魯，言其故。

〔成經·四·四〕

夏四月甲寅，臧孫許卒。[一]

［一］無《傳》。

〔成經·四·五〕

公如晉。

（成傳·四·三）

夏，公如晉，晉侯見公不敬。季文子曰："晉侯必不免，[一]《詩》曰：'敬之敬之，天惟顯思，命不易哉！'[二]夫晉侯之命在諸侯矣，可不敬乎？"[三]

[一] 言將不能壽終也。後十年，陷厠而死。

[二]《詩·頌》。言天道顯明，受其命甚難，不可不敬以奉之。

[三] 敬諸侯，則得天命。

〔成經·四·六〕

葬鄭襄公。[一]

[一] 無《傳》。

〔成經·四·七〕

秋，公至自晉。

（成傳·四·四）

秋，公至自晉，欲求成于楚而叛晉。季文子曰："不可。晉雖無道，未可叛也。國大臣睦，而邇於我，[一]諸侯聽焉，未可以貳。[二]《史佚之志》有之[三]曰：'非我族類，其心必異。'楚雖大，非吾族也，[四]其肯字我乎？"公乃止。[五]

[一] 邇，近也。

[二] 聽，服也。

[三] 周文王大史。

[四] 與魯異姓。

[五] 字，愛也。

〔成經·四·八〕

冬，城鄆。[一]

［一］無《傳》。公欲叛晉，故城而爲備。

〔成經·四·九〕

鄭伯伐許。

(成傳·四·五)

冬十一月，鄭公孫申帥師疆許田，[一]許人敗諸展陂。鄭伯伐許，取鉏任、泠敦之田。[二]晉欒書將中軍，[三]荀首佐之，士燮佐上軍，以救許伐鄭，取氾、祭。[四]楚子反救鄭，鄭伯與許男訟焉。[五]皇戌攝鄭伯之辭，[六]子反不能決也，曰："君若辱在寡君，寡君與其二三臣，共聽兩君之所欲，成其可知也。[七]不然，側不足以知二國之成。"[八]

［一］前年鄭伐許，侵其田，今正其界。

［二］展陂亦許地。

［三］代郤克。

［四］氾、祭，鄭地，成皋縣東有氾水。

［五］於子反前爭曲直。

［六］代之對。

［七］欲使自屈，在楚子前決之。

［八］側，子反名。爲明年許愬鄭於楚張本。

〔左氏附〕

（成傳·四·六）

晉趙嬰通于趙莊姬。[一]

［一］趙嬰，趙盾弟。莊姬，趙朔妻。朔，盾之子。

成公五年

〔成經 · 五 · 一〕

五年春王正月，杞叔姬來歸。[一]

［一］出也。《傳》在前年。

〔左氏附〕

（成傳 · 五 · 一）

五年春，原、屏放諸齊。[一] 嬰曰："我在，故欒氏不作。我亡，吾二昆其憂哉！且人各有能有不能，[二] 舍我何害？" 弗聽。嬰夢天使謂己："祭余，余福女。" 使問諸士貞伯，貞伯曰："不識也。" 既而告其人。[三] 曰："神福仁而禍淫，淫而無罰，福也。祭其得亡乎？"[四] 祭之，之明日而亡。[五]

［一］放趙嬰也。原同、屏季，嬰之兄。

［二］言己雖淫，而能令莊姬護趙氏。

［三］自告貞伯從人。

［四］以得放遣爲福。

［五］爲八年晉殺趙同、趙括《傳》。

〔成經 · 五 · 二〕

仲孫蔑如宋。

（成傳 · 五 · 二）

孟獻子如宋，報華元也。[一]

［一］前年宋華元來聘。

〔成經·五·三〕

夏，叔孫僑如會晉荀首于穀。[一]

［一］穀，齊地。

（成傳·五·三）

夏，晉荀首如齊逆女，故宣伯餫諸穀。[一]

［一］野饋曰餫。運糧饋之，敬大國也。

〔成經·五·四〕

梁山崩。[一]

［一］記異也。梁山在馮翊夏陽縣北。

（成傳·五·四）

梁山崩，晉侯以傳召伯宗。[一]伯宗辟重，曰："辟傳。"[二]重人曰："待我，不如捷之速也。"[三]問其所，曰："絳人也。"問絳事焉，曰："梁山崩，將召伯宗謀之。"問："將若之何？"曰："山有朽壤而崩，可若何？國主山川，[四]故山崩川竭，君爲之不舉、[五]降服、[六]乘縵、[七]徹樂、[八]出次、[九]祝幣、[一〇]史辭，[一一]以禮焉。[一二]其如此而已，雖伯宗若之何？"伯宗請見之，[一三]不可。[一四]遂以告而從之。[一五]

［一］傳，驛。

［二］重載之車。

［三］捷，邪出。

［四］主謂所主祭。

［五］去盛饌。

［六］損盛服。

［七］車無文。

［八］息八音。

［九］舍於郊。

［一〇］陳玉帛。

［一一］自罪責。

［一二］禮山川。

［一三］見之於晉君。

［一四］不肯見。

［一五］從重人言。

〔左氏附〕

（成傳·五·五）

許靈公愬鄭伯于楚。[一]

［一］前此年鄭伐許故。

六月，鄭悼公如楚，訟不勝，楚人執皇戌及子國。[一]故鄭伯歸，使公子偃請成于晉。

［一］以鄭伯不直故也。子國，鄭穆公子。

秋八月，鄭伯及晉趙同盟于垂棘。[一]

［一］垂棘，晉地。

〔左氏附〕

(成傳·五·六)

宋公子圍龜爲質于楚而歸[一]，[一]華元享之。請鼓譟以出，鼓譟以復入，[二]曰："習攻華氏。"宋公殺之。[三]

［一］圍龜，文公子。

［二］出入輒擊鼓。

［三］蓋宣十五年宋、楚平後，華元使圍龜代己爲質，故怨而欲攻華氏。

〔成經·五·五〕

秋，大水。[一]

［一］無《傳》。

〔成經·五·六〕

冬十有一月己酉，天王崩。

〔成經·五·七〕

十有二月己丑，公會晉侯、齊侯、宋公、衛侯、鄭伯、曹伯、邾子、杞伯同盟于蟲牢。[一]

［一］蟲牢，鄭地，陳留封丘縣北有桐牢。

(成傳·五·七)

冬，同盟于蟲牢，鄭服也。諸侯謀復會，宋公使向爲人辭以子靈之難。[一]

〔一〕 宋公子圍龜爲質于楚而歸　"歸"，原作"還"，據石經改。

［一］子靈，圍龜也。宋公不欲會，以新誅子靈爲辭。爲明年侵宋《傳》。

〔左氏附〕

（成傳·五·八）

十一月己酉，定王崩。[一]

［一］《經》在蟲牢盟上，《傳》在下，月倒錯。衆家《傳》悉無此八字，或衍文。

成公六年

〔成經·六·一〕

六年春王正月，公至自會。[一]

［一］無《傳》。

〔左氏附〕

（成傳·六·一）

六年春，鄭伯如晉拜成。[一]子游相，[二]授玉于東楹之東。[三]士貞伯曰："鄭伯其死乎？自棄也已，視流而行速，不安其位，宜不能久。"[四]

［一］謝前年再盟。

［二］子游，公子偃。

［三］禮，授玉兩楹之間。鄭伯行疾，故東過。

［四］視流，不端諦。

〔成經·六·二〕

二月辛巳，立武宮。[一]

［一］魯人自鞌之功至今無患，故築武軍，又作先君武公宮，以告成事，欲以示後世。

（成傳·六·二）

二月，季文子以鞌之功立武宮，非禮也。[一]聽於人以救其難，不可以立武。立武由己，非由人也。[二]

［一］宣十二年潘黨勸楚子立武軍，楚子答以武有七德，非己所

堪。其爲先君宫，告成事而已。今魯倚晉之功，又非霸主而立武宫，故譏之。

［二］言請人救難，勝非己功。

〔成經·六·三〕

取鄟。[一]

［一］附庸國也。

(成傳·六·三)

取鄟，言易也。

〔成經·六·四〕

衛孫良夫帥師侵宋。

(成傳·六·四)

三月，晉伯宗、夏陽説、衛孫良夫、甯相、鄭人、伊雒之戎、陸渾、蠻氏侵宋，[一]以其辭會也。[二]師于鍼，衛人不保。[三]説欲襲衛，曰:“雖不可入，多俘而歸，有罪不及死。”伯宗曰:“不可。衛唯信晉，故師在其郊而不設備。若襲之，是棄信也。雖多衛俘，而晉無信，何以求諸侯?”乃止。師還。衛人登陴。[四]

［一］夏陽説，晉大夫。蠻氏，戎别種也。河南新城縣東南有蠻城。《經》唯書衛孫良夫，獨衛告也。

［二］辭會在前年。

［三］不守備。

［四］聞説謀故。

〔左氏附〕

（成傳·六·五）

晉人謀去故絳。[一]諸大夫皆曰："必居郇瑕氏之地。[二]沃饒而近盬，[三]國利君樂，不可失也。"韓獻子將新中軍，且爲僕大夫。[四]公揖而入，獻子從公立於寢庭。[五]謂獻子曰："何如？"[六]對曰："不可。郇瑕氏土薄水淺，[七]其惡易覯，[八]易覯則民愁，民愁則墊隘，[九]於是乎有沈溺重膇之疾。[一〇]不如新田，[一一]土厚水深，居之不疾。[一二]有汾、澮以流其惡，[一三]且民從教，[一四]十世之利也。夫山澤林盬，國之寶也。國饒則民驕佚；[一五]近寶，公室乃貧，不可謂樂。"[一六]公說，從之。夏四月丁丑，晉遷于新田。[一七]

［一］晉復命新田爲絳，故謂此故絳。

［二］郇瑕，古國名。河東解縣西北有郇城。

［三］盬，鹽也。猗氏縣鹽池是。

［四］兼大僕。

［五］路寢之庭。

［六］問諸大夫言是非。

［七］土薄地下。

［八］惡，疾疢[一]。覯，成也。

［九］墊隘，羸困也。

［一〇］沈溺，濕疾。重膇，足腫。

〔一〕惡疾疢　"疢"，興國軍本同，從尔作。阮校曰："監本、毛本'疢'作'疢'，《正義》同。《釋文》亦作'疢'，云，本或作'疢'，同也。按，當云'本或作"疹"，俗譌从尔'。"又按：哀公五年"何憂於無君"下《釋文》曰："疢，敕覲切，本或作'疹'，乃結切。"

［一一］今平陽絳邑縣是。

［一二］高燥故。

［一三］汾水出太原，經絳北西南入河。澮水出平陽絳縣南，西入汾。惡，垢穢。

［一四］無災患。

［一五］財易致，則民驕佚。

［一六］近寶，則民不務本。

［一七］爲季孫如晉《傳》。

〔成經·六·五〕

夏六月，邾子來朝。[一]

［一］無《傳》。

〔成經·六·六〕

公孫嬰齊如晉。[一]

［一］嬰齊，叔肸子。

（成傳·六·七）

子叔聲伯如晉，命伐宋。[一]

［一］晉人命聲伯。

〔成經·六·七〕

壬申，鄭伯費卒。[一]

［一］前年同盟蟲牢。

（成傳·六·六）

六月，鄭悼公卒。[一]

［一］終士貞伯之言。

〔成經·六·八〕

秋，仲孫蔑、叔孫僑如帥師侵宋。

（成傳·六·八）

秋，孟獻子、叔孫宣伯侵宋，晉命也。

〔成經·六·九〕

楚公子嬰齊帥師伐鄭。

（成傳·六·九）

楚子重伐鄭，鄭從晉故也。[一]

［一］前年從晉盟。

〔成經·六·十〕

冬，季孫行父如晉。

（成傳·六·十）

冬，季文子如晉，賀遷也。

〔成經·六·十一〕

晉欒書帥師救鄭。

（成傳·六·十一）

晉欒書救鄭，與楚師遇於繞角。[一] 楚師還，晉師遂侵蔡。楚公子申、公子成以申、息之師救蔡，[二] 禦諸桑隧。[三] 趙同、趙括欲戰，請於武子。武子將許之。[四] 知莊子、[五] 范文子、[六] 韓獻子[七] 諫曰："不可。吾來救鄭，楚師去我，吾遂至於此，[八] 是遷戮也。戮而不已，又怒楚師，戰必不克。[九] 雖克不令，成師以出，而敗楚之二縣，何榮之有焉？[一〇] 若不能敗，爲辱已甚，不如還也。”乃遂還。

［一］繞角，鄭地。

［二］申、息，楚二縣。

［三］汝南朗陵縣東有桑里，在上蔡西南。

［四］武子，欒書。

［五］荀首，中軍佐。

［六］士燮，上軍佐。

［七］韓厥，新中軍將。

［八］此，蔡地。

［九］遷戮不義，怒敵難當，故不克。

［一〇］六軍悉出，故曰“成師”。以大勝小，不足爲榮。

於是軍師之欲戰者衆，或謂欒武子曰：“聖人與衆同欲，是以濟事。子盍從衆？[一] 子爲大政，[二] 將酌於民者也。[三] 子之佐十一人，[四] 其不欲戰者三人而已，[五] 欲戰者可謂衆矣。《商書》曰‘三人占，從二人’，衆故也。”[六] 武子曰：“善鈞從衆。[七] 夫善，衆之主也。三卿爲主，可謂衆矣。[八] 從之，不亦可乎？”[九]

［一］盍，何不也。

［二］中軍元帥。

［三］酌取民心以爲政。

［四］六軍之卿佐。

［五］知、范、韓也。

[六]《商書》,《洪範》。

[七]鈞,等也。

[八]三卿皆晉之賢人。

[九]《傳》善欒書得從衆之義,且爲八年晉侵蔡《傳》。

成公七年

〔成經·七·一〕

七年春王正月，鼷鼠食郊牛角，改卜牛。鼷鼠又食其角，乃免牛。[一]

［一］無《傳》。稱牛，未卜日。免，放也。免牛可也，不郊，非禮也。

〔成經·七·二〕

吳伐郯。

（成傳·七·一）

七年春，吳伐郯，郯成。季文子曰："中國不振旅，蠻夷入伐而莫之或恤，[一]無弔者也夫。[二]《詩》曰'不弔昊天，亂靡有定'，其此之謂乎？[三]有上不弔，其誰不受亂？[四]吾亡無日矣。"君子曰："知懼如是，斯不亡矣。"

［一］振，整也。旅，衆也。

［二］言中國不能相愍恤，故夷狄内侵。

［三］《詩·小雅》。刺在上者不能弔愍下民，故號天告亂。

［四］上謂霸主。

〔左氏附〕

（成傳·七·二）

鄭子良相成公以如晉，見且拜師。[一]

［一］謝前年晉救鄭之師，爲楚伐鄭張本。

〔成經·七·三〕

夏五月，曹伯來朝。

（成傳·七·三）

夏，曹宣公來朝。

〔成經·七·四〕

不郊，猶三望。[一]

［一］無《傳》。書“不郊”，間有事三望，非禮。

〔成經·七·五〕

秋，楚公子嬰齊帥師伐鄭。

（成傳·七·四）

秋，楚子重伐鄭，師于氾。[一]諸侯救鄭，鄭共仲、侯羽軍楚師，[二]囚鄖公鍾儀，獻諸晉。

［一］氾，鄭地，在襄城縣南。

［二］二子，鄭大夫。

〔成經·七·六〕

公會晉侯、齊侯、宋公、衛侯、曹伯、莒子、邾子、杞伯救鄭。八月戊辰，同盟于馬陵。[一]

［一］馬陵，衛地，陽平元城縣東南有地名馬陵。

（成傳·七·五）

八月，同盟于馬陵，尋蟲牢之盟，且莒服故也。[一]晉人以鍾儀歸，囚諸軍府。[二]

［一］蟲牢盟在五年。莒本屬齊，齊服，故莒從之。

［二］軍，藏府也。爲九年晉侯見鍾儀張本。

〔成經·七·七〕

公至自會。[一]

［一］無《傳》。

〔成經·七·八〕

吳入州來。[一]

［一］州來，楚邑，淮南下蔡縣是也。

(成傳·七·六)

楚圍宋之役，[一]師還，子重請取於申、呂以爲賞田，王許之。[二]申公巫臣曰："不可。此申、呂所以邑也，是以爲賦，以御北方。若取之，是無申、呂也。[三]晉、鄭必至于漢。"王乃止。子重是以怨巫臣。子反欲取夏姬，巫臣止之，遂取以行。子反亦怨之。及共王即位，[四]子重、子反殺巫臣之族子閻、子蕩及清尹弗忌[五]及襄老之子黑要，[六]而分其室。子重取子閻之室，使沈尹與王子罷分子蕩之室，子反取黑要與清尹之室。巫臣自晉遺二子書，[七]曰："爾以讒慝貪惏事君，而多殺不辜，余必使爾罷於奔命以死。"

［一］在宣十四年。

［二］分申、呂之田以自賞。

［三］言申、呂賴此田成邑耳，不得此田則無以出兵賦，而二邑壞也。

［四］楚共王以魯成公元年即位。

［五］皆巫臣之族。

［六］以夏姬故，并怨黑要。

［七］子重、子反。

巫臣請使於吳，晉侯許之。吳子壽夢説之，乃通吳于晉。[一]以兩之一卒適吳，舍偏兩之一焉。[二]與其射御，教吳乘車，教之戰陳，教之叛楚。[三]寘其子狐庸焉，使爲行人於吳。吳始伐楚、伐巢、伐徐，[四]子重奔命。[五]馬陵之會，吳入州來，子重自鄭奔命。[六]子重、子反於是乎一歲七奔命。蠻夷屬於楚者，吳盡取之，是以始大，通吳於上國。[七]

［一］壽夢，季札父。

［二］《司馬法》：百人爲卒，二十五人爲兩，車九乘爲小偏，十五乘爲大偏。蓋留九乘車及一兩二十五人，令吳習之。

［三］前是吳常屬楚。

［四］巢、徐，楚屬國。

［五］救徐、巢。

［六］因伐鄭而行。

［七］上國，諸夏。

〔成經·七·九〕

冬，大雩。[一]

［一］無《傳》。書，過。

〔成經·七·十〕

衛孫林父出奔晉。

（成傳·七·七）

衛定公惡孫林父。冬，孫林父出奔晉。[一]衛侯如晉，晉反戚焉。[二]

［一］林父，孫良夫之子。

［二］戚，林父邑。林父出奔，戚隨屬晉。

成公八年

〔成經・八・一〕

八年春，晉侯使韓穿來言汶陽之田，歸之于齊。[一]

［一］齊服事晉，故晉來語魯，使還二年所取田。

(成傳・八・一)

八年春，晉侯使韓穿來言汶陽之田，歸之于齊。季文子餞之，[一]私焉，[二]曰："大國制義以爲盟主，是以諸侯懷德畏討，無有貳心，謂汶陽之田，敝邑之舊也。而用師於齊，使歸諸敝邑。[三]今有二命曰：'歸諸齊。'信以行義，義以成命，小國所望而懷也。信不可知，義無所立，四方諸侯，其誰不解體？[四]《詩》曰：'女也不爽，士貳其行。士也罔極，二三其德。'[五]七年之中，一與一奪，二三孰甚焉！士之二三，猶喪妃耦，而況霸主。霸主將德是以，[六]而二三之，其何以長有諸侯乎？《詩》曰：'猶之未遠，是用大簡。'[七]行父懼晉之不遠猶而失諸侯也，是以敢私言之。"

［一］餞，送行飲酒。

［二］私與之言。

［三］用師，鞌之戰。

［四］言不復肅敬於晉。

［五］爽，差也。極，中也。《詩・衛風》。婦人怨丈夫不一其行，喻魯事晉，猶女之事夫〔一〕，不敢過差，而晉有罔極之心，反

〔一〕猶女之事夫　"事夫"，原脱，據興國軍本補。

二三其德。

［六］以，用也。

［七］猶，圖也。簡，諫也。《詩・大雅》。言王者圖事不遠，故用大道諫之。

〔成經・八・二〕

晉欒書帥師侵蔡。

（成傳・八・二）

晉欒書侵蔡，[一]遂侵楚，獲申驪。[二]楚師之還也，[三]晉侵沈，獲沈子揖初，從知、范、韓也。[四]君子曰："從善如流，宜哉！[五]《詩》曰：'愷悌君子，遐不作人。'[六]求善也夫，作人斯有功績矣。"是行也，鄭伯將會晉師，[七]門于許東門，大獲焉。[八]

［一］六年未得志故。

［二］申驪，楚大夫。

［三］謂六年遇於繞角時。

［四］繞角之役，欒書從知莊子、范文子、韓獻子之言，不與楚戰，自是常從其謀，師出有功，故傳善之。沈國，今汝南平與縣〔一〕。

［五］宜有功也。如流，喻速。

［六］遐，遠也。作，用也。《詩・大雅》。言文王能遠用善人。不，語助。

〔一〕今汝南平與縣　輿國軍本同。按：阮校曰："閩本、監本、毛本'與'作'輿'，《釋文》亦作'輿'字。按，《釋文》當作'輿'字，故曰音餘，一音預。宋本作'平與'，則作'與'者古本也。"又，梁玉繩曰："古與、輿二字每以形近而誤，如汝南縣平輿，《王翦傳》譌'平與'。《左傳・襄二年》正輿子，《十年》伯輿，《三十一》展輿，《釋文》又作'與'。"備參。見氏撰《史記志疑》，第1238頁。

［七］會伐蔡之師。

［八］過許，見其無備，因攻之。

〔成經·八·三〕

公孫嬰齊如莒。

（成傳·八·三）

聲伯如莒，逆也。[一]

［一］自爲逆婦而書者，因聘而逆。

〔成經·八·四〕

宋公使華元來聘。

（成傳·八·四）

宋華元來聘，聘共姬也。[一]

［一］穆姜之女，成公姊妹，爲宋共公夫人。聘不應使卿，故《傳》發其事而已。

〔成經·八·五〕

夏，宋公使公孫壽來納幣。[一]

［一］昏聘不使卿，今華元將命，故特書之。宋公無主昏者，自命之，故稱“使”也。公孫壽，蕩意諸之父。

（成傳·八·五）

夏，宋公使公孫壽來納幣，禮也。[一]

［一］納幣應使卿。

〔成經・八・六〕

晉殺其大夫趙同、趙括。[一]

[一]《傳》曰：原、屏，咎之徒也。明本不以德義自居，宜其見討，故從告辭而稱名。

(成傳・八・六)

晉趙莊姬爲趙嬰之亡故，譖之于晉侯，[一]曰："原、屏將爲亂。"欒、郤爲徵。[二]六月，晉討趙同、趙括。武從姬氏畜于公宮。[三]以其田與祁奚。韓厥言於晉侯曰："成季之勳，宣孟之忠，[四]而無後，爲善者其懼矣。三代之令王，皆數百年保天之祿，夫豈無辟王，賴前哲以免也。[五]《周書》曰'不敢侮鰥寡'，所以明德也。"[六]乃立武而反其田焉。

[一]趙嬰亡在五年。

[二]欒氏、郤氏亦徵其爲亂。

[三]趙武，莊姬之子。莊姬，晉成公女。畜，養也。

[四]成季，趙衰。宣孟，趙盾。

[五]言三代亦有邪辟之君，但賴其先人以免禍耳。

[六]《周書》，《康誥》。言文王不侮鰥寡，而德益明。欲使晉侯之法文王。

〔成經・八・七〕

秋七月，天子使召伯來賜公命。[一]

[一]諸侯即位，天子賜以命圭，與之合瑞。八年乃來，緩也。天子、天王，王者之通稱。

（成傳·八·七）

秋，召桓公來賜公命。[一]

［一］召桓公，周卿士。

〔左氏附〕

（成傳·八·八）

晉侯使申公巫臣如吳，假道于莒。與渠丘公立於池上，[一]曰："城已惡。"莒子曰："辟陋在夷，其孰以我爲虞？"[二]對曰："夫狡焉。[三]思啓封疆以利社稷者，何國蔑有？唯然，故多大國矣。唯或思或縱也。[四]勇夫重閉，況國乎？"[五]

［一］渠丘公，莒子朱也。池，城池也。渠丘，邑名。莒縣有蘧里。

［二］虞，度也。

［三］狡猾之人。

［四］世有思開封疆者，有縱其暴掠者，莒人當唯此爲命。

［五］爲明年莒潰《傳》。

〔成經·八·八〕

冬十月癸卯，杞叔姬卒。[一]

［一］前五年來歸者。女既適人，雖見出棄，猶以成人禮書之。終爲杞伯所葬，故稱杞叔姬。

（成傳·八·九）

冬，杞叔姬卒。來歸自杞，故書。[一]

［一］愍其見出來歸，故書卒也。若更適大夫，則不復書卒。

〔成經·八·九〕

晉侯使士燮來聘。

〔成經·八·十〕

叔孫僑如會晉士燮、齊人、邾人伐郯。[一]

［一］先謀而稱會，盟主之命，不同之於列國。

(成傳·八·十)

晉士燮來聘，言伐郯也，以其事吳故。[一]公賂之，請緩師。文子不可，[二]曰：“君命無貳，失信不立。禮無加貨，事無二成。[三]君後諸侯，是寡君不得事君也。[四]燮將復之。”季孫懼，使宣伯帥師會伐郯。

［一］七年郯與吳成。

［二］文子，士燮。

［三］公私不兩成。

［四］欲與魯絶。

〔成經·八·十一〕

衛人來媵。[一]

［一］古者諸侯取適夫人及左右媵，各有姪娣，皆同姓之國，國三人，凡九女，所以廣繼嗣也。魯將嫁伯姬於宋，故衛來媵之。

(成傳·八·十一)

衛人來媵共姬，禮也。凡諸侯嫁女，同姓媵之，異姓則否。[一]

［一］必以同姓者參骨肉至親，所以息陰訟。

成公九年

〔成經·九·一〕

九年春王正月，杞伯來逆叔姬之喪以歸。

（成傳·九·一）

九年春，杞桓公來逆叔姬之喪，請之也。[一]杞叔姬卒，爲杞故也。[二]逆叔姬，爲我也。[三]

［一］叔姬已絶於杞，魯復强請杞，使還取葬。

［二］還爲杞婦，故卒稱杞。

［三］既棄而復逆其喪，明爲魯故。

〔成經·九·二〕

公會晉侯、齊侯、宋公、衛侯、鄭伯、曹伯、莒子、杞伯，同盟于蒲。[一]

［一］蒲，衛地，在長垣縣西南。

（成傳·九·二）

爲歸汶陽之田，故諸侯貳於晉。[一]晉人懼，會於蒲，以尋馬陵之盟。[二]季文子謂范文子曰："德則不競，尋盟何爲？"[三]范文子曰："勤以撫之，寬以待之，堅疆以御之，明神以要之，柔服而伐貳，德之次也。"是行也，將始會吴，吴人不至。[四]

［一］歸田在前年。

［二］馬陵盟在七年。

［三］競，强也。

［四］爲十五年會鍾離《傳》。

〔成經·九·三〕

公至自會。［一］

［一］無《傳》。

〔成經·九·四〕

二月，伯姬歸於宋。［一］

［一］宋不使卿逆，非禮。

（成傳·九·三）

二月，伯姬歸于宋。［一］

［一］爲致女復命起。

〔左氏附〕

（成傳·九·四）

楚人以重賂求鄭。鄭伯會楚公子成于鄧。［一］

［一］爲晉人執鄭伯《傳》。

〔成經·九·五〕

夏，季孫行父如宋致女。［一］

［一］女嫁三月，又使大夫隨加聘問，謂之“致女”，所以致成婦禮，篤昏姻之好。

（成傳·九·五）

夏，季文子如宋致女。復命，公享之。賦《韓奕》之五章。[一] 穆姜出于房，再拜，曰："大夫勤辱，不忘先君，以及嗣君，施及未亡人。[二] 先君猶有望也。[三] 敢拜大夫之重勤。"又賦《綠衣》之卒章而入。[四]

[一]《韓奕》,《詩·大雅》篇名。其五章言蹶父嫁女於韓侯，爲女相所居，莫如韓樂。文子喻魯侯有蹶父之德，宋公如韓侯，宋土如韓樂。

[二] 穆姜，伯姬母。聞文子言宋樂，喜而出謝其行勞。婦人夫死，自稱未亡人。

[三] 言先君亦望文子之若此。

[四]《綠衣》,《詩·邶風》也。取其"我思古人，實獲我心"，喻文子言得己意。

〔成經·九·六〕

晉人來媵。[一]

[一] 媵伯姬也。

(成傳·九·六)

晉人來媵，禮也。[一]

[一] 同姓故。

〔成經·九·七〕

秋七月丙子，齊侯無野卒。[一]

[一] 無《傳》。五同盟。丙子，六月一日。書"七月"，從赴。

〔成經·九·八〕

晉人執鄭伯。[一]

[一] 鄭伯既受盟于蒲，又受楚賂會於鄧，故晉執之。稱人者，晉

以無道於民告諸侯，例在十五年。

(成傳·九·七)

秋，鄭伯如晉，晉人討其貳於楚也，執諸銅鞮。[一]

［一］銅鞮，晉别縣，在上黨。

〔成經·九·九〕

晉欒書帥師伐鄭。

(成傳·九·八)

欒書伐鄭，鄭人使伯蠲行成，晉人殺之，非禮也。兵交，使在其間可也。[一] 楚子重侵陳以救鄭。[二]

［一］明殺行人例。

［二］陳與晉故。

〔左氏附〕

(成傳·九·九)

晉侯觀于軍府，見鍾儀，問之曰："南冠而縶者，誰也？"[一] 有司對曰："鄭人所獻楚囚也。"使税之，[二] 召而弔之。再拜稽首，問其族，對曰："泠人也。"[三] 公曰："能樂乎？"對曰："先父之職官也〔一〕，敢有二事？"[四] 使與之琴，操南音。[五] 公曰："君王何如？"對曰："非小人之所得知也。"固問之。對曰："其爲大子也，師保奉之以朝于嬰齊，而夕于側也。[六] 不知其他。"公語范文子，文子曰："楚囚，君子也。言稱先職，不背本也。樂操土風，不忘舊也。稱大子，抑無私也。[七] 名其二卿，尊君也。[八]

〔一〕先父之職官也　"父"，原作"人"，據石經改。

不背本，仁也。不忘舊，信也。無私，忠也。尊君，敏也。[九] 仁以接事，信以守之，忠以成之，敏以行之，事雖大，必濟。[一〇] 君盍歸之，使合晉、楚之成。”公從之，重爲之禮，使歸求成。[一一]

［一］南冠，楚冠。縶，拘執。

［二］鄭獻鍾儀在七年。稅，解也。

［三］泠人，樂官。

［四］言不敢學他事。

［五］南音，楚聲。

［六］嬰齊，令尹子重。側，司馬子反。言其尊卿敬老。

［七］舍其近事而遠稱少小，以示性所自然，明至誠。

［八］尊晉君也。

［九］敏，達也。

［一〇］言有此四德，必能成大事。

［一一］爲下十二月晉、楚結成張本。

〔成經·九·十〕

冬十有一月，葬齊頃公。[一]

［一］無《傳》。

〔成經·九·十一〕

楚公子嬰齊帥師伐莒。庚申，莒潰，[一] **楚人入鄆。**[二]

［一］民逃其上曰潰。

［二］鄆，莒别邑也。楚偏師入鄆，故稱“入”。

(成傳·九·十)

冬十一月，楚子重自陳伐莒，圍渠丘。渠丘城惡，衆潰，奔莒。戊申，楚入渠丘。[一]莒人囚楚公子平。楚人曰："勿殺。吾歸而俘。"莒人殺之。楚師圍莒，莒城亦惡。庚申，莒潰。[二]楚遂入鄆，莒無備故也。[三]

［一］月六日。

［二］月十八日。

［三］終巫臣之言。

君子曰："恃陋而不備，罪之大者也。備豫不虞，善之大者也。莒恃其陋而不脩城郭，浹辰之間，而楚克其三都，無備也夫。[一]《詩》曰'雖有絲麻，無棄菅蒯。雖有姬、姜，無棄蕉萃。凡百君子，莫不代匱'，言備之不可以已也。"[二]

［一］浹辰，十二日也。

［二］逸《詩》也。姬、姜，大國之女。蕉萃，陋賤之人。

〔成經·九·十二〕

秦人、白狄伐晉。

(成傳·九·十一)

秦人、白狄伐晉，諸侯貳故也。

〔成經·九·十三〕

鄭人圍許。

(成傳·九·十二)

鄭人圍許，示晉不急君也。[一]是則公孫申謀之曰："我

出師以圍許，[二] 爲將改立君者，而紓晉使，[三] 晉必歸君。”[四]

［一］此秋，晉執鄭伯。

［二］示不畏晉。

［三］紓，緩也。勿亟遣使詣晉，示欲更立君。

［四］爲明年晉侯歸鄭伯張本。

〔成經·九·十四〕

城中城。[一]

［一］魯邑也，在東海廩丘縣西南。此閏月城，在十一月之後、十二月之前，故《傳》曰“書，時”。

(成傳·九·十三)

城中城，書，時也。

〔左氏附〕

(成傳·九·十四)

十二月，楚子使公子辰如晉，報鍾儀之使，請脩好結成。[一]

［一］鍾儀奉晉命歸，故楚報之。

成公十年

〔左氏附〕

(成傳·十·一)

十年春，晉侯使糴茷如楚，[一] 報大宰子商之使也。[二]

［一］糴茷，晉大夫。

［二］子商，楚公子辰。使在前年。

〔成經·十·一〕

十年春，衛侯之弟黑背帥師侵鄭。

(成傳·十·二)

衛子叔黑背侵鄭，晉命也。[一]

［一］晉命衛使侵鄭。

〔成經·十·二〕

夏四月，五卜郊，不從，乃不郊。[一]

［一］無《傳》。卜常祀，不郊，皆非禮，故書。

〔成經·十·三〕

五月，公會晉侯、齊侯、宋公、衛侯、曹伯伐鄭。[一]

［一］晉侯，大子州蒲也。稱爵，見其生代父居位，失人子之禮。

(成傳·十·三)

鄭公子班聞叔申之謀。[一] 三月，子如立公子繻。[二] 夏四月，鄭人殺繻立髡頑，子如奔許。[三] 欒武子曰：“鄭人立君，我執一人焉，何益？不如伐鄭而歸其君，以求成焉。”晉侯有疾，五月，晉立大子州蒲以爲君，而會諸侯伐鄭。[四]鄭子罕賂以襄鐘，[五]子然盟于脩澤，子駟爲質。[六]辛巳，鄭伯歸。[七]

[一]改立君之謀。

[二]子如，公子班。

[三]髡頑，鄭成公大子。

[四]生立子爲君，此父不父，子不子，《經》因書“晉侯”，其惡明。

[五]子罕，穆公子。襄鐘，鄭襄公之廟鐘。

[六]子然、子駟，皆穆公子。滎陽卷縣東有脩武亭。

[七]鄭伯歸不書，鄭不告入。

〔成經·十·四〕

齊人來媵。[一]

[一]無《傳》。媵伯姬也。異姓來媵，非禮也。

〔成經·十·五〕

丙午，晉侯獳卒。[一]

[一]六同盟。據《傳》，丙午，六月七日，有日無月。

(成傳·十·四)

晉侯夢大厲，被髮及地，搏膺而踊，曰：“殺余孫，不義。[一]余得請於帝矣。”壞大門及寢門而入，公懼，入于室。又壞户。公覺，召桑田巫。[二]巫言如夢。[三]公曰：“何如？”曰：“不食新矣。”[四]公疾病，求醫于秦，秦伯使醫緩爲之。[五]未至，公夢疾爲二豎子，曰：“彼，良醫也，懼傷我，焉逃之？”其一曰：“居肓之上、膏之下，若我何？”[六]醫至，曰：“疾不可爲也，在肓之上、膏之下，攻之不可，達之不及，藥不至焉，不可爲也。”[七]公曰：“良醫也。”厚爲之禮而歸之。六月丙午，晉侯欲麥，[八]使甸人獻麥，[九]饋人爲之。召桑田巫，示而殺之。將食，張，如廁，陷而卒。[一〇]小臣有晨夢負公以登天，及日中，負晉侯出諸廁，遂以爲殉。[一一]

［一］厲，鬼也。趙氏之先祖也。八年，晉侯殺趙同、趙括，故怒。

［二］桑田，晉邑。

［三］巫云鬼怒，如公所夢。

［四］言公不得及食新麥。

［五］緩，醫名。爲，猶治也。

［六］肓，鬲也。心下爲膏。

［七］達，針。

［八］周六月，今四月，麥始熟。

［九］甸人，主爲公田者。

［一〇］張，腹滿也。

［一一］《傳》言巫以明術見殺，小臣以言夢自禍。

〔左氏附〕

(成傳·十·五)

鄭伯討立君者。戊申，殺叔申、叔禽。[一]君子曰：“忠爲令德，非其人猶不可，況不令乎？”[二]

［一］叔禽，叔申弟。

［二］言申叔爲忠，不得其人，還害身。

〔成經·十·六〕

秋七月，公如晉。

（成傳·十·六）

秋，公如晉。[一]晉人止公，使送葬〔一〕。於是糴茷未反。[二]

［一］親弔，非禮。

［二］是春，晉使糴茷至楚結成。晉謂魯二於楚，故留公，須糴茷還，驗其虛實。

〔成經·十·七〕

冬十月。

（成傳·十·七）

冬，葬晉景公。公送葬，諸侯莫在，魯人辱之，故不書，諱之也。[一]

［一］諱不書晉葬也。

〔一〕使送葬　"送"，興國軍本、石經同，阮刻本作"逆"。

春秋左氏經傳集解成公下第十三

春秋左氏經傳集解成公下第十三〔一〕

杜　氏

成公十一年

〔成經·十一·一〕

十有一年春王三月，公至自晉。[一]

［一］正月公在晉，不書，諱見止。

(成傳·十一·一)

十一年春王三月，公至自晉。晉人以公爲貳於楚，故止公。公請受盟，而後使歸。[一]

［一］前年七月，公如晉弔，至是乃得歸。

〔成經·十一·二〕

晉侯使郤犨來聘。己丑，及郤犨盟。[一]

［一］郤犨，郤克從父兄弟。

(成傳·十一·二)

郤犨來聘，且涖盟。[一]

［一］公請受盟，故使大夫來臨之。

〔一〕原卷標題"成"字後闕"公"字，據本書體例補。

〔左氏附〕

（成傳·十一·三）

聲伯之母不聘，[一]穆姜曰："吾不以妾爲姒。"[二]生聲伯而出之，嫁於齊管于奚，生二子而寡，以歸聲伯。聲伯以其外弟爲大夫，[三]而嫁其外妹於施孝叔。[四]郤犨來聘，求婦於聲伯。聲伯奪施氏婦以與之。婦人曰："鳥獸猶不失儷，[五]子將若何？"曰："吾不能死亡。"[六]婦人遂行，生二子於郤氏。郤氏亡，晉人歸之施氏。施氏逆諸河，沈其二子。[七]婦人怒曰："己不能庇其伉儷而亡之，[八]又不能字人之孤而殺之，[九]將何以終？"遂誓施氏。[一〇]

［一］聲伯之母，叔肸之妻，不聘，無媒禮。

［二］昆弟之妻相謂爲姒。穆姜，宣公夫人。宣公，叔肸同母昆弟。

［三］外弟，管于奚之子，爲魯大夫。

［四］孝叔，魯惠公五世孫。

［五］儷，耦也。

［六］言不與郤犨婦，懼能忿致禍。

［七］沈之於河。

［八］伉，敵也。

［九］字，愛也。

［一〇］約誓不復爲之婦也。《傳》言郤犨淫縱，所以亡也。

〔成經·十一·三〕

夏，季孫行父如晉。

（成傳·十一·四）

夏，季文子如晉報聘，且涖盟也。[一]

［一］郤犨、文子交盟魯，晉之君，其意一也。故但書來盟，舉重略輕。

〔左氏附〕

（成傳·十一·五）

周公楚惡惠、襄之偪也，[一]且與伯與爭政，[二]不勝，怒而出，及陽樊。[三]王使劉子復之，盟于鄄而入。三日，復出，奔晉。[四]

［一］惠王，襄王之族。

［二］伯與，周卿士。

［三］陽樊，晉地。

［四］王既復之而復出，所以自絶於周，爲明年周公出奔《傳》。鄄，周邑。

〔成經·十一·四〕

秋，叔孫僑如如齊。

（成傳·十一·六）

秋，宣伯聘于齊，以脩前好。[一]

［一］脩以前之好。

〔成經·十一·五〕

冬十月。

〔左氏附〕

（成傳·十一·七）

晉郤至與周爭鄇田，[一] 王命劉康公、單襄公訟諸晉。郤至曰：“溫，吾故也，故不敢失。”[二] 劉子、單子曰：“昔周克商，使諸侯撫封，[三] 蘇忿生以溫爲司寇，與檀伯達封于河。[四] 蘇氏即狄，又不能於狄而奔衛。[五] 襄王勞文公而賜之溫，[六] 狐氏、陽氏先處之，[七] 而後及子。若治其故，則王官之邑也，子安得之？”晉侯使郤至勿敢爭。[八]

［一］鄇，溫别邑，今河内懷縣西南有鄇人亭。

［二］言溫郤氏舊邑。

［三］各撫有其封内之地。

［四］蘇忿生，周武王司寇蘇公也。與檀伯達俱封於河内。

［五］事在僖十年。

［六］在僖二十五年。

［七］狐溱、陽處父先食溫地。

［八］《傳》言郤至貪，所以亡。

〔左氏附〕

（成傳·十一·八）

宋華元善於令尹子重，又善於欒武子。聞楚人既許晉糴茷成，而使歸復命矣。[一] 冬，華元如楚，遂如晉，合晉、楚之成。[二]

［一］在往年。

［二］爲明年盟宋西門外張本。

〔左氏附〕

(成傳·十一·九)

秦、晉爲成，將會于令狐。晉侯先至焉，秦伯不肯涉河，次于王城，使史顆盟晉侯于河東。[一] 晉郤犨盟秦伯于河西。[二] 范文子曰："是盟也何益？齊盟，所以質信也，[三] 會所，信之始也。始之不從，其可質乎〔一〕？"秦伯歸而背晉成。[四]

［一］史顆，秦大夫。

［二］就盟王城。

［三］齊，一心。質，成也。

［四］爲十三年伐秦《傳》。

〔一〕其可質乎 "可"，石經、興國軍本同，阮刻本作"何"。

成公十二年

〔成經·十二·一〕

十有二年春，周公出奔晉。

(成傳·十二·一)

十二年春，王使以周公之難來告。[一] 書曰："周公出奔晉。"凡自周無出，周公自出故也。[二]

[一] 周公奔在前年。

[二] 天子無外，故奔者不言"出"。周公爲王所復，而自絶於周，故書"出"以非之。

〔成經·十二·二〕

夏，公會晉侯、衛侯于瑣澤。[一]

[一] 瑣澤，地闕。

(成傳·十二·二)

宋華元克合晉、楚之成。[一] 夏五月，晉士燮會楚公子罷、許偃。[二] 癸亥，盟于宋西門之外。曰："凡晉、楚無相加戎，好惡同之，同恤菑危，備救凶患。若有害楚，則晉伐之；在晉，楚亦如之。交贄往來，道路無壅。[三] 謀其不協而討不庭。[四] 有渝此盟，明神殛之，[五] 俾隊其師，無克胙國。"[六] 鄭伯如晉聽成。[七] 會于瑣澤，成故也。[八]

[一] 終前年事。

[二] 二子，楚大夫。

[三] 贄，幣也。

［四］討背叛不來在王庭者。

［五］殛，誅也。

［六］俾，使也。隊，失也。

［七］聽，猶受也。晉、楚既成，鄭往受命。

［八］晉既與楚成，合諸侯以申成好。

〔成經·十二·三〕

秋，晉人敗狄于交剛。[一]

［一］交剛，地闕。

(成傳·十二·三)

狄人間宋之盟以侵晉，而不設備。秋，晉人敗狄于交剛。

〔成經·十二·四〕

冬十月。

〔左氏附〕

(成傳·十二·四)

晉郤至如楚聘，且涖盟。楚子享之，子反相，爲地室而縣焉。[一]郤至將登，[二]金奏作於下，[三]驚而走出。子反曰："日云莫矣，寡君須矣，吾子其入也。"賓曰："君不忘先君之好，施及下臣，貺之以大禮，重之以備樂，[四]如天之福，兩君相見，何以代此？下臣不敢。"[五]子反曰："如天之福，兩君相見，無亦唯是一矢以相加遺，焉用樂？[六]寡君須矣，吾子其入也。"賓曰：[七]"若讓之以一矢，禍之大者，其何福之爲？世之治也，諸侯間於天子之事，則相朝也，[八]於是乎有享宴之禮。享以訓共儉，[九]宴以示慈惠。[一〇]共儉以行禮，而慈惠以布政。政以禮成，民是以息。百官承事，朝而不夕。[一一]此公侯之所以扞城其民也。[一二]故《詩》曰：‘赳赳武夫，公侯干城。’[一三]及其亂也，諸侯貪冒，侵欲不忌，爭尋常以盡其民，[一四]略其武夫，以爲己腹心股肱爪牙。[一五]故《詩》曰：‘赳赳武夫，公侯腹心。’[一六]天下有道，則公侯能爲民干城而制其腹心，亂則反之。[一七]今吾子之言，亂之道也，不可以爲法。然吾子主也，至敢不從。”遂入，卒事。歸，以語范文子。文子曰：“無禮，必食言。吾死無日矣夫。”[一八]

［一］縣鍾鼓也。

［二］登堂。

［三］擊鍾而奏樂。

［四］貺，賜也。

［五］言此兩君相見之禮。

［六］言兩君戰乃相見，無用此樂。

［七］《傳》諸交讓得賓主辭者，多曰賓主以明之。

［八］王事閒缺，則脩私好。

［九］享有體薦，設几而不倚，爵盈而不飲，肴乾而不食，所以訓共儉。

［一〇］宴則折俎，相與共食。

［一一］不夕，言無事。

［一二］扞，蔽也。言享宴結好鄰國，所以蔽扞其民。

［一三］《詩·周南》之風。赳赳，武貌。干，扞也。言公侯之以武夫，止于扞難而已。

［一四］八尺曰尋，倍尋曰常。言爭尺丈之地以相攻伐。

［一五］略，取也。言世亂則公侯制禦武夫以從己志，使侵害鄰國，爲搏噬之用無已。

［一六］舉《詩》之正以駁亂義。《詩》言治世則武夫能合德公侯，外爲扞城，内制其腹心。

［一七］略其武夫以爲己腹心爪牙。

［一八］言晉、楚不能久和，必復相伐。爲十六年鄢陵戰張本。

冬，楚公子罷如晉聘，且涖盟。[一] 十二月，晉侯及楚公子罷盟于赤棘。[二]

［一］報郤至。

［二］晉地。

成公十三年

〔成經 · 十三 · 一〕

十有三年春，晉侯使郤錡來乞師。[一]

[一] 將伐秦也。侯伯當召兵而乞師，謙辭。

(成傳 · 十三 · 一)

十三年春，晉侯使郤錡來乞師，將事不敬。[一] 孟獻子曰：“郤氏其亡乎？禮，身之幹也。敬，身之基也。郤子無基，且先君之嗣卿也，受命以求師，將社稷是衛，而惰，棄君命也，不亡何爲？”[二]

[一] 將事，致君命。

[二] 郤錡，郤克子，故曰“嗣卿”。爲十七年晉殺郤錡《傳》。

〔成經 · 十三 · 二〕

三月，公如京師。[一]

[一] 伐秦，道過京師，因朝王。

(成傳 · 十三 · 二)

三月，公如京師。宣伯欲賜，[一] 請先使，王以行人之禮禮焉。[二] 孟獻子從，王以爲介而重賄之。[三]

[一] 欲王賜己。

[二] 不加厚。

[三] 介，輔相威儀者。獻子相公以禮，故王重賜之。

〔成經 · 十三 · 三〕

夏五月，公自京師，遂會晉侯、齊侯、宋公、衛侯、鄭伯、曹伯、邾人、滕人伐秦。

(成傳 · 十三 · 三)

公及諸侯朝王，遂從劉康公、成肅公會晉侯伐秦。[一]成子受脤于社，不敬。[二]劉子曰："吾聞之，民受天地之中以生，所謂命也。是以有動作禮義威儀之則，以定命也。能者養之以福，[三]不能者敗以取禍。是故君子勤禮，小人盡力。勤禮莫如致敬，盡力莫如敦篤。敬在養神，篤在守業。國之大事，在祀與戎。祀有執膰，[四]戎有受脤，神之大節也。[五]今成子惰，棄其命矣，[六]其不反乎？"[七]

［一］劉康公，王季子。劉、成二公不書，兵不加秦。

［二］脤，宜社之肉也〔一〕。盛以脤器，故曰"脤"。宜，出兵祭社之名。

［三］養威儀以致福。

［四］膰，祭肉。

［五］交神之大節。

［六］惰則失中和之氣。

［七］爲成肅公卒于瑕張本。

〔左氏附〕

(成傳 · 十三 · 四)

夏四月戊午，晉侯使呂相絶秦。[一]曰："昔逮我獻公，及穆公[二]相好，戮力同心，申之以盟誓，重之以昏姻。[三]

〔一〕 宜社之肉也 "宜"，原作"后"，據興國軍本改。

天禍晉國，文公如齊，惠公如秦。[四] 無祿，獻公即世，穆公不忘舊德，俾我惠公用能奉祀于晉。[五] 又不能成大勳，而爲韓之師。[六] 亦悔于厥心，用集我文公，[七] 是穆之成也。[八] 文公躬擐甲胄，跋履山川，[九] 踰越險阻，征東之諸侯，虞、夏、商、周之胤，而朝諸秦，則亦既報舊德矣。鄭人怒君之疆埸，我文公帥諸侯及秦圍鄭。[一〇] 秦大夫不詢于我寡君，擅及鄭盟，[一一] 諸侯疾之，將致命于秦。[一二] 文公恐懼，綏靜諸侯。秦師克還無害，則是我有大造于西也。[一三] 無祿，文公即世，穆爲不弔，[一四] 蔑死我君，寡我襄公，[一五] 迭我殽地，奸絶我好，伐我保城，殄滅我費滑，[一六] 散離我兄弟，撓亂我同盟，[一七] 傾覆我國家。我襄公未忘君之舊勳，[一八] 而懼社稷之隕，是以有殽之師。[一九] 猶願赦罪于穆公，[二〇] 穆公弗聽，而即楚謀我。天誘其衷，成王隕命，[二一] 穆公是以不克逞志于我。[二二] 穆、襄即世，康、靈即位，[二三] 康公我之自出，[二四] 又欲闕翦我公室，傾覆我社稷，帥我蝥賊，以來蕩搖我邊疆。[二五] 我是以有令狐之役。[二六] 康猶不悛，入我河曲，[二七] 伐我涑川，俘我王官，[二八] 翦我羈馬。我是以有河曲之戰。[二九] 東道之不通，則是康公絶我好也。[三〇]

[一] 呂相，魏錡子。蓋口宣己命。

[二] 晉獻公、秦穆公。

[三] 穆公夫人，獻公之女。

[四] 辟驪姬也。不言狄、梁，舉所恃大國。

[五] 僖十年秦納惠公。

[六] 僖十五年秦伐晉，獲惠公。

[七] 集，成也。

［八］成功於晉。

［九］草行爲跋。

［一〇］晉自以鄭貳於楚，故圍之。鄭非侵秦也。晉以此誣秦，事在僖三十年。

［一一］詢，謀也。盟者秦伯，謙言大夫。

［一二］致死命而討秦。時無諸侯，蓋諸侯遥致此意。

［一三］造，成也。言晉有成功於秦。

［一四］不見弔傷。

［一五］寡，弱也。

［一六］伐保城，誣之。費滑，滑國都於費，今緱氏縣。

［一七］滑、晉同姓。

［一八］納文公之勳。

［一九］在僖三十三年。

［二〇］晉欲求解於秦。

［二一］秦使鬬克歸楚求成，事見文十四年。文元年，楚弑成王。

［二二］逞，快也。

［二三］文六年晉襄、秦穆皆卒。

［二四］晉外甥。

［二五］蝥賊，食禾稼蟲名，謂秦納公子雍。

［二六］在文十年。

［二七］悛，改也。

［二八］涑水出河東聞喜縣西南，至蒲坂縣入河。

［二九］在文十二年。

［三〇］言康公自絶，故不復東通晉。

"及君之嗣也,[一] 我君景公引領西望曰:'庶撫我乎?'[二] 君亦不惠稱盟,[三] 利吾有狄難,[四] 入我河縣,焚我箕、郜,芟夷我農功,[五] 虔劉我邊垂〔一〕。[六] 我是以有輔氏之聚。[七] 君亦悔禍之延,[八] 而欲徼福于先君獻、穆,[九] 使伯車來命我景公,[一〇] 曰:'吾與女同好棄惡,復脩舊德,以追念前勳。'言誓未就,景公即世。我寡君是以有令狐之會。[一一] 君又不祥,[一二] 背棄盟誓。白狄及君同州,[一三] 君之仇讎,而我之昏姻也〔二〕。[一四] 君來賜命曰:'吾與女伐狄。'寡君不敢顧昏姻,畏君之威,而受命于吏。君有二心於狄,曰:'晉將伐女。'狄應且憎,是用告我。[一五] 楚人惡君之二三其德也,亦來告我曰:'秦背令狐之盟,而來求盟于我:"昭告昊天上帝,秦三公、楚三王,[一六] 曰:'余雖與晉出入,[一七] 余唯利是視。'"不穀惡其無成德,是用宣之,以懲不壹。'諸侯備聞此言,斯是用痛心疾首,暱就寡人。[一八] 寡人帥以聽命,唯好是求。君若惠顧諸侯,矜哀寡人,而賜之盟,則寡人之願也。其承寧諸侯以退,[一九] 豈敢徼亂?[二〇] 君若不施大惠,寡人不佞,其不能以諸侯退矣〔三〕。敢盡布之執事,俾執事實圖利之。"[二一]

[一] 君,秦桓公。

[二] 望秦撫恤晉。

〔一〕 虔劉我邊垂 "垂",原作"陲"。按:阮校曰:"石經、宋本、淳熙本、岳本、纂圖本、足利本作'我邊垂',是也。按《説文》:'垂,遠邊也。''陲,危也。'其義各別。"

〔二〕 而我之昏姻也 阮校曰:"宋本、淳熙本、岳本無'之'字,與石經合。此本初刊亦無,後擠增。纂圖本、閩本、監本、毛本作'而我之昏姻也',皆仍此本之誤。"

〔三〕 其不能以諸侯退矣 石經、興國軍本同。阮刻本"能"下無"以"字。阮校曰:"宋本、淳熙本、岳本、閩本、監本、毛本'能'下有'以'字,與石經合。"

［三］不肯稱晉望而共盟。

［四］謂晉滅潞氏時。

［五］夷，傷也。

［六］虔、劉，皆殺也。

［七］聚，衆也。在宣十五年。

［八］延，長也。

［九］晉獻、秦穆。

［一〇］伯車，秦桓公子。

［一一］令狐會在十一年。申厲公之命，宜言寡人，稱君誤也。

［一二］祥，善也。

［一三］及，與也。

［一四］季隗、廧咎如，赤狄之女也。白狄伐而獲之，納諸文公。

［一五］言狄雖應答秦，而心實憎秦無信。

［一六］三公，穆、康、共。三王，成、穆、莊。

［一七］出入，猶往來。

［一八］疾，亦痛也。暱，親也。

［一九］承君之意，以寧静諸侯。

［二〇］徼，要也。

［二一］俾，使也。

秦桓公既與晉厲公爲令狐之盟，而又召狄與楚，欲道以伐晉，諸侯是以睦於晉。[一] 晉欒書將中軍，荀庚佐之。[二] 士燮將上軍，[三] 郤錡佐之。[四] 韓厥將下軍，[五] 荀罃佐之。[六] 趙旃將新軍，[七] 郤至佐之。[八] 郤毅御戎，欒鍼爲右。[九] 孟獻子曰："晉帥乘和，師必有大功。"[一〇] 五月丁亥，晉師以諸侯之師及秦師戰于麻隧，秦師敗績，獲秦成差及不更女父。[一一] 曹宣公卒于師。師遂濟涇，及侯麗而還。[一二] 迓晉侯于新楚。[一三] 成肅公卒于瑕。[一四]

［一］晉辭多誣秦，故傳據此三事以正秦罪。

［二］庚代荀首。

［三］代荀庚。

［四］代士燮。

［五］代郤錡。

［六］代趙同。

［七］代韓厥。

［八］代趙括。

［九］郤毅，郤至弟。欒鍼，欒書子。

［一〇］帥，軍帥。乘，車士。

［一一］不更，秦爵。戰，敗績不書，以爲晉直秦曲，則韓役書戰，時公在師，復不須告，克獲有功，亦無所諱，蓋《經》文闕漏，《傳》文獨存。

［一二］涇水出安定，東南徑扶風、京兆高陸縣入渭也〔一〕。

［一三］迓，迎也。既戰，晉侯止新楚，故師還過迎之。麻隧、侯麗、新楚，皆秦地。

［一四］終劉子之言。瑕，晉地。

〔左氏附〕

(成傳·十三·五)

六月丁卯夜，鄭公子班自訾求入于大宮，不能，殺子印、子羽，[一] 反軍于市。己巳，子駟帥國人盟于大宮，[二]

〔一〕京兆高陸縣入渭也　原衍一“陸”字作“高陸陸縣”，據興國軍本刪。

遂從而盡焚之。[三] 殺子如、子駹、孫叔、孫知。[四]

[一] 訾，鄭地。大宫，鄭祖廟。十年，班出奔許，今欲還爲亂。子印、子羽，皆穆公子。

[二] 子駟，穆公子。

[三] 焚，燒也。

[四] 子如，公子班。子駹，班弟。孫叔，子如子。孫知，子駹子。

〔成經 · 十三 · 四〕

曹伯盧卒于師。[一]

[一] 五同盟。

(成傳 · 十三 · 六)

曹人使公子負芻守，使公子欣時逆曹伯之喪。[一] 秋，負芻殺其大子而自立也。[二] 諸侯乃請討之，晉人以其役之勞，請俟他年。

[一] 二子皆曹宣公庶子。

[二] 宣公大子。

〔成經 · 十三 · 五〕

秋七月，公至自伐秦。[一]

[一] 無《傳》。

〔成經 · 十三 · 六〕

冬，葬曹宣公。

(成傳 · 十三 · 七)

冬，葬曹宣公。既葬，子臧將亡，[一] 國人皆將從

之，[二] 成公乃懼，[三] 告罪且請焉。[四] 乃反，而致其邑。[五]

[一] 子臧，公子欣時。

[二] 不義負芻故。

[三] 成公，負芻。

[四] 請留子臧。

[五] 還邑於成公[一]，爲十五年執曹伯《傳》。

〔一〕 還邑於成公 "還"，阮刻本作"遷"。

成公十四年

〔成經 · 十四 · 一〕

十有四年春王正月，莒子朱卒。[一]

［一］無《傳》。九年盟于蒲。

〔成經 · 十四 · 二〕

夏，衛孫林父自晉歸于衛。[一]

［一］晉納之，故曰“歸”。

（成傳 · 十四 · 一）

十四年春，衛侯如晉，晉侯强見孫林父焉。[一]定公不可。夏，衛侯既歸，晉侯使郤犨送孫林父而見之。衛侯欲辭，定姜曰：“不可。[二]是先君宗卿之嗣也，[三]大國又以爲請，不許，將亡。雖惡之，不猶愈於亡乎？君其忍之，[四]安民而宥宗卿，不亦可乎？”衛侯見而復之。[五]衛侯饗苦成叔，[六]甯惠子相。[七]苦成叔傲，甯子曰：“苦成家其亡乎？古之爲享食也，以觀威儀、省禍福也。故《詩》曰：‘兕觵其觩，旨酒思柔。[八]彼交匪傲，萬福來求。’[九]今夫子傲，取禍之道也。”[一〇]

［一］林父以七年奔晉。强見，欲歸之。

［二］定姜，定公夫人。

［三］同姓之卿。

［四］違大國，必見伐，故亡。

［五］復林父位。

［六］成叔，郤犨。

［七］相，佐禮。惠子，甯殖。

［八］《詩·小雅》。言君子好禮，飲酒皆思柔德，雖設兕觵，觩然不用。以兕角爲觵，所以罰不敬。觩，陳設之貌。

［九］彼之交於事而不憍傲，乃萬福之所求。

［一〇］爲十七年郤氏亡《傳》〔一〕。

〔成經·十四·三〕

秋，叔孫僑如如齊逆女。[一]

［一］成公逆夫人，最爲得禮，而《經》無納幣者，文闕絶也。

(成傳·十四·二)

秋，宣伯如齊逆女，稱族，尊君命也。

〔成經·十四·四〕

鄭公子喜帥師伐許。

(成傳·十四·三)

八月，鄭子罕伐許，敗焉。[一]戊戌，鄭伯復伐許。庚子，入其郛。[二]許人平以叔申之封。[三]

［一］爲許所敗。

［二］郛，郭也。

［三］四年，鄭公孫申疆許田，許人敗之，不得定其封疆。今許以是所封田，求和於鄭。

〔一〕爲十七年郤氏亡傳　“傳”字原闕，興國軍本、阮刻本同，據金澤文庫卷子及杜注通例補。

〔成經 · 十四 · 五〕

九月，僑如以夫人婦姜氏至自齊。

（成傳 · 十四 · 四）

九月，僑如以夫人婦姜氏至自齊。舍族，尊夫人也。[一]故君子曰："《春秋》之稱，微而顯，[二]志而晦，[三]婉而成章，[四]盡而不汙，[五]懲惡而勸善，[六]非聖人誰能脩之？"[七]

[一] 舍族，謂不稱叔孫。

[二] 辭微而義顯。

[三] 志，記也。晦，亦微也。謂約言以記事，事敘而文微。

[四] 婉，曲也。謂曲屈其辭，有所辟諱，以示大順而成篇章。

[五] 謂直言其事，盡其事實，無所汙曲。

[六] 善名必書，惡名不滅，所以爲懲勸。

[七] 脩史策成此五者。

〔成經 · 十四 · 六〕

冬十月庚寅，衛侯臧卒。[一]

[一] 五同盟。

（成傳 · 十四 · 五）

衛侯有疾，使孔成子、甯惠子立敬姒之子衎以爲大子。[一]冬十月，衛定公卒，夫人姜氏既哭而息，見大子之不哀也，不內酌飲，歎曰："是夫也，將不唯衛國之敗，其必始於未亡人。[二]烏呼！天禍衛國也夫。吾不獲鱄也使主社稷。"[三]大夫聞之，無不聳懼。孫文子自是不敢舍其重器於衛，[四]盡寘諸戚，[五]而甚善晉大夫。[六]

［一］成子，孔達之孫。敬姒，定公妾。衎，獻公。

［二］定姜言獻公行無禮，必從己始。下言“暴妾使余”，是也。

［三］鱄，衎之母弟。

［四］寶器。

［五］寘，置也。戚，孫氏邑。

［六］備亂起，欲以爲援。爲襄十四年衛侯出奔《傳》。

〔成經·十四·七〕

秦伯卒。［一］

［一］無《傳》。二年，大夫盟於蜀，而不赴以名，例在隱七年。

成公十五年

〔成經·十五·一〕

十有五年春王二月，葬衛定公。[一]

［一］無《傳》。

〔成經·十五·二〕

三月乙巳，仲嬰齊卒。[一]

［一］無《傳》。襄仲子，公孫歸父弟。宣十八年逐東門氏，既而又使嬰齊紹其後，曰仲氏。

〔成經·十五·三〕

癸丑，公會晉侯、衛侯、鄭伯、曹伯、宋世子成、齊國佐、邾人同盟于戚。晉侯執曹伯歸于京師。[一]

［一］不稱人以執者，曹伯罪不及民。歸之京師，禮也。

(成傳·十五·一)

十五年春，會于戚，討曹成公也。[一] 執而歸諸京師。書曰："晉侯執曹伯。"不及其民也。[二] 凡君不道於其民，諸侯討而執之，則曰"某人執某侯"。[三] 不然，則否。[四] 諸侯將見子臧於王而立之，子臧辭曰："前《志》有之曰：'聖達節，[五] 次守節，[六] 下失節。'[七] 爲君，非吾節也，雖不能聖，敢失守乎？"遂逃奔宋。

［一］討其殺大子而自立，事在十三年。

［二］惡不及民。

［三］稱人，示衆所欲執。

［四］謂身犯不義者。

［五］聖人應天命，不拘常禮。

［六］謂賢者。

［七］愚者妄動。

〔成經·十五·四〕

公至自會。[一]

［一］無《傳》。

〔成經·十五·五〕

夏六月，宋公固卒。[一]

［一］四同盟。

(成傳·十五·二)

夏六月，宋共公卒。[一]

［一］爲下宋亂起。

〔成經·十五·六〕

楚子伐鄭。

(成傳·十五·三)

楚將北師，[一]子囊曰：“新與晉盟而背之，無乃不可乎？”子反曰：“敵利則進，何盟之有？”[二]申叔時老矣，在申，[三]聞之曰：“子反必不免。信以守禮，禮以庇身。信、禮之亡，欲免得乎？”[四]楚子侵鄭，及暴隧，遂侵衛，及首止。鄭子罕侵楚，取新石。[五]欒武子欲報楚，韓獻子

曰："無庸，[六] 使重其罪，民將叛之。[七] 無民，孰戰？"[八]

[一] 侵鄭、衛。

[二] 晉、楚盟在十二年。子囊，莊王子公子貞。

[三] 老歸本邑。

[四] 言不得免。

[五] 新石，楚邑。

[六] 庸，用也。

[七] 背盟數戰，罪也。

[八] 爲明年晉敗楚於鄢陵《傳》。

〔成經 · 十五 · 七〕

秋八月庚辰，葬宋共公。[一]

[一] 三月而葬，速。

（成傳 · 十五 · 四）

秋八月，葬宋共公。

〔成經 · 十五 · 八〕

宋華元出奔晉。

（成傳 · 十五 · 五）

於是華元爲右師，魚石爲左師，蕩澤爲司馬，[一] 華喜爲司徒，[二] 公孫師爲司城，[三] 向爲人爲大司寇，鱗朱爲少司寇，[四] 向帶爲大宰，魚府爲少宰。蕩澤弱公室，殺公子肥。[五] 華元曰："我爲右師，君臣之訓，師所司也。今公室卑而不能正，[六] 吾罪大矣。不能治官，敢賴寵乎？"乃出奔晉。

［一］蕩澤，公孫壽之孫。

［二］華父督之玄孫。

［三］莊公孫。

［四］鱗矔孫。

［五］輕公室以爲弱，故殺其枝黨。肥，文公子。

［六］不能討蕩澤。

〔成經·十五·九〕

宋華元自晉歸于宋。[一]

［一］華元欲挾晉以自重，故以外納告。

（成傳·十五·六）

二華，戴族也。[一]司城，莊族也。六官者，皆桓族也。[二]魚石將止華元，魚府曰："右師反，必討，是無桓氏也。"[三]魚石曰："右師苟獲反，雖許之討，必不敢。[四]且多大功，國人與之，不反，懼桓氏之無祀於宋也。[五]右師討，猶有戌在，[六]桓氏雖亡，必偏。"[七]魚石自止華元于河上，請討，許之，乃反。

［一］華元、華喜。

［二］魚石、蕩澤、向爲人、鱗朱、向帶、魚府，皆出桓公。

［三］恐華元還討蕩澤，并及六族。

［四］言畏桓族强。

［五］華元大功，克合晉、楚之成，劫子反以免宋圍。

［六］向戌，桓公曾孫。言其賢華元，必不討。

［七］偏，不盡。

〔成經 · 十五 · 十〕

宋殺其大夫山。[一]

[一] 不書氏，明背其族。

(成傳 · 十五 · 七)

使華喜、公孫師帥國人攻蕩氏，殺子山。[一] 書曰“宋殺大夫山”，言背其族也。[二]

[一] 喜、師非桓族，故使攻之。

[二] 蕩氏，宋公族。還害公室，故去族以示其罪。

〔成經 · 十五 · 十一〕

宋魚石出奔楚。[一]

[一] 公子目夷之曾孫。

(成傳 · 十五 · 八)

魚石、向爲人、鱗朱、向帶、魚府出，舍於睢上，[一] 華元使止之，不可。冬十月，華元自止之，不可，乃反。[二] 魚府曰：“今不從不得入矣。[三] 右師視速而言疾，有異志焉。若不我納，今將馳矣。”登丘而望之則馳，騁而從之，[四] 則決睢澨，[五] 閉門登陴矣。左師、二司寇、二宰遂出奔楚。[六] 華元使向戌爲左師，老佐爲司馬，樂裔爲司寇，以靖國人。[七]

[一] 睢，水名。五大夫畏同族罪及，將出奔。

[二] 五子不止，華元還。

[三] 不得復入宋。

[四] 五子亦馳逐之。

[五] 澨，水涯。決，壞也。

［六］四大夫不書，獨魚石告。

［七］老佐，戴公五世孫。

〔左氏附〕

(成傳·十五·九)

晉三郤害伯宗，譖而殺之，及欒弗忌。[一] 伯州犂奔楚。[二] 韓獻子曰："郤氏其不免乎！善人，天地之紀也，而驟絶之，不亡何待？"[三] 初，伯宗每朝，其妻必戒之曰："'盜憎主人，民惡其上。'子好直言，必及於難。"[四]

［一］欒弗忌，晉賢大夫。

［二］伯宗子。

［三］既殺伯宗，又及弗忌，故曰"驟也"。爲十七年晉殺三郤《傳》。

［四］《傳》見雖婦人之言不可廢。

〔成經·十五·十二〕

冬十有一月，叔孫僑如會晉士燮、齊高無咎、宋華元、衛孫林父、鄭公子鰌、邾人會吳于鍾離。[一]

［一］吳夷未嘗與中國會，今始來通。晉帥諸侯大夫而會之，故殊會，明本非同好。鍾離，楚邑，淮南縣。

(成傳·十五·十)

十一月，會吳于鍾離，始通吳也。[一]

［一］始與中國接。

〔成經·十五·十三〕

許遷于葉。[一]

[一]許畏鄭，南依楚，故以自遷爲文。葉，今南陽葉縣也。

（成傳·十五·十一）

許靈公畏偪于鄭，請遷于楚。辛丑，楚公子申遷許于葉。

成公十六年

〔成經 · 十六 · 一〕

十有六年春王正月，雨，木冰。[一]

[一] 無《傳》。記寒過節，冰封著樹。

〔左氏附〕

(成傳 · 十六 · 一)

十六年春，楚子自武城使公子成以汝陰之田求成于鄭。[一] 鄭叛晉，子駟從楚子盟于武城。[二]

[一] 汝水之南近鄭地。

[二] 爲晉伐鄭起。

〔成經 · 十六 · 二〕

夏四月辛未，滕子卒。[一]

[一] 不書名，未同盟。

(成傳 · 十六 · 二)

夏四月，滕文公卒。

〔成經 · 十六 · 三〕

鄭公子喜帥師侵宋。[一]

[一] 喜，穆公子子罕也。

(成傳 · 十六 · 三)

鄭子罕伐宋，[一] 宋將鉏、樂懼敗諸汋陂。[二] 退舍於

夫渠，不儆。[三] 鄭人覆之，敗諸汋陵，獲將鉏、樂懼。宋恃勝也。[四]

［一］滕，宋之與國，鄭因滕有喪而伐宋，故《傳》舉滕侯卒。侵、伐，《經》《傳》異文。《經》從告，《傳》言實。他皆放此。

［二］敗鄭師也。樂懼，戴公六世孫。將鉏，樂氏族。

［三］宋師不儆備。

［四］汋陂、夫渠、汋陵，皆宋地。

〔左氏附〕

(成傳 · 十六 · 四)

衛侯伐鄭，至于鳴鴈，爲晉故也。[一]

［一］鳴鴈在陳留雍丘縣西北。

〔成經 · 十六 · 四〕

六月丙寅朔，日有食之。[一]

［一］無《傳》。

〔成經 · 十六 · 五〕

晉侯使欒黶來乞師。[一]

［一］將伐鄭。黶，欒書子。

(成傳 · 十六 · 五)

晉侯將伐鄭，范文子曰："若逞吾願，諸侯皆叛，晉可以逞。[一] 若唯鄭叛，晉國之憂可立俟也。"欒武子曰："不可以當吾世而失諸侯，必伐鄭。"乃興師。欒書將中軍，士燮佐之。[二] 郤錡將上軍，[三] 荀偃佐之。[四] 韓厥將下軍，

郤至佐新軍，荀罃居守。[五]郤犨如衛，遂如齊，皆乞師焉。欒黶來乞師，孟獻子曰："有勝矣。"[六]

[一]逞，快也。晉厲公無道，三郤驕，故欲使諸侯叛，冀其懼而思德。

[二]代荀庚。

[三]代士燮。

[四]代郤錡。偃，荀庚子。

[五]荀罃，下軍佐。於是郤犨代趙旃將新軍。新上、下軍罷矣。

[六]卑讓有禮，故知其將勝楚。

〔成經 · 十六 · 六〕

甲午晦，晉侯及楚子、鄭伯戰于鄢陵。楚子、鄭師敗績。[一]

[一]楚師未大崩，楚子傷目而退，故曰"楚子敗績"。鄢陵，鄭地，今屬潁川郡。

(成傳 · 十六 · 六)

戊寅，晉師起。鄭人聞有晉師，使告于楚，姚句耳與往。[一]楚子救鄭，司馬將中軍，[二]令尹將左，[三]右尹子辛將右。[四]過申，子反入見申叔時，[五]曰："師其何如？"對曰："德、刑、詳、義、禮、信，戰之器也。[六]德以施惠，刑以正邪，詳以事神，義以建利，禮以順時，信以守物。民生厚而德正，[七]用利而事節，[八]時順而物成，[九]上下和睦，周旋不逆，[一〇]求無不具，[一一]各知其極。[一二]故《詩》曰：'立我烝民，莫匪爾極。'[一三]是以神降之福，時無災害，民生敦厖，和同以聽。[一四]莫不盡力以從上命，致死以補其闕。[一五]此戰之所由克也。今楚內棄其民，[一六]

而外絶其好，[一七]瀆齊盟，[一八]而食話言，[一九]奸時以動，[二〇]而疲民以逞。[二一]民不知信，進退罪也。人恤所底，其誰致死？[二二]子其勉之，吾不復見子矣。”[二三]姚句耳先歸。子駟問焉，對曰：“其行速，過險而不整。速則失志，[二四]不整喪列。志失列喪，將何以戰？楚懼不可用也。”

［一］句耳，鄭大夫。與往非使也，爲先歸張本。

［二］子反。

［三］子重。

［四］公子壬夫。

［五］叔時老，在申。

［六］器，猶用也。

［七］財足，則思無邪。

［八］動不失利，則事得其節。

［九］群生得所。

［一〇］動順理。

［一一］下應上。

［一二］無二心。

［一三］烝，衆也。極，中也。《詩·頌》。言先王立其衆民，無不得中正。

［一四］敦，厚也。厖，大也。

［一五］闕，戰死者。

［一六］不施惠。

［一七］義不建利。

［一八］不詳事神。

［一九］信不守物。

［二〇］禮不順時。周四月，今二月，妨農業。

［二一］刑不正邪，而苟快意。

［二二］厎，至也。

［二三］言其必敗不反。

［二四］不思慮也。

五月，晉師濟河，聞楚師將至，范文子欲反，曰："我僞逃楚，可以紓憂。[一]夫合諸侯，非吾所能也，以遺能者。我若群臣輯睦以事君，多矣。"武子曰："不可。"

［一］紓，緩也。

六月，晉、楚遇於鄢陵，范文子不欲戰。郤至曰："韓之戰，惠公不振旅。[一]箕之役，先軫不反命。[二]邲之師，荀伯不復從。[三]皆晉之耻也。子亦見先君之事矣。[四]今我辟楚，又益耻也。"文子曰："吾先君之亟戰也，有故。[五]秦、狄、齊、楚皆彊，不盡力，子孫將弱。今三彊服矣，[六]敵楚而已。唯聖人能外内無患，自非聖人，外寧必有内憂。[七]盍釋楚以爲外懼乎？"

［一］衆散敗也，在僖十五年。

［二］死於狄也，在僖三十三年。

［三］荀林父奔走不復故道，在宣十二年。

［四］見先君成敗之事。

［五］亟，數也。

［六］齊、秦、狄。

［七］驕亢，則憂患生也。

甲午晦，楚晨壓晉軍而陳。[一]軍吏患之，范匄趨進，[二]曰：“塞井夷竈，陳於軍中而疏行首。[三]晉、楚唯天所授，何患焉？”文子執戈逐之曰：“國之存亡，天也，童子何知焉？”欒書曰：“楚師輕窕，固壘而待之，三日必退。退而擊之，必獲勝焉。”郤至曰：“楚有六間，不可失也。其二卿相惡，[四]王卒以舊，[五]鄭陳而不整，[六]蠻軍而不陳，[七]陳不違晦，[八]在陳而囂，[九]合而加囂，[一〇]各顧其後，莫有鬭心。[一一]舊不必良，以犯天忌。我必克之。”

［一］壓，笮其未備。

［二］匄，士燮子。

［三］疏行首者，當陳前決開營壘爲戰道。

［四］子重，子反。

［五］罷老不代。

［六］不整列。

［七］蠻夷從楚者不結陳。

［八］晦，月終，陰之盡。故兵家以爲忌。

［九］囂，喧嘩也。

［一〇］陳合宜静，而益有聲。

［一一］人恤其所厎。

楚子登巢車以望晉軍，[一]子重使大宰伯州犂侍于王後。[二]王曰：“騁而左右，何也？”[三]曰：“召軍吏也。”“皆聚於中軍矣。”曰：“合謀也。”“張幕矣。”曰：“虔卜於先君也。”[四]“徹幕矣。”曰：“將發命也。”“甚囂，且塵上矣。”曰：“將塞井夷竈而爲行也。”[五]“皆乘矣。左右執兵而下矣。”曰：“聽誓也。”[六]“戰乎？”曰：“未可知也。”“乘而左右皆下矣。”曰：“戰禱也。”[七]伯州犂以公卒告王。[八]苗賁皇在晉侯之側，亦以王卒告。[九]皆曰：“國士在且厚，不可當也。”[一〇]苗賁皇言於晉侯曰：“楚之良，在其中軍王族而已。請分良以擊其左右，而三軍萃於王卒，[一一]必大敗之。”公筮之。史曰：“吉。其卦遇《復》䷗，[一二]曰：‘南國蹙，射其元王，中厥目。’[一三]國蹙，王傷，不敗何待？”公從之。[一四]

［一］巢車，車上爲櫓。

［二］州犂，晉伯宗子。前年奔楚。

［三］騁，走也。

［四］虔，敬也。

［五］夷，平也。

［六］左，將帥。右，車右。

［七］禱，請於鬼神。

［八］公，晉侯。

［九］賁皇，楚鬬椒子。宣四年奔晉。

［一〇］晉侯左右皆以伯州犂在楚，知晉之情，且謂楚衆多，故憚合戰，與苗賁皇意異。

［一一］萃，集也。

［一二］《震》下《坤》上，《復》。無變。

［一三］此卜者辭也。《復》，陽長之卦。陽氣起子，南行推陰，故曰“南國蹙”也。南國勢蹙，則《離》受其咎。《離》爲諸侯，又爲目，陽氣激南，飛矢之象，故曰“射其元王，中厥目”。

［一四］從其言而戰。

有淖於前，[一] 乃皆左右相違於淖。[二] 步毅御晉厲公，欒鍼爲右。[三] 彭名御楚共王，潘黨爲右。石首御鄭成公，唐苟爲右。欒、范以其族夾公行，[四] 陷於淖。欒書將載晉侯，鍼曰："書退。國有大任，焉得專之？[五] 且侵官，冒也。[六] 失官，慢也。[七] 離局，姦也。[八] 有三罪焉，不可犯也。"乃掀公以出於淖。[九]

［一］淖，泥也。

［二］違，辟也。

［三］步毅，即郤毅。

［四］二族强，故在公左右。

［五］在君前，故子名其父。大任，謂元帥之職。

［六］載公爲侵官。

［七］去將而御，失官也。

［八］遠其部曲爲離局。

［九］掀，舉也。

癸巳，潘尫之黨與養由基蹲甲而射之，徹七札焉。[一] 以示王，曰："君有二臣如此，何憂於戰？"[二] 王怒曰："大辱國。[三] 詰朝，爾射，死藝。"[四] 呂錡夢射月，中之，退入於泥。[五] 占之，曰："姬姓，日也；[六] 異姓，月也。[七] 必楚王也。射而中之，退入於泥，亦必死矣。"[八] 及戰，射共王，中目。王召養由基，與之兩矢，使射呂錡，中項，伏弢。[九] 以一矢復命。[一〇]

［一］黨，潘尪之子。蹲，聚也。一發達七札，言其能陷堅。

［二］二子以射夸王。

［三］賤其不尚知謀。

［四］言女以射自多，必當以藝死也。詰朝，猶明朝，是戰日。

［五］呂錡，魏錡。

［六］周世姬姓尊。

［七］異姓卑。

［八］錡自入泥，亦死象。

［九］弢，弓衣。

［一〇］言一發而中。

郤至三遇楚子之卒，見楚子必下，免胄而趨風。[一]楚子使工尹襄問之以弓，[二]曰："方事之殷也，[三]有韎韋之跗注，君子也。[四]識見不穀而趨，無乃傷乎？"[五]郤至見客，免胄承命，曰："君之外臣至，從寡君之戎事，以君之靈，間蒙甲胄，[六]不敢拜命。[七]敢告不寧君命之辱，[八]爲事之故，敢肅使者。"[九]三肅使者而退。

［一］疾如風。

［二］問，遺也。

［三］殷，盛也。

［四］韎，赤色。跗注，戎服，若袴而屬於跗，與袴連。

［五］恐其傷。

［六］間，猶近也。

［七］介者不拜。

［八］以君辱賜命，故不敢自安。

［九］言君辱命來問，以有軍事不得答，故肅使者。肅，手至地，若今撎。

晉韓厥從鄭伯，[一]其御杜溷羅曰："速從之！其御屢顧，不在馬，可及也。"韓厥曰："不可以再辱國君。"乃止。[二]郤至從鄭伯，其右茀翰胡曰："諜輅之，余從之乘，而俘以下。"[三]郤至曰："傷國君有刑。"亦止。石首曰："衛懿公唯不去其旗，是以敗於熒。"乃内旌於弢中。[四]唐苟謂石首曰："子在君側，敗者壹大。我不如子，子以君免，我請止。"乃死。[五]

［一］從，逐也。

［二］二年鞌戰，韓厥已辱齊侯。

［三］欲遣輕兵單進以距鄭伯車前〔一〕，而自後登其車以執之。

［四］熒戰，在閔二年。

［五］敗者壹大，謂軍大崩也。言石首亦君之親臣而執御，與車右不同，故首當御君以退，己當死戰。

楚師薄於險，[一]叔山冉謂養由基曰："雖君有命，爲國故，子必射。"[二]乃射。再發，盡殪。叔山冉搏人以投，中車折軾，晉師乃止。[三]囚楚公子茷。[四]欒鍼見子重之旌，請曰："楚人謂〔二〕：'夫旌，子重之麾也。'彼其子重也。日臣之使於楚也，子重問晉國之勇，臣對曰：'好以衆整。'曰：'又何如？'[五]臣對曰：'好以暇。'[六]今兩國治戎，

〔一〕欲遣……鄭伯車前　"單"，原作"軍"，據興國軍本改。
〔二〕楚人謂　"謂"，原作"請"，石經漫漶，據興國軍本改。

行人不使，不可謂整。臨事而食言，不可謂暇。[七] 請攝飲焉。"[八] 公許之。使行人執榼承飲，造于子重，[九] 曰："寡君乏使，使鍼御持矛，[一〇] 是以不得犒從者，使某攝飲。"子重曰："夫子嘗與吾言於楚，必是故也，不亦識乎？"[一一] 受而飲之，免使者而復鼓。[一二] 旦而戰，見星未已。

［一］薄，迫也。

［二］王有死藝命。

［三］言二子皆有過人之能。

［四］爲郤至見譖張本。

［五］又問其餘。

［六］暇，閒暇。

［七］食好整之言。

［八］攝，持也。持飲，往飲子重。

［九］承，奉也。

［一〇］御，侍也。

［一一］知其以往言好暇，故致飲。

［一二］免，脱也。

子反命軍吏察夷傷，[一] 補卒乘，[二] 繕甲兵，[三] 展車馬，[四] 雞鳴而食，唯命是聽。[五] 晉人患之。苗賁皇徇曰："蒐乘補卒，[六] 秣馬利兵，[七] 脩陳固列，[八] 蓐食申禱，[九] 明日復戰。"乃逸楚囚。[一〇] 王聞之，召子反謀。穀陽豎獻飲於子反，子反醉而不能見。[一一] 王曰："天敗楚也夫。余不可以待。"乃宵遁。晉入楚軍，三日穀。[一二] 范文子立於戎馬之前，曰："君幼，諸臣不佞。[一三] 何以及此？君其戒

之。[一四]《周書》曰‘惟命不于常’，有德之謂。”[一五]

［一］夷，亦傷也。

［二］補死亡。

［三］繕，治也。

［四］展，陳也。

［五］復欲戰。

［六］蒐，閱也。

［七］秣，穀馬也。

［八］固，堅也。

［九］申，重也。

［一〇］逸，縱也。

［一一］穀陽，子反内竪。

［一二］食楚粟三日也。

［一三］佞，才也。

［一四］戒勿驕。

［一五］《周書·康誥》。言勝無常命，唯德是與。

〔成經·十六·七〕

楚殺其大夫公子側。[一]

［一］側，子反。背盟無禮，卒以敗師，故書名。

(成傳·十六·七)

楚師還，及瑕，[一]王使謂子反曰：“先大夫之覆師徒者，君不在。[二]子無以爲過，不穀之罪也。”子反再拜稽首，曰：“君賜臣死，死且不朽。[三]臣之卒實奔，臣之罪也。”子重使謂子反曰：“初隕師徒者，而亦聞之矣。盍圖之?”[四] 對曰:“雖微先大夫有之,大夫命側,側敢不義。[五] 側亡君師,敢忘其死。”王使止之,弗及而卒。

[一] 瑕,楚地。

[二] 謂子玉敗城濮時,王不在軍。

[三] 王引過,亦所以責子反。

[四] 聞子玉自殺,終二卿相惡。

[五] 言以義命己,不敢不受。

〔左氏附〕

(成傳·十六·八)

戰之日,齊國佐、高無咎至于師,[一] 衛侯出于衛,公出于壞隤。[二] 宣伯通於穆姜,[三] 欲去季、孟而取其室。[四] 將行,穆姜送公,而使逐二子。公以晉難告,[五] 曰:“請反而聽命。”姜怒。公子偃、公子鉏趨過,[六] 指之曰:“女不可,是皆君也。”[七] 公待於壞隤,申宮儆備,[八] 設守而後行,是以後。[九] 使孟獻子守于公宮。

[一] 無咎,高固子。

[二] 壞隤,魯邑。齊、衛皆後,非獨魯,明晉以僑如故不見公。

[三] 穆姜,成公母。

[四] 季文子、孟獻子。

[五] 會晉伐鄭。

[六] 二子,公庶弟。

[七] 言欲廢公更立君。

[八] 申勑宮備。

[九] 後晉、楚戰期。

〔成經 · 十六 · 八〕

秋，公會晉侯、齊侯、衛侯、宋華元、邾人于沙隨。[一] **不見公。**[二]

［一］沙隨，宋地，梁國寧陵縣北有沙隨亭。

［二］不及鄢陵戰故。不諱者，耻輕於執止。

（成傳 · 十六 · 九）

秋，會于沙隨，謀伐鄭也。[一] 宣伯使告郤犫曰："魯侯待于壞隤，以待勝者。"[二] 郤犫將新軍，且爲公族大夫，以主東諸侯。[三] 取貨于宣伯，而訴公于晉侯。[四] 晉侯不見公。

［一］鄭猶未服。

［二］觀晉、楚之勝負。

［三］主齊、魯之屬。

［四］訴，譖也。

〔成經 · 十六 · 九〕

公至自會。[一]

［一］無《傳》。

〔左氏附〕

（成傳 · 十六 · 十）

曹人請于晉曰："自我先君宣公即世，[一] 國人曰：'若之何憂猶未弭？'[二] 而又討我寡君，[三] 以亡曹國社稷之鎮公子，[四] 是大泯曹也。[五] 先君無乃有罪乎？[六] 若有罪，則君列諸會矣。[七] 君唯不遺德刑，[八] 以伯諸侯。豈獨遺

諸敝邑？敢私布之。”[九]

[一] 在十三年。

[二] 弭，息也。既葬，國人皆將從子臧，所謂憂未息。

[三] 前年，晉侯執曹伯。

[四] 謂子臧逃奔宋。

[五] 泯，滅也。

[六] 言今君無罪而見討，得無以先君故。

[七] 諸侯雖有篡弑之罪，侯伯已與之會，則不復討。前年會于戚，曹伯在列，盟畢乃執之，故曹人以爲無罪。

[八] 遺，失也。

[九] 爲曹伯歸不以名告《傳》。

〔成經·十六·十〕

公會尹子、晉侯、齊國佐、邾人伐鄭。[一]

[一] 尹子，王卿士，子爵。

(成傳·十六·十一)

七月，公會尹武公及諸侯伐鄭。將行，姜又命公如初。[一]公又申守而行。諸侯之師次于鄭西，我師次于督揚，不敢過鄭。[二]子叔聲伯使叔孫豹請逆于晉師，[三]爲食於鄭郊，師逆以至。[四]聲伯四日不食以待之。食使者，[五]而後食。[六]

[一] 復欲使公逐季、孟。

[二] 督揚，鄭東地。

[三] 豹，叔孫僑如弟也。僑如於是遂作亂，豹因奔齊。

[四] 聲伯戒叔孫以必須所逆晉師至，乃食。

［五］使者，豹之介。

［六］言其忠也。

〔左氏附〕

（成傳 · 十六 · 十二）

諸侯遷于制田。[一]知武子佐下軍，[二]以諸侯之師侵陳，至于鳴鹿。[三]遂侵蔡，未反。[四]諸侯遷于潁上。戊午，鄭子罕宵軍之，宋、齊、衛皆失軍。[五]

［一］滎陽宛陵縣東有制澤。

［二］武子，荀罃。

［三］陳國武平縣西南有鹿邑。

［四］侵陳、蔡不書，公不與。

［五］將主與軍相失。宋、衛不書，後也。

〔成經 · 十六 · 十一〕

曹伯歸自京師。[一]

［一］爲晉侯所赦，故書"歸"。諸侯歸國，或書名，或不書名，或言歸自某，或言自某歸。《傳》無義例，從告辭。

（成傳 · 十六 · 十三）

曹人復請于晉，晉侯謂子臧："反，吾歸而君。"[一]子臧反，曹伯歸。[二]子臧盡致其邑與卿而不出。[三]

［一］以曹人重子臧故。

［二］子臧自宋還。

［三］不出仕。

〔成經·十六·十二〕

九月，晉人執季孫行父，舍之于苕丘。[一]

［一］苕丘，晉地。舍之苕丘，明不以歸。不稱行人，非使人。

（成傳·十六·十四）

宣伯使告郤犨曰："魯之有季、孟，猶晉之有欒、范也，政令於是乎成。今其謀曰：'晉政多門，不可從也。[一]寧事齊、楚，有亡而已，蔑從晉矣。'[二]若欲得志於魯，請止行父而殺之。[三]我斃蔑也[四]而事晉，蔑有貳矣。魯不貳，小國必睦。不然，歸必叛矣。"九月，晉人執季文子于苕丘。公還，待于鄆。[五]使子叔聲伯請季孫于晉。郤犨曰："苟去仲孫蔑而止季孫行父，吾與子國親於公室。"[六]對曰："僑如之情，子必聞之矣。[七]若去蔑與行父，是大棄魯國而罪寡君也。若猶不棄，而惠徼周公之福，使寡君得事晉君。則夫二人者，魯國社稷之臣也。若朝亡之，魯必夕亡。以魯之密邇仇讎，[八]亡而爲讎，治之何及？"[九]郤犨曰："吾爲子請邑。"對曰："嬰齊，魯之常隸也，[一〇]敢介大國以求厚焉？[一一]承寡君之命以請，[一二]若得所請，吾子之賜多矣。又何求？"范文子謂欒武子曰："季孫於魯，相二君矣。[一三]妾不衣帛，馬不食粟，可不謂忠乎？信讒慝而棄忠良，若諸侯何？子叔嬰齊奉君命無私，[一四]謀國家不貳，[一五]圖其身不忘其君。[一六]若虛其請，是棄善人也。子其圖之。"乃許魯平，赦季孫。

［一］政不由君。

［二］蔑，無也。

［三］行父，季文子也。

［四］蔑，孟獻子。時留守公宮。

［五］鄆，魯西邑。東郡廩丘縣東有鄆城。

［六］親魯甚於晉公室。

［七］聞其淫慝情。

［八］仇讎謂齊、楚。

［九］言魯屬齊、楚，則還爲晉讎。

［一〇］隸，賤官。

［一一］介，因也。

［一二］承，奉也。

［一三］二君，宣、成。

［一四］不受郤犨請邑。

［一五］謂四日不食，以堅事晉。

［一六］辭邑不食，皆先君而後身。

〔成經·十六·十三〕

冬十月乙亥，叔孫僑如出奔齊。［一］

［一］公未歸，命國人逐之。

（成傳·十六·十五）

冬十月，出叔孫僑如而盟之。僑如奔齊。［一］

［一］諸大夫共盟，以僑如爲戒。

〔成經·十六·十四〕

十有二月乙丑，季孫行父及晉郤犨盟于扈。［一］

［一］晉許魯平，故盟。

(成傳 · 十六 · 十六)

十二月，季孫及郤犨盟于扈。

〔成經 · 十六 · 十五〕

公至自會。[一]

[一] 無《傳》。伐而以會致，史異文。

〔成經 · 十六 · 十六〕

乙酉，刺公子偃。[一]

[一] 魯殺大夫皆言“刺”，義取於《周禮》三刺之法。

(成傳 · 十六 · 十七)

歸，刺公子偃，[一] 召叔孫豹于齊而立之。[二]

[一] 偃與鉏俱爲姜所指，而獨殺偃，偃與謀。

[二] 近此七月，聲伯使豹請逆於晉，聞魯人將討僑如，豹乃辟其難，先奔齊，生二子，而魯乃召之，故襄二年豹始見《經》，《傳》於此因言其終。

〔左氏附〕

(成傳 · 十六 · 十八)

齊聲孟子通僑如，[一] 使立於高、國之閒。[二] 僑如曰：“不可以再罪。”奔衛，亦閒於卿。[三]

[一] 聲孟子，齊靈公母，宋女。

[二] 位比二卿。

[三]《傳》亦終言僑如之佞。

〔左氏附〕

（成傳·十六·十九）

晉侯使郤至獻楚捷于周，與單襄公語，驟稱其伐。[一]單子語諸大夫曰："溫季其亡乎？[二]位於七人之下，[三]而求掩其上。[四]怨之所聚，亂之本也。多怨而階亂，何以在位？[五]《夏書》曰：'怨豈在明，不見是圖。'[六]將慎其細也。今而明之，其可乎？"[七]

［一］伐，功也。

［二］溫季，郤至。

［三］佐新軍，位八人。

［四］稱己之伐，掩上功。

［五］怨爲亂階。

［六］逸《書》也。不見，細微也。

［七］言郤至顯稱己功，所以明怨咎。

成公十七年

〔成經·十七·一〕

十有七年春，衛北宮括帥師侵鄭。[一]

［一］括，成公曾孫。

（成傳·十七·一）

十七年春王正月，鄭子駟侵晉虛、滑。[一]衛北宮括救晉，侵鄭，至于高氏。[二]

［一］虛、滑，晉二邑。滑，故滑國，爲秦所滅，時屬晉，後屬周。

［二］不書救，以侵告。高氏在陽翟縣西南。

〔左氏附〕

（成傳·十七·二）

夏五月，鄭大子髡頑、侯獳爲質於楚。[一]楚公子成、公子寅戍鄭。

［一］侯獳，鄭大夫。

〔成經·十七·二〕

夏，公會尹子、單子、晉侯、齊侯、宋公、衛侯、曹伯、邾人伐鄭。[一]

［一］晉未能服鄭，故假天子威[一]，周使二卿會之。晉爲兵主而猶

〔一〕故假天子威　“威”，原作“成”，據興國軍本改。

先尹、單，尊王命也。單伯稱子，蓋降爵。

(成傳·十七·三)

公會尹武公、單襄公及諸侯伐鄭，自戲童至于曲洧。[一]

[一]今新汲縣治曲洧城，臨洧水。

〔左氏附〕

(成傳·十七·四)

晉范文子反自鄢陵，[一]使其祝宗祈死，[二]曰："君驕侈而克敵，是天益其疾也，難將作矣。愛我者惟祝我，使我速死，無及於難，范氏之福也。"六月戊辰，士燮卒。[三]

[一]前年鄢陵戰還。

[二]祝宗，主祭祀祈禱者。

[三]《傳》言厲公無道，故賢臣憂懼，因禱自裁。

〔成經·十七·三〕

六月乙酉，同盟于柯陵。[一]

[一]柯陵，鄭西地。

(成傳·十七·五)

乙酉，同盟于柯陵，尋戚之盟也。[一]

[一]戚盟在十五年。

〔成經·十七·四〕

秋，公至自會。[一]

[一]無《傳》。

(成傳·十七·六)

楚子重救鄭，師于首止，諸侯還。[一]

[一]畏楚强。

〔成經·十七·五〕

齊高無咎出奔莒。

(成傳·十七·七)

齊慶克通于聲孟子，與婦人蒙衣乘輦而入于閎。[一]鮑牽見之，以告國武子。[二]武子召慶克而謂之。慶克久不出，[三]而告夫人曰："國子謫我。"[四]夫人怒。國子相靈公以會，[五]高、鮑處守。[六]及還，將至，閉門而索客。[七]孟子訴之曰："高、鮑將不納君而立公子角，國子知之。"[八]秋七月壬寅，刖鮑牽而逐高無咎。無咎奔莒，高弱以盧叛。[九]齊人來召鮑國而立之。[一〇]

[一]慶克，慶封父。蒙衣，亦爲婦人服，與婦人相冒。閎，巷門。

[二]鮑牽，鮑叔牙曾孫。

[三]慙臥於家，夫人所以怪之。

[四]謫，譴責也。

[五]會伐鄭。

[六]高無咎、鮑牽。

[七]蒐索備姦人。

[八]角，頃公子。

[九]弱，無咎子。盧，高氏邑。

[一〇]國，牽之弟文子。

初，鮑國去鮑氏而來，爲施孝叔臣。施氏卜宰，匡句須吉。[一]施氏之宰，有百室之邑。與匡句須邑，使爲宰。以讓鮑國，而致邑焉。施孝叔曰："子實吉。"對曰："能與忠良，吉孰大焉？"鮑國相施氏忠，故齊人取以爲鮑氏後。仲尼曰："鮑莊子之知不如葵，葵猶能衛其足。"[二]

［一］卜立家宰〔一〕。

［二］葵，傾葉向日以蔽其根。言鮑牽居亂，不能危行言孫。

〔成經·十七·六〕

九月辛丑，用郊。[一]

［一］無《傳》。九月郊祭，非禮明矣。書"用郊"，從史文。

〔成經·十七·七〕

晉侯使荀罃來乞師。[一]

［一］無《傳》。將伐鄭。

〔成經·十七·八〕

冬，公會單子、晉侯、宋公、衛侯、曹伯、齊人、邾人伐鄭。[一]

［一］鄭猶未服故也。

（成傳·十七·八）

冬，諸侯伐鄭。[一]十月庚午，圍鄭。

［一］前夏未得志故。

〔一〕卜立家宰　"家"，原作"冡"，據興國軍本改。

〔成經·十七·九〕

十有一月，公至自伐鄭。[一]

[一] 無《傳》。

(成傳·十七·九)

楚公子申救鄭，師于汝上。十一月，諸侯還。[一]

[一] 不書圍，畏楚救，不成圍而還。

〔成經·十七·十〕

壬申，公孫嬰齊卒于貍脤。[一]

[一] 十一月無壬申，日誤也。貍脤，闕。

(成傳·十七·十)

初，聲伯夢涉洹，[一]或與己瓊瑰，食之。[二]泣而爲瓊瑰，盈其懷。[三]從而歌之曰："濟洹之水，贈我以瓊瑰。歸乎！歸乎！瓊瑰盈吾懷乎！"[四]懼不敢占也。還自鄭。壬申，至于貍脤而占之，曰："余恐死，故不敢占也。今衆繁而從余三年矣，無傷也。"言之之莫而卒。[五]

[一] 洹水出汲郡林慮縣東北，至魏郡長樂縣入清水。

[二] 瓊，玉。瑰，珠也。食珠玉，含象。

[三] 淚下化爲珠玉，滿其懷。

[四] 從，就也。夢中爲此歌。

[五] 繁，猶多也。《傳》戒數占夢。

〔左氏附〕

(成傳·十七·十一)

齊侯使崔杼爲大夫，使慶克佐之，帥師圍盧。[一]國佐從諸侯圍鄭，以難請而歸。[二]遂如盧師，殺慶克，以穀叛。[三]齊侯與之盟于徐關而復之。十二月，盧降，使國勝告難于晉，待命于清。[四]

[一]討高弱。

[二]請於諸侯。

[三]疾克淫亂，故殺之。

[四]勝，國佐子，使以高氏難告晉。齊欲討國佐，故留其子於外。清，陽平樂縣。是爲明年殺國佐《傳》。

〔成經·十七·十一〕

十有二月丁巳朔，日有食之。[一]

[一]無《傳》。

〔成經·十七·十二〕

邾子貜且卒。[一]

[一]無《傳》。五同盟。

〔成經·十七·十三〕

晉殺其大夫郤錡、郤犨、郤至。

（成傳·十七·十二）

晉厲公侈，多外嬖。[一]反自鄢陵，欲盡去群大夫而立其左右。[二]胥童以胥克之廢也，怨郤氏，[三]而嬖於厲公。郤錡奪夷陽五田，五亦嬖於厲公。郤犨與長魚矯爭田，執而梏之，[四]與其父母妻子同一轅。[五]既，矯亦嬖於厲公。欒書怨郤至，以其不從己而敗楚師也，欲廢之。[六]使楚公子茷告公曰："此戰也，郤至實召寡君。[七]以東師之未至也，[八]與軍帥之不具也。曰：'此必敗。[九]吾因奉孫周以事君。'"[一〇]公告欒書。書曰："其有焉。不然，豈其死之不恤，而受敵使乎？[一一]君盍嘗使諸周而察之。"[一二]郤至聘于周，欒書使孫周見之，公使覘之，信。[一三]遂怨郤至。厲公田，與婦人先殺而飲酒，後使大夫殺。[一四]郤至奉豕，[一五]寺人孟張奪之，[一六]郤至射而殺之。公曰："季子欺余。"[一七]

[一] 外嬖，愛幸大夫。

[二] 終如士燮言。

[三] 童，胥克之子。宣八年郤缺廢胥克。

[四] 梏，械也。

[五] 繫之車轅。

[六] 鄢陵戰，欒書欲固壘，郤至言楚有六間以取勝也。

[七] 鄢陵戰，晉囚公子茷以歸。

[八] 齊、魯、衛之師。

[九] 荀罃佐下軍居守，郤犫將新軍乞師，故言"不具"。

[一〇] 孫周，晉襄公曾孫悼公。君，楚王也。

[一一] 謂鄢陵戰時，楚子問郤至以弓。

[一二] 嘗，試也。

[一三] 覘，伺也。

[一四]《傳》言厲公無道，先婦人而後卿佐。

[一五] 進之於公。

[一六] 寺人，奄士。

[一七] 季子，郤至。公反以爲郤至奪孟張豕。

厲公將作難，胥童曰："必先三郤，族大多怨。去大族不偪，[一]敵多怨有庸。"[二]公曰："然。"郤氏聞之，郤錡欲攻公，曰："雖死，君必危。"郤至曰："人所以立，信、知、勇也。信不叛君，知不害民，勇不作亂。失茲三者，其誰與我？死而多怨，將安用之？[三]君實有臣而殺之，其謂君何？我之有罪，吾死後矣。若殺不辜，將失其民，欲安得乎？[四]待命而已。受君之祿，是以聚黨。有黨而爭命，[五]罪孰大焉！"[六]壬午，胥童、夷羊五帥甲八百將攻郤氏。[七]長魚矯請無用衆，公使清沸魋助之。[八]抽戈結衽，[九]而僞訟者。[一〇]三郤將謀於榭，[一一]矯以戈殺駒伯、苦成叔於其位。[一二]溫季曰："逃威也。"遂趨。[一三]矯及諸其車，以戈殺之，皆尸諸朝。[一四]

[一] 不偪公室。

[二] 討多怨者易有功。

[三] 言俱死，無用多其怨咎。

[四] 言不得安君位。

[五] 爭死命也。

[六]《傳》言郤至無反心。

[七] 八百人。

[八] 沸魋亦嬖人。

[九] 衽，裳際。

[一〇] 僞與清沸魋訟。

[一一] 榭，講武堂。

[一二] 位，所坐處也。駒伯，郤錡。苦成叔，郤犫。

[一三] 郤至本意欲稟君命而死，今矯等不以君命而來，故欲逃凶賊爲害，故曰"威"，言可畏也。或曰"威"當爲"藏"。

［一四］陳其尸於朝。

胥童以甲劫欒書、中行偃於朝。矯曰："不殺二子，憂必及君。"公曰："一朝而尸三卿，余不忍益也。"對曰："人將忍君。[一] 臣聞亂在外爲姦，在内爲軌。御姦以德，[二] 御軌以刑。[三] 不施而殺，不可謂德。臣偪而不討，不可謂刑。德刑不立，姦軌並至，臣請行。"遂出奔狄。[四] 公使辭於二子。[五] 曰："寡人有討於郤氏，郤氏既伏其辜矣。大夫無辱，其復職位。"[六] 皆再拜稽首曰："君討有罪而免臣於死，君之惠也。二臣雖死，敢忘君德。"乃皆歸。公使胥童爲卿。公遊于匠麗氏，[七] 欒書、中行偃遂執公焉。召士匄，士匄辭。[八] 召韓厥，韓厥辭曰："昔吾畜於趙氏，孟姬之讒，吾能違兵。[九] 古人有言曰：'殺老牛莫之敢尸。'而況君乎？二三子不能事君，焉用厥也？"[一〇]

［一］人，謂書與偃。

［二］德綏遠。

［三］刑治近。

［四］行，去也。

［五］辭，謝書與偃。

［六］胥童劫而執之，故云"辱"。

［七］匠麗，嬖大夫家。

［八］辭不往。

［九］畜，養也。違，去也。韓厥少爲趙盾所待養，及孟姬之亂，晉將討趙氏，而厥去其兵，示不與黨，言此者明己無所偏助。孟姬亂在八年。

［一〇］尸，主也。

〔成經·十七·十四〕

楚人滅舒庸。

(成傳·十七·十三)

舒庸人以楚師之敗也，[一]道吳人圍巢，伐駕，圍釐、虺，[二]遂恃吳而不設備。楚公子槖師襲舒庸，滅之。

[一]敗於鄢陵。舒庸，東夷國。

[二]巢、駕、釐、虺，楚四邑。

〔左氏附〕

(成傳·十七·十四)

閏月乙卯晦，欒書、中行偃殺胥童。[一]民不與郤氏，胥童道君爲亂，故皆書曰："晉殺其大夫。"[二]

[一]以其劫己故。

[二]厲公以私欲殺三郤，而三郤死不以無罪書[一]。書、偃以家怨害胥童，而胥童受國討文，明郤氏失民，胥童道亂，宜其爲國戮。

〔一〕 而三郤死不以無罪書　阮刻本脱"書"字。

成公十八年

〔成經·十八·一〕

十有八年春王正月，晉殺其大夫胥童。[一]

[一]《傳》在前年,《經》在今春，從告。

〔成經·十八·二〕

庚申，晉弑其君州蒲。[一]

[一] 不稱臣，君無道。

(成傳·十八·一)

十八年春王正月庚申，晉欒書、中行偃使程滑弑厲公。[一] 葬之于翼東門之外，以車一乘。[二] 使荀罃、士魴逆周子于京師而立之，[三] 生十四年矣。大夫逆于清原。周子曰:“孤始願不及此，雖及此，豈非天乎?[四] 抑人之求君，使出命也，立而不從，將安用君? 二三子用我今日，否亦今日，共而從君，神之所福也。”[五] 對曰:“群臣之願也，敢不唯命是聽?”庚午，盟而入，[六] 館于伯子同氏。[七] 辛巳，朝于武宫。[八] 逐不臣者七人。[九] 周子有兄而無慧，不能辨菽麥，故不可立。[一〇]

[一] 程滑，晉大夫。

[二] 言不以君禮葬，諸侯葬車七乘。

[三] 悼公周。

[四] 言有命。

[五]《傳》言其少有才，所以能自固。

［六］與諸大夫盟。

［七］晉大夫家。館，舍也。

［八］武宮，曲沃始命君。

［九］夷羊五之屬。

［一〇］菽，大豆也。豆、麥殊形易别，故以爲癡者之候。不慧，蓋世所謂白癡。

〔成經·十八·三〕

齊殺其大夫國佐。[一]

［一］國武子。

(成傳·十八·二)

齊爲慶氏之難[一]故，甲申晦，齊侯使士華免以戈殺國佐于内宫之朝。[二]師逃于夫人之宫。[三]書曰："齊殺其大夫國佐。"棄命、專殺，以穀叛故也。[四]使清人殺國勝。[五]國弱來奔。[六]王湫奔萊。[七]慶封爲大夫，慶佐爲司寇。[八]既，齊侯反國弱，使嗣國氏，禮也。[九]

［一］前年國佐殺慶克。

［二］華免，齊大夫。内宫，夫人宫。

［三］伏兵内宫，恐不勝。

［四］國佐本疾淫亂殺慶克，齊以是討之。嫌其罪不及死，故《傳》明言其三罪。

［五］勝，國佐子。前年待命于清者。

［六］弱，勝之弟。

［七］湫，國佐黨。

［八］封、佐，皆慶克子。

［九］佐之罪不及不祀。

〔左氏附〕

（成傳·十八·三）

二月乙酉朔，晉悼公即位于朝。[一] 始命百官，[二] 施舍已責，[三] 逮鰥寡，[四] 振廢滯，[五] 匡乏困，救災患，[六] 禁淫慝，薄賦斂，宥罪戾，[七] 節器用，[八] 時用民，[九] 欲無犯時。[一〇] 使魏相、士魴、魏頡、趙武爲卿。[一一] 荀家、荀會、欒黶、韓無忌爲公族大夫，使訓卿之子弟共儉孝弟。[一二] 使士渥濁爲大傅，使脩范武子之法。[一三] 右行辛爲司空，使脩士蒍之法。[一四] 弁糾御戎，校正屬焉，[一五] 使訓諸御知義。[一六] 荀賓爲右，司士屬焉，[一七] 使訓勇力之士時使。[一八] 卿無共御，立軍尉以攝之。[一九] 祁奚爲中軍尉，羊舌職佐之。魏絳爲司馬，[二〇] 張老爲候奄。鐸遏寇爲上軍尉，籍偃爲之司馬，[二一] 使訓卒乘親以聽命。[二二] 程鄭爲乘馬御，六騶屬焉，使訓群騶知禮。[二三] 凡六官之長，皆民譽也。[二四] 舉不失職，官不易方，[二五] 爵不踰德，[二六] 師不陵正，旅不偪師，[二七] 民無謗言，所以復霸也。[二八]

［一］朝廟五日而即位也。厲公殺絶，故悼公不以嗣子居喪。

［二］始爲政。

［三］施恩惠，舍勞役，止逋責。

［四］惠及微。

［五］起舊德。

［六］匡，亦救也。

［七］宥，寬也。

［八］節，省也。

［九］使民以時。

［一〇］不縱私欲。

［一一］相，魏錡子。魴，士會子。頡，魏顆子。武，趙朔子。此四人其父祖，皆有勞於晉國。

［一二］無忌，韓厥子。

［一三］渥濁，士貞子。武子爲景公大傅。

［一四］辛將右行，因以爲氏。士蔿，獻公司空也。

［一五］弁糾，欒糾也。校正，主馬官。

［一六］戎士尚節義。

［一七］司士，車右之官。

［一八］勇力，皆車右也。勇力多不順命，故訓之以共時之使。

［一九］省卿戎御，令軍尉攝御而已。

［二〇］魏犨子也。

［二一］偃，籍談父，爲上軍司馬。

［二二］相親以聽上命。

［二三］程鄭，荀氏别族。乘馬御，乘車之僕也。六騶，六閑之騶。周禮：諸侯有六閑馬。乘車尚禮容，故訓群騶使知禮。

［二四］大國三卿，晉時置六卿爲軍帥，故揔舉六官，則知群官無非其人。

［二五］官守其業，無相踰易。

［二六］量德授爵。

［二七］正，軍將命卿也。師，二千五百人之帥也。旅，五百人之帥也。言上下有禮，不相陵偪。

［二八］此以上通言悼公所行，未必皆在即位之年。

〔成經·十八·四〕

公如晉。

(成傳·十八·四)

公如晉，朝嗣君也。

〔成經·十八·五〕

夏，楚子、鄭伯伐宋。宋魚石復入于彭城。[一]

[一]《傳》例曰：以惡入也。彭城，宋邑，今彭城縣。

(成傳·十八·五)

夏六月，鄭伯侵宋，及曹門外。[一]遂會楚子伐宋，取朝郟。楚子辛、鄭皇辰侵城郜，取幽丘，同伐彭城。[二]納宋魚石、向爲人、鱗朱、向帶、魚府焉，[三]以三百乘戍之而還。書曰"復入"。[四]凡去其國，國逆而立之曰入。[五]復其位曰復歸。[六]諸侯納之曰歸。[七]以惡曰復入。[八]宋人患之。西鉏吾曰："何也？[九]若楚人與吾同惡，以德於我，吾固事之也，不敢貳矣。[一〇]大國無厭，鄙我猶憾。[一一]不然，而收吾憎，使贊其政，[一二]以間吾釁，亦吾患也。今將崇諸侯之姦，而披其地，[一三]以塞夷庚。[一四]逞姦而攜服，毒諸侯而懼吳、晉，[一五]吾庸多矣，非吾憂也。且事晉何爲？晉必恤之。"[一六]

[一]曹門，宋城門。

[二]朝郟、城郜、幽丘，皆宋邑。

[三]五子以十五年出奔楚，獨書魚石，爲帥告。

[四]惡其依阻大國[一]，以兵威還，故書"復入"。

〔一〕惡其依阻大國　"依"，原作"衣"，據興國軍本改。

［五］謂本無位，紹繼而立。

［六］亦國逆。

［七］謂諸侯以言語告請而納之。有位、無位皆曰歸。

［八］謂身爲戎首，稱兵入伐，害國殄民者也。此四條所以明外内之援，辨逆順之辭，通君臣取國有家之大例。

［九］西鉏吾，宋大夫。

［一〇］惡，謂魚石。

［一一］言己事之，則以我爲鄙邑，猶恨不足，此吾患也。

［一二］謂不同惡魚石，而用之使佐政。

［一三］崇，長也。謂楚今取彭城以封魚石。披，猶分也。

［一四］夷庚，吳、晉往來之要道。楚封魚石於彭城，欲以絶吳、晉之道。

［一五］隔吳、晉之道，故懼。攜，離也。

［一六］言宋常事晉何爲，顧有此患難。

〔成經·十八·六〕

公至自晉。

（成傳·十八·六）

公至自晉。

〔成經·十八·七〕

晉侯使士匄來聘。

（成傳·十八·七）

晉范宣子來聘，且拜朝也。[一] 君子謂："晉於是乎有禮。"[二]

［一］拜謝公朝。

［二］有卑讓之禮。

〔成經 · 十八 · 八〕

秋，杞伯來朝。

（成傳 · 十八 · 八）

秋，杞桓公來朝，勞公，且問晉故。公以晉君語之，[一]杞伯於是驟朝于晉而請爲昏。[二]

［一］語其德政。

［二］爲平公不徹樂張本。

〔左氏附〕

（成傳 · 十八 · 九）

七月，宋老佐、華喜圍彭城，老佐卒焉。[一]

［一］言所以不克彭城。

〔成經 · 十八 · 九〕

八月，邾子來朝。

（成傳 · 十八 · 十）

八月，邾宣公來朝，即位而來見也。

〔成經 · 十八 · 十〕

築鹿囿。[一]

［一］築墻爲鹿苑。

(成傳·十八·十一)

築鹿囿，書，不時也。[一]

[一] 非土功時。

〔成經·十八·十一〕

己丑，公薨于路寢。

(成傳·十八·十二)

己丑，公薨于路寢。言，道也。[一]

[一] 在路寢得君薨之道。

〔成經·十八·十二〕

冬，楚人、鄭人侵宋。[一]

[一] 子重先遣輕軍侵宋，故稱人而不言伐。

(成傳·十八·十三)

冬十一月，楚子重救彭城，伐宋。[一]宋華元如晉告急。韓獻子爲政，[二]曰："欲求得人，必先勤之。[三]成霸安疆，自宋始矣。"晉侯師于台谷以救宋，[四]遇楚師于靡角之谷。楚師還。[五]

[一] 使偏師與鄭人侵宋，子重爲後鎮。

[二] 於是欒書卒，韓厥代將中軍。

[三] 勤，恤其急。

[四] 台谷，地闕。

[五] 畏晉强也。靡角〔一〕，宋地。

〔一〕 靡角　原作"龍角"，據經文、興國軍本改。

〔成經 · 十八 · 十三〕

晉侯使士魴來乞師。

(成傳 · 十八 · 十四)

晉士魴來乞師。[一] 季文子問師數於臧武仲。[二] 對曰:“伐鄭之役,知伯實來,下軍之佐也。[三] 今彘季亦佐下軍,[四] 如伐鄭可也。[五] 事大國,無失班爵而加敬焉,禮也。”從之。[六]

[一] 將救宋。

[二] 武仲,宣叔之子。

[三] 知伯,荀罃。

[四] 彘季,士魴。

[五] 伐鄭在十七年。

[六] 從武仲言。

〔成經 · 十八 · 十四〕

十有二月,仲孫蔑會晉侯、宋公、衛侯、邾子、齊崔杼,同盟于虛朾。[一]

[一] 虛朾,地闕。

(成傳 · 十八 · 十五)

十二月,孟獻子會于虛朾,謀救宋也。宋人辭諸侯,而請師以圍彭城。[一] 孟獻子請于諸侯,而先歸會葬。

[一] 不敢煩諸侯,故但請其師,爲襄元年圍彭城《傳》。

〔成經 · 十八 · 十五〕

丁未,葬我君成公。

（成傳·十八·十六）

丁未，葬我君成公。書，順也。[一]

[一] 薨于路寢，五月而葬，國家安靜，世適承嗣，故曰“書，順也”。

春秋左氏經傳集解襄公元第十四

春秋左氏經傳集解襄公元第十四〔一〕

杜　氏

襄公元年

〔襄經·元·一〕

元年春王正月，公即位。[一]

［一］無《傳》。於是公年四歲。

〔襄經·元·二〕

仲孫蔑會晉欒黶、宋華元、衛甯殖、曹人、莒人、邾人、滕人、薛人圍宋彭城。[一]

［一］魯與謀於虛朾而書“會”者，稟命霸主，非匹敵故。

（襄傳·元·一）

元年春己亥，圍宋彭城。[一]非宋地，追書也。[二]於是爲宋討魚石，故稱宋，且不登叛人也。[三]謂之宋志。[四]彭城降晉，晉人以宋五大夫在彭城者歸，寘諸瓠丘。[五]齊人不會彭城，晉人以爲討。二月，齊大子光爲質於晉。[六]

［一］下有二月，則此己亥爲正月。正月無己亥，日誤。

［二］成十八年，楚取彭城以封魚石，故曰“非宋地”。夫子治《春秋》，追書繫之宋。

〔一〕原卷標題“襄”字後闕“公”字，據本書體例補。

［三］登，成也。不與其專邑叛君，故使彭城還繫宋。

［四］稱宋，亦以成宋志。

［五］彭城降不書，賤略之。瓠丘，晉地。河東東垣縣東南有壺丘。五大夫，魚石、向爲人、鱗朱、向帶、魚府。

［六］光，齊靈公大子。

〔襄經·元·三〕

夏，晉韓厥帥師伐鄭。仲孫蔑會齊崔杼、曹人、邾人、杞人次于鄫。[一]

［一］鄫，鄭地，在陳留襄邑縣東南。書“次”，兵不加鄭，次鄫以待晉師。

(襄傳·元·二)

夏五月，晉韓厥、荀偃帥諸侯之師伐鄭，入其郛，[一]敗其徒兵於洧上。[二]於是東諸侯之師次于鄫，以待晉師。[三]晉師自鄭以鄫之師侵楚焦、夷及陳。[四]晉侯、衛侯次于戚以爲之援。[五]

［一］荀偃不書，非元帥。

［二］徒兵，步兵。洧水出密縣東南，至長平入潁。

［三］齊、魯、曹、邾、杞。

［四］於是孟獻子自鄫先歸，不與侵陳、楚，故不書。

［五］爲韓厥援。

〔襄經·元·四〕

秋，楚公子壬夫帥師侵宋。

（襄傳·元·三）

秋，楚子辛救鄭，侵宋呂、留。[一] 鄭子然侵宋，取犬丘。[二]

［一］呂、留二縣，今屬彭城郡。

［二］譙國酇縣東北有犬丘城。迂迴，疑。

〔襄經·元·五〕

九月辛酉，天王崩。[一]

［一］無《傳》。辛酉，九月十五日。

〔襄經·元·六〕

邾子來朝。

（襄傳·元·四）

九月，邾子來朝，禮也。[一]

［一］邾宣公。

〔襄經·元·七〕

冬，衛侯使公孫剽來聘。[一] **晉侯使荀罃來聘。**[二]

［一］剽，子叔黑背子。

［二］冬者，十月初也。王崩赴未至，皆未聞喪，故各得行朝聘之禮，而《傳》善之。

（襄傳·元·五）

冬，衛子叔、晉知武子來聘，禮也。凡諸侯即位，小國朝之，[一] 大國聘焉。[二] 以繼好結信，謀事補闕，禮之大者也。[三]

[一] 小事大。

[二] 大字小。

[三] 闕，猶過也。禮以安國家、利民人爲大。

襄公二年

〔襄經·二·一〕

二年春王正月，葬簡王。[一]

［一］無《傳》。五月而葬，速。

〔襄經·二·二〕

鄭師伐宋。[一]

［一］書“伐”，從告。

(襄傳·二·一)

二年春，鄭師侵宋，楚令也。[一]

［一］以彭城故。

〔左氏附〕

(襄傳·二·二)

齊侯伐萊。萊人使正輿子賂夙沙衛以索馬牛，皆百匹，[一]齊師乃還。君子是以知齊靈公之爲“靈”也。[二]

［一］夙沙衛，齊寺人。索，簡擇好者。

［二］《謚法》：亂而不損曰靈。言謚應其行。

〔襄經·二·三〕

夏五月庚寅，夫人姜氏薨。

(襄傳·二·三)

夏，齊姜薨。初，穆姜使擇美檟，[一]以自爲櫬與頌琴。[二]季文子取以葬。君子曰:“非禮也。禮無所逆。婦,養姑者也。虧姑以成婦,逆莫大焉。[三]《詩》曰:‘其惟哲人,告之話言,順德之行。’[四]季孫於是爲不哲矣。[五]且姜氏,君之妣也。[六]《詩》曰:‘爲酒爲醴,烝畀祖妣,以洽百禮,降福孔偕。’”[七]

[一]檟,梓之屬。

[二]櫬,棺也。頌琴,琴名,猶言雅琴。皆欲以送終。

[三]穆姜,成公母。齊姜,成公婦。

[四]《詩·大雅》。哲,知也。話,善也。言知者行事無不順。

[五]言逆德。

[六]襄公適母,故曰“君之妣”。

[七]《詩·周頌》。烝,進也。畀,與也。偕,遍也。言敬事祖妣,則鬼神降福。季孫葬姜氏不以禮,是不敬祖妣。

〔襄經·二·四〕

六月庚辰,鄭伯睔卒。[一]

[一]未與襄同盟而赴以名。庚辰,七月九日。書“六月”,《經》誤。

(襄傳·二·五)

鄭成公疾,子駟請息肩於晉。[一]公曰:“楚君以鄭故,親集矢於其目,[二]非異人任,寡人也。[三]若背之,是棄力與言,其誰暱我?[四]免寡人,唯二三子。”秋七月庚辰,鄭伯睔卒。

[一]欲辟楚役,以負擔喻。

[二]謂鄢陵戰,晉射楚王目。

［三］言楚子任此患〔一〕，不爲他人，蓋在己。

［四］言盟誓之言。

〔襄經·二·五〕

晉師、宋師、衛甯殖侵鄭。[一]

［一］宋雖非卿，師重，故敘衛上。

(襄傳·二·六)

於是子罕當國，[一]子駟爲政，[二]子國爲司馬。晉師侵鄭，[三]諸大夫欲從晉。子駟曰："官命未改。"[四]

［一］攝君事。

［二］爲政卿。

［三］晉伐喪，非禮。

［四］成公未葬，嗣君未免喪，故言"未改"，不欲違先君意。

〔襄經·二·六〕

秋七月，仲孫蔑會晉荀罃、宋華元、衛孫林父、曹人、邾人于戚。

(襄傳·二·七)

會于戚，謀鄭故也。[一]孟獻子曰："請城虎牢以偪鄭。"[二]知武子曰："善。鄫之會，吾子聞崔子之言，今不來矣。[三]滕、薛、小邾之不至，皆齊故也。[四]寡君之憂，不唯鄭，[五]罃將復於寡君，而請於齊。[六]得請而告，吾子之功也。[七]若不得請，事將在齊。[八]吾子之請，諸侯

〔一〕言楚子任此患　"任此"，原作"任比"，據興國軍本改。阮刻本作"在此"。

之福也，[九] 豈唯寡君賴之！”[一〇]

［一］鄭久叛晉，謀討之。

［二］虎牢，舊鄭邑，今屬晉。

［三］元年，孟獻子與齊崔杼次于鄫，崔杼有不服晉之言，獻子以告知武子。

［四］三國，齊之屬。

［五］言復憂齊叛。

［六］以城事白晉君，而請齊會之，欲以觀齊志。

［七］得請，謂齊人應命。告諸侯會築虎牢。

［八］將伐齊。

［九］城虎牢足以服鄭、息征伐。

［一〇］《傳》言荀罃能用善謀。

〔襄經·二·七〕

己丑，葬我小君齊姜。[一]

［一］齊，謚也。三月而葬，速。

（襄傳·二·四）

齊侯使諸姜宗婦來送葬。[一] 召萊子，萊子不會，故晏弱城東陽以偪之。[二]

［一］宗婦，同姓大夫之婦。婦人越疆送葬，非禮。

［二］爲六年滅萊《傳》。東陽，齊竟上邑。

〔襄經·二·八〕

叔孫豹如宋。[一]

［一］豹於此始自齊還爲卿。

（襄傳・二・八）

穆叔聘于宋，通嗣君也。

〔襄經・二・九〕

冬，仲孫蔑會晉荀罃、齊崔杼、宋華元、衛孫林父、曹人、邾人、滕人、薛人、小邾人于戚，遂城虎牢。[一]

［一］以偪鄭。

（襄傳・二・九）

冬，復會于戚。齊崔武子及滕、薛、小邾之大夫皆會，知武子之言故也。[一]遂城虎牢，鄭人乃成。[二]

［一］武子言事將在齊，齊人懼，帥小國而會之。

［二］如孟獻子之謀。

〔襄經・二・十〕

楚殺其大夫公子申。

（襄傳・二・十）

楚公子申爲右司馬，多受小國之賂，以偪子重、子辛，[一]楚人殺之，故書曰"楚殺其大夫公子申"。[二]

［一］偪，奪其權勢。

［二］言所以致國討之文〔一〕。

〔一〕言所以致國討之文　"文"，原作"子"，據興國軍本改。

襄公三年

〔襄經·三·一〕

三年春，楚公子嬰齊帥師伐吳。

（襄傳·三·一）

三年春，楚子重伐吳，爲簡之師，[一] 克鳩茲，至于衡山。[二] 使鄧廖帥組甲三百、被練三千，[三] 以侵吳。吳人要而擊之，獲鄧廖。其能免者，組甲八十、被練三百而已。子重歸，既飲至。三日，吳人伐楚，取駕。駕，良邑也。鄧廖，亦楚之良也。君子謂："子重於是役也，所獲不如所亡。"[四] 楚人以是咎子重。子重病之，遂遇心疾而卒。[五]

[一] 簡，選練。

[二] 鳩茲，吳邑，在丹陽蕪湖縣東，今皋夷也。衡山，在吳興烏程縣南。

[三] 組甲、被練，皆戰備也。組甲，漆甲成組文。被練，練袍。

[四] 當時君子。

[五] 憂恚，故成心疾。

〔襄經·三·二〕

公如晉。

（襄傳·三·二）

公如晉，始朝也。[一]

[一] 公即位而朝。

〔襄經·三·三〕

夏四月壬戌，公及晉侯盟于長樗。[一]

［一］晉侯出其國都，與公盟于外。

(襄傳·三·三)

夏，盟于長樗。孟獻子相，公稽首。[一]知武子曰："天子在，而君辱稽首，寡君懼矣。"[二]孟獻子曰："以敝邑介在東表，密邇仇讎，[三]寡君將君是望，敢不稽首？"[四]

［一］相，儀也。稽首，首至地。

［二］稽首，事天子之禮。

［三］仇讎，謂齊、楚，與晉爭。

［四］《傳》言獻子能固事盟主。

〔襄經·三·四〕

公至自晉。[一]

［一］無《傳》。不以長樗至，本非會。

〔左氏附〕

(襄傳·三·四)

晉爲鄭服故，且欲脩吳好，[一]將合諸侯，使士匄告于齊曰："寡君使匄以歲之不易，不虞之不戒，寡君願與一二兄弟相見，[二]以謀不協。請君臨之，使匄乞盟。"齊侯欲勿許，而難爲不協，乃盟於耏外。[三]

［一］鄭服在前年。

［二］不易，多難也。虞，度也。戒，備也。列國之君相謂兄弟。

［三］與士匄盟。耏，水名。

〔左氏附〕

(襄傳·三·五)

祁奚請老，[一]晉侯問嗣焉。[二]稱解狐，其讎也。將立之而卒。[三]又問焉，對曰："午也可。"[四]於是羊舌職死矣。晉侯曰："孰可以代之？"對曰："赤也可。"[五]於是使祁午爲中軍尉，羊舌赤佐之。[六]君子謂："祁奚於是能舉善矣。稱其讎不爲諂，立其子不爲比，舉其偏不爲黨。[七]《商書》曰'無偏無黨，王道蕩蕩'，[八]其祁奚之謂矣。解狐得舉，[九]祁午得位，伯華得官，建一官而三物成，[一〇]能舉善也夫！唯善，故能舉其類。《詩》云'惟其有之，是以似之'，祁奚有焉。"[一一]

[一] 老，致仕。

[二] 嗣，續其職者。

[三] 解狐卒。

[四] 午，祁奚子。

[五] 赤，職之子伯華。

[六] 各代其父。

[七] 諂，媚也。偏，屬也。

[八]《商書》，《洪範》也。蕩蕩，平正無私。

[九] 未得位，故曰"得舉"。

[一〇] 一官，軍尉。物，事也。

[一一]《詩·小雅》。言唯有德之人，能舉似己者也。

〔襄經·三·五〕

六月，公會單子、晉侯、宋公、衛侯、鄭伯、莒子、邾子、

齊世子光。己未，同盟于雞澤。[一]

［一］雞澤在廣平曲梁縣西南。周靈王新即位，使王官伯出與諸侯盟，以安王室，故無譏。

（襄傳·三·六）

六月，公會單頃公及諸侯。己未，同盟于雞澤。[一]晉侯使荀會逆吳子于淮上。吳子不至。[二]

［一］單頃公，王卿士。

［二］道遠多難。

〔襄經·三·六〕

陳侯使袁僑如會。[一]

［一］陳疾楚政而來屬晉，本非召會而自來，故言"如會"。

（襄傳·三·七）

楚子辛爲令尹，侵欲於小國。陳成公使袁僑如會求成。[一]晉侯使和組父告于諸侯。[二]

［一］患楚侵欲。袁僑，濤塗四世孫。

［二］告陳服。

〔襄經·三·七〕

戊寅，叔孫豹及諸侯之大夫及陳袁僑盟。[一]

［一］諸侯既盟，袁僑乃至，故使大夫別與之盟。言"諸侯之大夫"，則在雞澤之諸侯也。殊袁僑者，明諸侯大夫所以盟，盟袁僑也。據《傳》，盟在秋。《長曆》推戊寅，七月十三日，《經》誤。

（襄傳·三·八）

秋，叔孫豹及諸侯之大夫及陳袁僑盟，陳請服也。[一]

［一］其君不來，使大夫盟之，匹敵之宜。

〔左氏附〕

（襄傳·三·九）

晉侯之弟揚干亂行於曲梁，[一]魏絳戮其僕。[二]晉侯怒，謂羊舌赤曰："合諸侯以爲榮也，揚干爲戮，何辱如之？必殺魏絳，無失也。"對曰："絳無貳志，事君不辟難，有罪不逃刑，其將來辭，何辱命焉？"言終，魏絳至，授僕人書。[三]將伏劍，士魴、張老止之。公讀其書，曰："日君乏使，使臣斯司馬。[四]臣聞，師衆以順爲武，[五]軍事有死無犯爲敬。[六]君合諸侯，臣敢不敬。君師不武，執事不敬，罪莫大焉。臣懼其死，以及揚干，無所逃罪，[七]不能致訓，至於用鉞。[八]臣之罪重，敢有不從，以怒君心？[九]請歸死於司寇。"[一〇]公跣而出，曰："寡人之言，親愛也；吾子之討，軍禮也。寡人有弟，弗能教訓，使干大命，寡人之過也。子無重寡人之過。[一一]敢以爲請。"[一二]晉侯以魏絳爲能以刑佐民矣。反役，與之禮食，使佐新軍。[一三]張老爲中軍司馬，[一四]士富爲候奄〔一〕。[一五]

［一］行，陳次。

［二］僕，御也。

［三］僕人，晉侯御僕。

［四］斯，此也。

〔一〕士富爲候奄　"候"，阮刻本譌作"侯"。

［五］順，莫敢違。

［六］守官行法，雖死不敢有違。

［七］懼自犯不武不敬之罪。

［八］用鉞，斬揚干之僕。

［九］言不敢不從戮。

［一〇］致尸於司寇，使戮之。

［一一］聽絳死，爲重過。

［一二］請使無死。

［一三］群臣旅會，今欲顯絳，故特爲設禮食。

［一四］代魏絳。

［一五］代張老。士富，士會別族。

〔左氏附〕

（襄傳·三·十）

楚司馬公子何忌侵陳，陳叛故也。

〔襄經·三·八〕

秋，公至自會。[一]

［一］無《傳》。

〔襄經·三·九〕

冬，晉荀罃帥師伐許。

（襄傳·三·十一）

許靈公事楚，不會于雞澤。冬，晉知武子帥師伐許。

襄公四年

〔左氏附〕

（襄傳·四·一）

四年春，楚師爲陳叛故，猶在繁陽。[一]韓獻子患之，言於朝曰：“文王帥殷之叛國以事紂，唯知時也。[二]今我易之，難哉！”[三]

［一］前年何忌之師侵陳，今猶未還。繁陽，楚地，在汝南鮦陽縣南。

［二］知時未可爭。

［三］晉力未能服楚，受陳爲非時。

〔襄經·四·一〕

四年春王三月己酉，陳侯午卒。[一]

［一］前年大夫盟雞澤。三月無己酉，日誤。

（襄傳·四·二）

三月，陳成公卒。楚人將伐陳，聞喪乃止。[一]陳人不聽命。[二]臧武仲聞之，曰：“陳不服於楚，必亡。大國行禮焉而不服，在大猶有咎，而況小乎？”

［一］軍禮不伐喪。

［二］不聽楚命。

〔左氏附〕

（襄傳·四·三）

夏，楚彭名侵陳，陳無禮故也。[一]

［一］爲下陳圍頓《傳》。

〔襄經·四·二〕

夏，叔孫豹如晉。

（襄傳·四·四）

穆叔如晉，報知武子之聘也。[一]晉侯享之，金奏《肆夏》之三，不拜。[二]工歌《文王》之三，又不拜。[三]歌《鹿鳴》之三，三拜。[四]

［一］武子聘在元年。

［二］《肆夏》，樂曲名。《周禮》以鍾鼓奏九《夏》，其二曰《肆夏》，一名《樊》。三曰《韶夏》，一名《遏》。四曰《納夏》，一名《渠》。蓋擊鐘而奏此三《夏》曲。

［三］工，樂人也。《文王》之三，《大雅》之首，《文王》《大明》《緜》。

［四］《小雅》之首，《鹿鳴》《四牡》《皇皇者華》〔一〕。

韓獻子使行人子員問之，[一]曰："子以君命，辱於敝邑，先君之禮，藉之以樂，以辱吾子。[二]吾子舍其大而重拜其細，敢問何禮也？"對曰："三《夏》，天子所以享元侯也，使臣弗敢與聞。[三]《文王》，兩君相見之樂也，臣不敢及。[四]《鹿鳴》，君所以嘉寡君也，敢不拜嘉？[五]《四牡》，君所以勞使臣也，敢不重拜？[六]《皇皇者華》，君教使臣曰'必諮於周'。[七]臣聞之，訪問於善爲咨，[八]咨親爲詢，[九]咨禮爲度，[一〇]咨事爲諏，[一一]咨難爲謀。[一二]臣獲五善，

〔一〕鹿鳴四牡皇皇者華　"牡"，原作"杜"，據通行本改。

敢不重拜?”[一三]

[一]行人，通使之官。

[二]藉，薦也。

[三]元侯，牧伯。

[四]及，與也。《文王》之三，皆稱文王之德，受命作周，故諸侯會同以相樂。

[五]晉以叔孫爲嘉賓，故歌《鹿鳴》之詩，取其“我有嘉賓”。叔孫奉君命而來，嘉叔孫乃所以嘉魯君。

[六]《詩》言使臣乘四牡，騑騑然行不止，勤勞也。晉以叔孫來聘，故以此勞之。

[七]《皇皇者華》，君遣使臣之詩，言忠臣奉使，能光輝君命，如華之皇皇然。又當諮于忠信，以補己不及。忠信爲周。其《詩》曰“周爰諮諏”,“周爰諮謀”,“周爰諮度”,“周爰諮詢”，言必於忠信之人，諮此四事。

[八]問善道。

[九]問親戚之義。

[一〇]問禮宜。

[一一]問政事。

[一二]問患難。

[一三]五善謂諮、詢、度、諏、謀。

〔襄經·四·三〕

秋七月戊子，夫人姒氏薨。[一]

[一]成公妾，襄公母。姒，杞姓。

（襄傳·四·五）

秋，定姒薨，不殯于廟，無櫬，不虞。[一]匠慶謂季文子[二]曰："子爲正卿，而小君之喪不成，[三]不終君也。[四]君長，誰受其咎？"[五]

［一］櫬，親身棺。季孫以定姒本賤，既無器備，議其喪制，欲殯不過廟，又不反哭。

［二］匠慶，魯大匠。

［三］謂如季孫所議，則爲夫人禮不成。

［四］慢其母，是不終事君之道。

［五］言襄公長，將責季孫。

初，季孫爲己樹六檟於蒲圃東門之外。[一]匠慶請木，[二]季孫曰："略。"[三]匠慶用蒲圃之檟，季孫不御。[四]君子曰："志所謂'多行無禮，必自及也'，其是之謂乎？"

［一］蒲圃，場圃名。季文子樹檟，欲自爲櫬。

［二］爲定姒作櫬。

［三］不以道取爲略。

［四］御，止也。《傳》言遂得成禮，故《經》無異文。

〔襄經·四·四〕

葬陳成公。[一]

［一］無《傳》。

〔襄經·四·五〕

八月辛亥，葬我小君定姒。[一]

［一］無《傳》。定，謚也。赴同、祔姑、反哭成喪，皆以正夫人

禮。母以子貴。踰月而葬，速。

〔襄經·四·六〕

冬，公如晉。

（襄傳·四·六）

冬，公如晉聽政。[一] 晉侯享公，公請屬鄫。[二] 晉侯不許。孟獻子曰："以寡君之密邇於仇讎，而願固事君，無失官命。[三] 鄫無賦於司馬，[四] 爲執事朝夕之命敝邑，敝邑褊小，闕而爲罪，[五] 寡君是以願借助焉。"[六] 晉侯許之。[七]

［一］受貢賦多少之政。

［二］鄫，小國也，欲得使屬魯，如須句、顓臾之比，使助魯出貢賦。公時年七歲，蓋相者爲之言。鄫，今琅邪鄫縣。

［三］晉官徵發之命。

［四］晉司馬又掌諸侯之賦。

［五］闕，不共也。

［六］借鄫以自助。

［七］爲明年叔孫豹、鄫世子巫如晉《傳》。

〔襄經·四·七〕

陳人圍頓。

（襄傳·四·七）

楚人使頓間陳而侵伐之，故陳人圍頓。[一]

［一］間，伺間缺。

〔左氏附〕

（襄傳·四·八）

無終子嘉父使孟樂如晉，[一]因魏莊子納虎豹之皮，以請和諸戎。[二]晉侯曰："戎狄無親而貪，不如伐之。"魏絳曰："諸侯新服，陳新來和，將觀於我，我德則睦，否則攜貳。勞師於戎，而楚伐陳必弗能救，是棄陳也，諸華必叛。[三]戎，禽獸也，獲戎失華，無乃不可乎？《夏訓》有之曰：'有窮后羿。'"[四]公曰："后羿何如？"[五]對曰："昔有夏之方衰也，后羿自鉏遷于窮石，因夏民以代夏政，[六]恃其射也。[七]不脩民事，而淫于原獸。[八]棄武羅、伯因、熊髡、尨圉，[九]而用寒浞。寒浞，伯明氏之讒子弟也。[一〇]伯明后寒棄之，夷羿收之，[一一]信而使之以爲己相。浞行媚于内，[一二]而施賂于外，愚弄其民，[一三]而虞羿于田，[一四]樹之詐慝以取其國家，[一五]外内咸服。[一六]羿猶不悛，[一七]將歸自田，[一八]家衆殺而亨之，以食其子。[一九]其子不忍食諸，死于窮門。[二〇]靡奔有鬲氏。[二一]浞因羿室，[二二]生澆及豷，恃其讒慝詐僞而不德于民。使澆用師滅斟灌及斟尋氏。[二三]處澆于過，處豷于戈。[二四]靡自有鬲氏收二國之燼，[二五]以滅浞而立少康。[二六]少康滅澆于過，后杼滅豷于戈。[二七]有窮由是遂亡，失人故也。[二八]昔周辛甲之爲大史也，命百官官箴王闕，[二九]於《虞人之箴》[三〇]曰：'芒芒禹迹，畫爲九州，[三一]經啓九道。[三二]民有寢廟，獸有茂草，各有攸處，德用不擾。[三三]在帝夷羿，冒于原獸。[三四]忘其國恤，而思其麀牡。[三五]武不可重，[三六]用不恢于夏家。[三七]獸臣司原，敢告僕夫。'[三八]《虞箴》如是，可不懲乎？"於是晉侯好田，故魏絳及之。[三九]

［一］無終，山戎國名。孟樂，其使臣。

［二］欲戎與晉和。莊子，魏絳。

［三］諸華，中國。

［四］《夏訓》，《夏書》。有窮，國名。后，君也。羿，有窮君之號。

［五］怪其言不次，故問之。

［六］禹孫大康淫放失國，夏人立其弟仲康。仲康亦微弱。仲康卒，子相立。羿遂代相，號曰有窮。鉏，羿本國名。

［七］羿善射。

［八］淫放原野。

［九］四子皆羿之賢臣。

［一〇］寒國，北海平壽縣東有寒亭。伯明，其君名。

［一一］夷，氏。

［一二］內，宮人。

［一三］欺罔之。

［一四］樂之以游田。

［一五］樹，立也。

［一六］信浞詐。

［一七］悛，改也。

［一八］羿獵還。

［一九］食羿子。

［二〇］殺之於國門。

［二一］靡，夏遺臣事羿者。有鬲，國名，今平原鬲縣。

［二二］就其妃妾。

［二三］二國，夏同姓諸侯，仲康之子后相所依。樂安壽光縣東南有灌亭，北海平壽縣東南有斟亭。

［二四］過、戈，皆國名。東萊掖縣北有過鄉。戈在宋、鄭之間。

［二五］燼，遺民。

［二六］少康，夏后相之子。

［二七］后杼，少康子。

［二八］浞因羿室，故不改有窮之號。

［二九］辛甲，周武王太史。闕，過也。使百官各爲箴辭戒王過。

［三〇］虞人掌田獵。

［三一］芒芒，遠貌。畫，分也。

［三二］啓開九州之道。

［三三］人神各有所歸，故德不亂。

［三四］冒，貪也。

［三五］言但念獵。

［三六］重，猶數也。

［三七］羿以好武，雖有夏家，而不能恢大之。

［三八］獸臣，虞人。告僕夫，不敢斥尊。

［三九］及后羿事。

公曰："然則莫如和戎乎？"對曰："和戎有五利焉。戎狄荐居，貴貨易土，[一]土可賈焉，一也。邊鄙不聳，民狎其野，穡人成功，二也。[二]戎狄事晉，四鄰振動，諸侯威懷，三也。以德綏戎，師徒不勤，甲兵不頓，四也。[三]鑒于后羿，而用德度，[四]遠至邇安，五也。君其圖之。"公說，使魏絳盟諸戎，脩民事，田以時。[五]

［一］荐，聚也。易，猶輕也。

［二］聳，懼。狎，習也。

［三］頓，壞也。

［四］以后羿爲鑒戒。

［五］《傳》言晉侯能用善謀。

〔左氏附〕

（襄傳·四·九）

冬十月，邾人、莒人伐鄫，臧紇救鄫，侵邾，敗于狐駘。[一] 國人逆喪者皆髽，魯於是乎始髽。[二] 國人誦之曰："臧之狐裘，敗我於狐駘。[三] 我君小子，朱儒是使。朱儒朱儒，使我敗於邾。"[四]

［一］臧紇，武仲也。鄫屬魯，故救之。狐駘，邾地。魯國蕃縣東南有目台亭。

［二］髽，麻髮合結也。遭喪者多，故不能備凶服，髽而已。

［三］臧紇時服狐裘。

［四］襄公幼弱，故曰"小子"。臧紇短小〔一〕，故曰"朱儒"。敗不書，魯人諱之。

〔一〕臧紇短小　阮刻本脱"小"字。

襄公五年

〔襄經 · 五 · 一〕

五年春，公至自晉。

（襄傳 · 五 · 一）

五年春，公至自晉。[一]

［一］公在晉，既聽屬鄫，聞其見伐，遥命臧紇出救，故《傳》稱《經》"公至"以明之。

〔左氏附〕

（襄傳 · 五 · 二）

王使王叔陳生愬戎于晉，[一]晉人執之。士魴如京師，言王叔之貳於戎也。[二]

［一］王叔，周卿士也。戎陵虣周室，故告愬於盟主。

［二］王叔反有二心於戎，失奉使之義，故晉執之。

〔襄經 · 五 · 二〕

夏，鄭伯使公子發來聘。[一]

［一］發，子產父。

（襄傳 · 五 · 三）

夏，鄭子國來聘，通嗣君也。[一]

［一］鄭僖公初即位。

〔襄經·五·三〕

叔孫豹、鄫世子巫如晉。[一]

[一] 比魯大夫，故書"巫如晉"。

(襄傳·五·四)

穆叔覿鄫大子于晉，以成屬鄫。[一] 書曰"叔孫豹、鄫大子巫如晉"，言比諸魯大夫也。[二]

[一] 覿，見也。前年請屬鄫，故將鄫大子巫如晉以成之。

[二] 豹與巫俱受命於魯，故《經》不書及，比之魯大夫。

〔襄經·五·四〕

仲孫蔑、衛孫林父會吳于善道。[一]

[一] 魯、衛俱受命於晉，故不言及。吳先在善道，二大夫往會之，故曰"會吳"。善道，地闕。

(襄傳·五·五)

吳子使壽越如晉，[一] 辭不會于雞澤之故，[二] 且請聽諸侯之好。[三] 晉人將爲之合諸侯，使魯、衛先會吳，且告會期。[四] 故孟獻子、孫文子會吳于善道。[五]

[一] 壽越，吳大夫。

[二] 三年會雞澤，吳不至，今來謝之。

[三] 更請會。

[四] 以其道遠，故使魯、衛先告期。

[五] 二子皆受晉命而行。

〔襄經·五·五〕

秋，大雩。

(襄傳 · 五 · 六)

秋，大雩，旱也。[一]

[一] 雩，夏祭，所以祈甘雨。若旱，則又脩其禮，故雖秋雩，非書過也。然《經》與過雩同文，是以《傳》每釋之曰“旱也”。雩而獲雨，故書“雩”而不書“旱”。

〔襄經 · 五 · 六〕

楚殺其大夫公子壬夫。[一]

[一] 書名，罪其貪。

(襄傳 · 五 · 七)

楚人討陳叛故，[一] 曰：“由令尹子辛實侵欲焉。”乃殺之。書曰“楚殺其大夫公子壬夫”，貪也。君子謂：“楚共王於是不刑。[二]《詩》曰：‘周道挺挺，我心扃扃。講事不令，集人來定。’[三] 己則無信，而殺人以逞，不亦難乎？[四]《夏書》曰：‘成允成功。’”[五]

[一] 討，治也。

[二] 陳之叛楚，罪在子辛。共王既不能素明法教，陳叛之日，又不能嚴斷威刑，以謝小國，而擁其罪人，興兵致討，加禮於陳，而陳恨彌篤，乃怨而歸罪子辛。子辛之貪雖足以取死，然共王用刑，爲失其節，故言“不刑”。

[三] 逸《詩》也。挺挺，正直也。扃扃，明察也。講，謀也。言謀事不善，當聚致賢人以定之。

[四] 共王伐宋封魚石，背盟敗于鄢陵，殺子反、公子申及壬夫。八年之中，戮殺三卿，欲以屬諸侯，故君子以爲不可。

[五] 亦逸《書》也。允，信也。言信成，然後有成功。

〔襄經·五·七〕

公會晉侯、宋公、陳侯、衛侯、鄭伯、曹伯、莒子、邾子、滕子、薛伯、齊世子光、吳人、鄫人于戚。[一]

[一] 穆叔使鄫人聽命於會，故鄫見《經》。不復殊吳者，吳來會于戚。

(襄傳·五·八)

九月丙午，盟于戚，會吳，且命戍陳也。[一]穆叔以屬鄫爲不利，使鄫大夫聽命于會。[二]

[一] 公及其會而不書盟，非公後會，蓋不以盟告廟。

[二] 鄫近魯竟，故欲以爲屬國。既而與莒有忿，魯不能救，恐致譴責，故復乞還之。《傳》言鄫人所以見於戚會。

〔襄經·五·八〕

公至自會。[一]

[一] 無《傳》。

〔左氏附〕

(襄傳·五·九)

楚子囊爲令尹。[一]范宣子曰："我喪陳矣。楚人討貳而立子囊，必改行，[二]而疾討陳。[三]陳近于楚，民朝夕急，能無往乎？有陳非吾事也，無之而後可。"[四]

[一] 公子貞。

[二] 改子辛所行。

[三] 疾，急也。

[四] 言晉力不能及陳，故七年陳侯逃歸。

〔襄經·五·九〕

冬，戍陳。[一]

［一］諸侯在戚會，皆受命戍陳，各還國遣戍，不復有告命，故獨書魯戍。

（襄傳·五·十）

冬，諸侯戍陳。[一]

［一］備楚。

〔襄經·五·十〕

楚公子貞帥師伐陳。

（襄傳·五·十一）

子囊伐陳。

〔襄經·五·十一〕

公會晉侯、宋公、衛侯、鄭伯、曹伯、齊世子光救陳。

（襄傳·五·十二）

十一月甲午，會于城棣以救之。[一]

［一］公及救陳而不及會，故不書城棣。城棣，鄭地，陳留酸棗縣西南有棣城。

〔襄經·五·十二〕

十有二月，公至自救陳。[一]

［一］無《傳》。

〔襄經 · 五 · 十三〕

辛未，季孫行父卒。

（襄傳 · 五 · 十三）

季文子卒，大夫入斂，公在位。[一]宰庀家器爲葬備，[二]無衣帛之妾，無食粟之馬，無藏金玉，無重器備，[三]君子是以知季文子之忠於公室也。相三君矣，而無私積，可不謂忠乎！

［一］在阼階西鄉。

［二］庀，具也。

［三］器備，謂珍寶甲兵之物。

襄公六年

〔襄經·六·一〕

六年春王三月壬午，杞伯姑容卒。

（襄傳·六·一）

六年春，杞桓公卒，始赴以名，同盟故也。[一]

［一］杞入《春秋》未嘗書名，桓公三與成同盟，故赴以名。

〔襄經·六·二〕

夏，宋華弱來奔。[一]

［一］華椒孫。

（襄傳·六·二）

宋華弱與樂轡少相狎，長相優，又相謗也。[一]子蕩怒，以弓梏華弱于朝。[二]平公見之，曰："司武而梏於朝，難以勝矣。"[三]遂逐之。夏，宋華弱來奔，司城子罕曰："同罪異罰，非刑也。專戮於朝，罪孰大焉。"亦逐子蕩。子蕩射子罕之門，曰："幾日而不我從？"[四]子罕善之如初。[五]

［一］狎，親習也。優，調戲也。

［二］子蕩，樂轡也。張弓以貫其頸，若械之在手，故曰"梏"。

［三］司武，司馬。言其懦弱不足以勝敵。

［四］言我射女門，女亦當以不勝任見逐。

［五］言子罕雖見辱，不追忿[一]，所以得安。

〔一〕不追忿　"追"，原作"迫"，據興國軍本改。

〔襄經·六·三〕

秋，葬杞桓公。[一]

［一］無《傳》。

〔襄經·六·四〕

滕子來朝。

〔襄傳·六·三〕

秋，滕成公來朝，始朝公也。

〔襄經·六·五〕

莒人滅鄫。

〔襄傳·六·四〕

莒人滅鄫，鄫恃賂也。[一]

［一］鄫有貢賦之賂在魯，恃之而慢莒，故滅之。

〔襄經·六·六〕

冬，叔孫豹如邾。

〔襄傳·六·五〕

冬，穆叔如邾聘，且脩平。[一]

［一］平四年狐駘戰。

〔襄經·六·七〕

季孫宿如晉。[一]

［一］行父之子。

（襄傳·六·六）

晉人以鄫故來討，曰："何故亡鄫？"[一]季武子如晉見，且聽命。[二]

［一］鄫屬魯，恃賂而慢莒。魯不致力輔助，無何以還晉，尋便見滅，故晉責魯。

［二］始代父爲卿，見大國，且謝亡鄫。聽命，受罪。

〔襄經·六·八〕

十有二月，齊侯滅萊。[一]

［一］書"十二月"，從告。

（襄傳·六·七）

十一月，齊侯滅萊，萊恃謀也。[一]

［一］賂夙沙衛之謀也。事在二年。

於鄭子國之來聘也，四月，晏弱城東陽，而遂圍萊。[一]甲寅，堙之，環城傅於堞。[二]及杞桓公卒之月，[三]乙未，王湫帥師及正輿子、棠人軍齊師，[四]齊師大敗之。[五]丁未，入萊。萊共公浮柔奔棠，正輿子、王湫奔莒，莒人殺之。四月，陳無宇獻萊宗器于襄宮。[六]晏弱圍棠。十一月丙辰而滅之，遷萊于郳。[七]高厚、崔杼定其田。[八]

［一］子國聘在五年，二年晏弱城東陽，至五年四月，復託治城，因遂圍萊。

［二］堞，女墻也。堙，土山也。周城爲土山及女墻。

［三］此年三月。

［四］王湫，故齊人，成十八年奔萊。正輿子，萊大夫。棠，萊邑

也，北海即墨縣有棠鄉。三人帥别邑兵來解圍。

[五] 敗湫等。

[六] 無宇，桓子，陳完玄孫。襄宫，齊襄公廟。

[七] 遷萊子于郳國。

[八] 定其疆界。高厚，高固子。

襄公七年

〔襄經·七·一〕

七年春，郯子來朝。

（襄傳·七·一）

七年春，郯子來朝，始朝公也。

〔襄經·七·二〕

夏四月，三卜郊，不從，乃免牲。[一]

［一］稱“牲”，既卜日也。卜郊，又非禮也。

（襄傳·七·二）

夏四月，三卜郊，不從，乃免牲。孟獻子曰：“吾乃今而後知有卜筮。夫郊，祀后稷以祈農事也。[一]是故啓蟄而郊，郊而後耕。今既耕而卜郊，宜其不從也。”[二]

［一］郊，祀后稷以配天。后稷，周始祖，能播殖者。

［二］啓蟄，夏正建寅之月。耕謂春分。

〔襄經·七·三〕

小邾子來朝。

（襄傳·七·四）

小邾穆公來朝，亦始朝公也。[一]

［一］亦郯子也。

〔襄經·七·四〕

城費。[一]

［一］南遺假事難而城之。

（襄傳·七·三）

南遺爲費宰。[一] 叔仲昭伯爲隧正，[二] 欲善季氏而求媚於南遺，謂遺："請城費，[三] 吾多與而役。" 故季氏城費。[四]

［一］費，季氏邑。

［二］隧正，主役徒。昭伯，叔仲惠伯之孫。

［三］使遺請城。

［四］《傳》言祿去公室，季氏所以强。

〔襄經·七·五〕

秋，季孫宿如衛。

（襄傳·七·五）

秋，季武子如衛，報子叔之聘，且辭緩報，非貳也。[一]

［一］子叔聘在元年。言國家多難，故不時報。

〔襄經·七·六〕

八月，螽。[一]

［一］無《傳》。爲災，故書。

〔左氏附〕

（襄傳·七·六）

冬十月，晉韓獻子告老。公族穆子有廢疾，[一] 將立之。[二] 辭曰："《詩》曰：'豈不夙夜，謂行多露。'[三] 又曰：'弗躬弗親，庶民弗信。'[四] 無忌不才，讓其可乎？請立起也。[五] 與田蘇游，而曰好仁。[六]《詩》曰：'靖共爾位，好是正直。神之聽之，介爾景福。’[七]恤民爲德，[八]正直爲正，[九]正曲爲直，[一〇]參和爲仁。[一一]如是，則神聽之，介福降之，立之不亦可乎？”[一二]

［一］穆子，韓厥長子。成十八年爲公族大夫。

［二］代厥爲卿。

［三］《詩》言雖欲早夜而行，懼多露之濡己，義取非禮不可妄行。

［四］《詩·小雅》。言譏在位者不躬親政事，則庶民不奉信其命。言己有疾，不能躬親政事。

［五］無忌，穆子名。起，無忌弟宣子也。

［六］田蘇，晉賢人。蘇言起好仁。

［七］靖，安也。介，助也。景，大也。《詩·小雅》。言君子當思不出其位，求正直之人與之並立。如是，則神明順之，致大福也。

［八］靖共其位，所以恤民。

［九］正己心。

［一〇］正人曲。

［一一］德、正、直三者備，乃爲仁。

［一二］言起有此三德，故可立。

庚戌，使宣子朝，遂老。[一]晉侯謂韓無忌仁，使掌公族大夫。[二]

［一］韓厥致仕。

［二］爲之師長。

〔襄經·七·七〕

冬十月，衛侯使孫林父來聘。壬戌，及孫林父盟。

（襄傳·七·七）

衛孫文子來聘，且拜武子之言，[一]而尋孫桓子之盟。[二]公登亦登。[三]叔孫穆子相，趨進曰：“諸侯之會，寡君未嘗後衛君。[四]今吾子不後寡君，寡君未知所過，吾子其少安。”[五]孫子無辭，亦無悛容。[六]穆叔曰：“孫子必亡。爲臣而君，過而不悛，亡之本也。《詩》曰‘退食自公，委蛇委蛇’，[七]謂從者也。[八]衡而委蛇，必折。”[九]

[一] 緩報非貳之言。

[二] 盟在成三年。

[三] 禮，登階，臣後君一等。

[四] 敵體並登。

[五] 安，徐也。

[六] 悛，改也。

[七] 委蛇，順貌。《詩·召南》。言人臣自公門入私門，無不順禮。

[八] 從，順行。

[九] 衡，横也。横不順道，必毁折。爲十四年林父逐君起本。

〔襄經·七·八〕

楚公子貞帥師圍陳。

（襄傳·七·八）

楚子囊圍陳。

〔襄經・七・九〕

十有二月，公會晉侯、宋公、陳侯、衛侯、曹伯、莒子、邾子于鄬〔一〕。[一]

［一］謀救陳，陳侯逃歸，不成救，故不書救也。鄬，鄭地。

（襄傳・七・九）

會于鄬以救之。[一]

［一］晉會諸侯。

〔襄經・七・十〕

鄭伯髡頑如會，未見諸侯。丙戌，卒于鄵。[一]

［一］實爲子駟所弒，以瘧疾赴，故不書弒。稱名，爲書"卒"，同盟故也。如會，會於鄬也。未見諸侯，未至會所而死。鄵，鄭地。不欲再稱鄭伯，故約文上其名於會上。

（襄傳・七・十）

鄭僖公之爲大子也，於成之十六年，[一]與子罕適晉，不禮焉。又與子豐適楚，亦不禮焉。[二]及其元年，朝于晉，[三]子豐欲愬諸晉而廢之，子罕止之。及將會于鄬，子駟相，又不禮焉。侍者諫，不聽。又諫，殺之。及鄵，子駟使賊夜弒僖公，而以瘧疾赴于諸侯。[四]簡公生五年，奉而立之。[五]

［一］魯成公。

［二］子豐，穆公子。

［三］鄭僖元年，魯襄三年。

〔一〕公會晉侯……邾子于鄬　"邾子"，原脱，據石經補。

［四］《傳》言《經》所以不書弒。

［五］僖公子。

〔襄經·七·十一〕

陳侯逃歸。[一]

［一］畏楚，逃晉而歸。

（襄傳·七·十一）

陳人患楚。[一]慶虎、慶寅謂楚人曰："吾使公子黃往而執之。"[二]楚人從之。[三]二慶使告陳侯于會，[四]曰："楚人執公子黃矣。君若不來，群臣不忍社稷宗廟，懼有二圖。"[五]陳侯逃歸。[六]

［一］楚圍陳故。

［二］二慶，陳執政大夫。公子黃，哀公弟。

［三］爲執黃。

［四］鄬之會。

［五］背君屬楚。

［六］鄬會所以不書救。

襄公八年

〔襄經·八·一〕

八年春王正月，公如晉。

（襄傳·八·一）

八年春，公如晉朝，且聽朝聘之數。[一]

［一］晉悼復脩霸業，故朝而稟其多少。

〔襄經·八·二〕

夏，葬鄭僖公。[一]

［一］無《傳》。

〔左氏附〕

（襄傳·八·二）

鄭群公子以僖公之死也，謀子駟，子駟先之。夏四月庚辰，辟殺子狐、子熙、子侯、子丁〔一〕。[一] 孫擊、孫惡出奔衛。[二]

［一］辟，罪也。加罪以戮之。

［二］二孫，子狐之子。

〔襄經·八·三〕

鄭人侵蔡，獲蔡公子燮。[一]

〔一〕辟殺子狐子熙子侯子丁　“辟”，原脱，據石經補。

[一] 鄭子國稱“人”，刺其無故侵蔡，以生國患。燮，蔡莊公子。

(襄傳·八·三)

庚寅，鄭子國、子耳侵蔡，獲蔡司馬公子燮。[一] 鄭人皆喜，唯子產不順，[二] 曰:“小國無文德而有武功，禍莫大焉。楚人來討，能勿從乎? 從之，晉師必至。晉、楚伐鄭，自今鄭國不四五年弗得寧矣。”子國怒之曰:“爾何知! 國有大命，而有正卿。童子言焉，將爲戮矣。”[三]

[一] 鄭侵蔡，欲以求媚於晉。子耳，子良之子。不言敗，唯以獲告。

[二] 子產，子國子。不順衆而喜。

[三] 大命，起師行軍之命。

〔襄經·八·四〕

季孫宿會晉侯、鄭伯、齊人、宋人、衛人、邾人于邢丘。[一]

[一] 時公在晉，晉悼難勞諸侯，唯使大夫聽命，故季孫在會而公先歸。

(襄傳·八·四)

五月甲辰，會于邢丘，以命朝聘之數，使諸侯之大夫聽命。季孫宿、齊高厚、宋向戌、衛甯殖、邾大夫會之，[一] 鄭伯獻捷于會，故親聽命。[二] 大夫不書，尊晉侯也。[三]

[一] 晉難重煩諸侯，故使大夫聽命。

[二] 獻蔡捷也。

[三] 晉悼復文、襄之業，制朝聘之節，儉而有禮，德義可尊，故退諸侯大夫以崇之。

〔襄經·八·五〕

公至自晉。[一]

[一]無《傳》。

〔襄經·八·六〕

莒人伐我東鄙。

（襄傳·八·五）

莒人伐我東鄙，以疆鄫田。[一]

[一]莒既滅鄫，魯侵其西界，故伐魯東鄙以正其封疆。

〔襄經·八·七〕

秋九月，大雩。

（襄傳·八·六）

秋九月，大雩，旱也。

〔襄經·八·八〕

冬，楚公子貞帥師伐鄭。

（襄傳·八·七）

冬，楚子囊伐鄭，討其侵蔡也。子駟、子國、子耳欲從楚，子孔、子蟜、子展欲待晉。[一]子駟曰：“《周詩》有之曰：‘俟河之清，人壽幾何？[二]兆云詢多，職競作羅。’[三]謀之多族，民之多違，[四]事滋無成。[五]民急矣，姑從楚以紓吾民。晉師至，吾又從之。敬共幣帛，以待來者，小國之道也。犧牲玉帛，待於二竟，[六]以待彊者而庇民焉[一]。寇不爲害，民不罷病，不亦可乎？”

［一］待晉來救。子孔，穆公子。子蟜，子游子。子展，子罕子。

［二］逸《詩》也。言人壽促，而河清遲，喻晉之不可待。

［三］兆，卜。詢，謀也。職，主也。言既卜且謀多，則競作羅網之難，無成功。

［四］族，家也。

［五］滋，益也。

［六］二竟，晉、楚界上。

子展曰：“小所以事大，信也。小國無信，兵亂日至，亡無日矣。五會之信，[一]今將背之，雖楚救我，將安用之？[二]親我無成，[三]鄙我是欲，[四]不可從也。[五]不如待晉。晉君方明，四軍無闕，八卿和睦，必不棄鄭。[六]楚師遼遠，糧食將盡，必將速歸，何患焉？舍之聞之：[七]‘杖莫如信。’完守以老楚，杖信以待晉，不亦可乎？”子駟曰：“《詩》云：‘謀夫孔多，是用不集。[八]發言盈庭，誰敢執其咎？[九]如匪行邁謀，是用不得于道。’[一〇]請從楚，騑也受其咎。”[一一]

［一］謂三年會雞澤，五年會戚，又會城棣，七年會鄬，八年會邢丘。

［二］言失信得楚，不足貴。

［三］晉親鄭。

［四］楚欲以鄭爲鄙邑，而反欲與成。

［五］言子駟不可從。

〔一〕以待彊者而庇民焉 “彊”，原作“疆”，據石經改。

［六］四軍謂上、中、下、新軍也。軍有二卿。

［七］舍之，子展名。

［八］《詩·小雅》。孔，甚也。集，就也。言人欲爲政，是非相亂而不成。

［九］言謀者多，若有不善，無適受其咎。

［一〇］匪，彼也。行邁謀，謀於路人也。不得于道，衆無適從。

［一一］騑，子駟名。

乃及楚平，使王子伯駢告于晉〔一〕，[一]曰："君命敝邑：'脩而車賦，儆而師徒，以討亂略。'蔡人不從，敝邑之人，不敢寧處，悉索敝賦，[二]以討于蔡，獲司馬燮，獻于邢丘。今楚來討，曰：'女何故稱兵于蔡？'[三]焚我郊保，[四]馮陵我城郭。[五]敝邑之衆，夫婦男女，不皇啓處，以相救也。[六]翦焉傾覆，無所控告。[七]民死亡者，非其父兄，即其子弟，夫人愁痛，[八]不知所庇。民知窮困，而受盟于楚，孤也與其二三臣不能禁止，[九]不敢不告。"

［一］伯駢，鄭大夫。

［二］索，盡也。

［三］稱，舉也。

［四］郭外曰郊。保，守也。

［五］馮，迫也。

［六］皇，暇也。啓，跪也。

［七］翦，盡也。控，引也。

［八］夫人，猶人人也。

〔一〕使王子伯駢告于晉　"駢"，原作"騑"，注同。蓋涉上而誤，據石經改。

［九］孤，鄭伯。

知武子使行人子員對之曰：“君有楚命，[一] 亦不使一介行李告于寡君，[二] 而即安于楚。君之所欲也，誰敢違君。寡君將帥諸侯以見于城下，唯君圖之。”[三]

［一］見討之命。

［二］一介，獨使也。行李，行人也。

［三］爲明年晉伐鄭《傳》。

〔襄經·八·九〕

晉侯使士匄來聘。

（襄傳·八·八）

晉范宣子來聘，且拜公之辱，[一] 告將用師于鄭。公享之。宣子賦《摽有梅》。[二] 季武子曰：“誰敢哉！[三] 今譬於草木，寡君在君，君之臭味也。[四] 歡以承命，何時之有？”[五] 武子賦《角弓》。[六] 賓將出，武子賦《彤弓》。[七] 宣子曰：“城濮之役，[八] 我先君文公獻功于衡雍，受彤弓于襄王，以爲子孫藏。[九] 匄也，先君守官之嗣也，敢不承命！”[一〇] 君子以爲知禮。[一一]

［一］謝公此春朝。

［二］《摽有梅》，《詩·召南》。摽，落也。梅盛極則落，詩人以興女色盛則有衰，衆士求之，宜及其時。宣子欲魯及時共討鄭，取其汲汲相赴。

［三］言誰敢不從命。

［四］言同類。

［五］遲速無時。

［六］《角弓》，《詩·小雅》。取其兄弟婚姻，無相遠也。

［七］《彤弓》，天子賜有功諸侯之詩。欲使晉君繼文之業，復受《彤弓》於王。

［八］在僖二十八年。

［九］藏之以示子孫。

［一〇］言己嗣其父祖，爲先君守官，不敢廢命，欲匡晉君。

［一一］《彤弓》之義，義在晉君，故范匄受之，所謂"知禮"。

襄公九年

〔襄經·九·一〕

九年春，宋災。[一]

[一] 天火曰災。來告，故書。

(襄傳·九·一)

九年春，宋災。樂喜爲司城以爲政。[一] 使伯氏司里，[二] 火所未至，徹小屋，塗大屋。[三] 陳畚挶，具綆缶，[四] 備水器。[五] 量輕重，[六] 蓄水潦，積土塗。巡丈城，繕守備，[七] 表火道。[八] 使華臣具正徒，[九] 令隧正納郊保，奔火所。[一〇] 使華閱討右官，官庀其司。[一一] 向戌討左，亦如之。[一二] 使樂遄庀刑器，亦如之。[一三] 使皇鄖命校正出馬，工正出車，備甲兵，庀武守。[一四] 使西鉏吾庀府守。[一五] 令司宮、巷伯儆宮。[一六] 二師令四鄉正敬享〔一〕，[一七] 祝、宗用馬于四墉，祀盤庚于西門之外。[一八]

[一] 樂喜，子罕也。爲政卿，知將有火災，素戒爲備火之政。

[二] 伯氏，宋大夫。司里，司宰〔二〕。

[三] 大屋難徹，就塗之。

[四] 畚，簣籠。挶，土轝。綆，汲索。缶，汲器。

[五] 盆罋之屬。

〔一〕 二師令四鄉正敬享　洪亮吉謂："石經初刻作'令'，後改'命'。按：《正義》此三引傳文皆作'命'，當作'命'字無疑。諸本作'令'，誤。"見氏著《春秋左傳詁》，第510頁。阮校曰："是孔氏所據本作'命'也。"

〔二〕 司宰　"司"，興國軍本作"里"。

[六] 計人力所任。

[七] 巡，行也。丈，度也。繕，治也。行度守備之處，恐因災有亂。

[八] 火起，則從其所趣標表之。

[九] 華臣，華元子，爲司徒。正徒，役徒也，司徒之所主也。

[一〇] 隧正，官名也。五縣爲隧。納聚郊野保守之民，使隨火所起往救之。

[一一] 亦華元子，代元爲右師。討，治也。庀，具也。使具其官屬。

[一二] 向戌，左師。

[一三] 樂遄，司寇。刑器，刑書。

[一四] 皇鄖，皇父充石之後。校正，主馬。工正，主車。使各備其官。

[一五] 鉏吾，大宰也。府，六官之典。

[一六] 司宮，奄臣。巷伯，寺人。皆掌宮内之事。

[一七] 二師，左右師也。鄉正，鄉大夫。享，祀也。

[一八] 祝，大祝。宗，宗人。墉，城也。用馬祭于四城以禳火。盤庚，殷王，宋之遠祖。城，積陰之氣，故祀之。凡天災，有幣無牲。用馬祀盤庚，皆非禮。

晉侯問於士弱[一]曰："吾聞之，宋災，於是乎知有天道，何故？"[二]對曰："古之火正，或食於心，或食於味，以出内火，是故味爲鶉火，心爲大火。[三]陶唐氏之火正閼伯居商丘，[四]祀大火，而火紀時焉。[五]相土因之，故商主大火。[六]商人閲其禍敗之釁，必始於火，是以日知其有天道也。"[七]公曰："可必乎？"對曰："在道。國亂無象，

不可知也。”[八]

[一] 弱，士渥濁之子莊子。

[二] 問宋何故，自知天道將災。

[三] 謂火正之官配食於火星。建辰之月，鶉火星昏在南方，則令民放火；建戌之月，大火星伏在日下，夜不得見，則令民内火，禁放火。

[四] 陶唐，堯有天下號。閼伯，高辛氏之子。《傳》曰："遷閼伯於商丘，主辰。”辰，大火也，今爲宋星。然則商丘在宋地。

[五] 謂出内火時。

[六] 相土，契孫，商之祖也。始代閼伯之後居商丘[一]，祀大火。

[七] 閱，猶數也。商人數所更歷，恒多火災。宋是殷商之後，故知天道之災必火。

[八] 言國無道則災變亦殊，故不可必知。

〔襄經·九·二〕

夏，季孫宿如晉。

（襄傳·九·二）

夏，季武子如晉，報宣子之聘也。[一]

[一] 宣子聘在八年。

〔襄經·九·三〕

五月辛酉，夫人姜氏薨。[一]

[一] 成公母。

〔一〕 始代閼伯之後居商丘　“閼”，原作“閱”，據興國軍本改。

（襄傳·九·三）

穆姜薨於東宮〔一〕。[一]始往而筮之，遇《艮》之八☶。[二]史曰："是謂《艮》之《隨》☱。[三]《隨》，其出也。[四]君必速出。"姜曰："亡。[五]是於《周易》曰：'《隨》，元，亨，利，貞，無咎。'[六]元，體之長也。亨，嘉之會也。利，義之和也。貞，事之幹也。體仁足以長人，嘉德足以合禮，利物足以和義，貞固足以幹事。然故不可誣也。是以雖《隨》無咎。[七]今我婦人而與於亂，固在下位[八]而有不仁，不可謂元。不靖國家，不可謂亨。作而害身，不可謂利。棄位而姣，[九]不可謂貞。有四德者，《隨》而無咎。我皆無之，豈《隨》也哉！我則取惡，能無咎乎？必死於此，弗得出矣。"[一〇]

[一] 大子宫也。穆姜淫僑如，欲廢成公，故徙居東宫。事在成十六年。

[二]《艮》下《艮》上〔二〕，《艮》。周禮：大卜掌三《易》，然則雜用《連山》《歸藏》《周易》。二《易》皆以七八爲占，故言"遇《艮》之八"。

[三]《震》下《兑》上，《隨》。史疑古《易》遇八爲不利，故更以《周易》占變爻，得《隨》卦而論之。

[四] 史謂《隨》非閉固之卦。

[五] 亡，猶無也。

[六]《易》筮皆以變者占，遇一爻變，義異則論彖，故姜亦以彖爲占也。史據《周易》，故指言《周易》以折之。

〔一〕 穆姜薨於東宫　"於"，石經作"于"。

〔二〕 艮下艮上　興國軍本"上"下有"艮"。阮校："宋本、淳熙本、岳本、足利本'上'字下有'艮'字，是也。"據補。

［七］言不誣四德，乃遇《隨》無咎。明無四德者，則爲淫而相隨，非吉事。

［八］婦人卑於丈夫。

［九］姣，淫之別名。

［一〇］《傳》言穆姜辯而不德。

〔左氏附〕

（襄傳·九·四）

秦景公使士雃乞師于楚，將以伐晉，楚子許之。子囊曰："不可。當今吾不能與晉爭，晉君類能而使之，[一] 舉不失選，[二] 官不易方。[三] 其卿讓於善，[四] 其大夫不失守，[五] 其士競於教，[六] 其庶人力於農穡。[七] 商工皁隸不知遷業。[八] 韓厥老矣，知罃稟焉以爲政。[九] 范匄少於中行偃而上之，使佐中軍。[一〇] 韓起少於欒黶，而欒黶、士魴上之，使佐上軍。[一一] 魏絳多功，以趙武爲賢而爲之佐。[一二] 君明臣忠，上讓下競。[一三] 當是時也，晉不可敵，事之而後可。君其圖之。"王曰："吾既許之矣。雖不及晉，必將出師。"秋，楚子師于武城，以爲秦援。秦人侵晉，晉饑，弗能報也。[一四]

［一］隨所能。

［二］得所選。

［三］方，猶宜也。

［四］讓勝己者。

［五］各任其職。

［六］奉上命。

［七］種曰農，收曰穡。

［八］四民不雜。

［九］代將中軍。

［一〇］使匄佐中軍，偃將上軍。

［一一］黶、魴讓起，起佐上軍。黶將下軍，魴佐之。

［一二］武，新軍將。

［一三］尊官相讓，勞職力競。

［一四］爲十年晉伐秦《傳》。

〔襄經・九・四〕

秋八月癸未，葬我小君穆姜。［一］

［一］無《傳》。四月而葬，速。

〔襄經・九・五〕

冬，公會晉侯、宋公、衛侯、曹伯、莒子、邾子、滕子、薛伯、杞伯、小邾子、齊世子光伐鄭。

（襄傳・九・五）

冬十月，諸侯伐鄭。［一］庚午，季武子、齊崔杼、宋皇鄖從荀罃、士匄門于鄟門。［二］衛北宮括、曹人、邾人從荀偃、韓起門于師之梁。［三］滕人、薛人從欒黶、士魴門于北門。［四］杞人、郳人從趙武、魏絳斬行栗。［五］甲戌，師于氾。［六］令於諸侯曰：“脩器備，［七］盛餱糧，［八］歸老幼，［九］居疾于虎牢，［一〇］肆眚，圍鄭。”［一一］鄭人恐，乃行成。［一二］中行獻子曰：“遂圍之，以待楚人之救也，而與之戰。不然，無成。”［一三］知武子曰：“許之盟而還師，以敝楚人。［一四］吾三分四軍，［一五］與諸侯之鋭以逆來者。［一六］

於我未病，楚不能矣，[一七] 猶愈於戰。[一八] 暴骨以逞，不可以爭。[一九] 大勞未艾，君子勞心，小人勞力，先王之制也。”[二〇] 諸侯皆不欲戰，乃許鄭成。

[一] 鄭從楚也。

[二] 鄭城門也。三國從中軍。

[三] 師之梁，亦鄭城門。三國從上軍。

[四] 二國從下軍〔一〕。

[五] 二國從新軍。行栗，表道樹。

[六] 衆軍還聚氾。氾，鄭地，東氾。

[七] 兵器戰備。

[八] 餱，乾食。

[九] 示將久師。

[一〇] 諸侯已取鄭虎牢，故使諸軍疾病息其中。

[一一] 肆，緩也。眚，過也。不書圍鄭，逆服不成圍。

[一二] 與晉成也。

[一三] 獻子，荀偃也。恐楚救鄭，鄭復屬之。

[一四] 敝，罷也。

[一五] 分四軍爲三部。

[一六] 來者，楚也。

[一七] 晉各一動而楚三來，故曰“不能”。

[一八] 勝聚戰。

[一九] 言爭當以謀，不可以暴骨。

[二〇] 艾，息也。言當從勞心之勞。

〔一〕 二國從下軍 “國”，原作“軍”，據興國軍本改。

〔襄經·九·六〕

十有二月己亥，同盟于戲。[一]

［一］伐鄭而書“同盟”，則鄭受盟可知。《傳》言“十一月己亥”，以《長歷》推之，十二月無己亥，《經》誤。戲，鄭地。

（襄傳·九·六）

十一月己亥，同盟于戲，鄭服也。[一]將盟，鄭六卿公子騑、[二]公子發、[三]公子嘉、[四]公孫輒、[五]公孫蠆、[六]公孫舍之[七]及其大夫、門子皆從鄭伯。[八]晉士莊子爲載書[九]曰：“自今日既盟之後，鄭國而不唯晉命是聽，而或有異志者，有如此盟。”[一〇]公子騑趨進曰：“天禍鄭國，使介居二大國之間。[一一]大國不加德音，而亂以要之，[一二]使其鬼神不獲歆其禋祀，其民人不獲享其土利，夫婦辛苦墊隘，無所厎告。[一三]自今日既盟之後，鄭國而不唯有禮與彊可以庇民者是從，而敢有異志者，亦如之。”[一四]荀偃曰：“改載書。”[一五]公孫舍之曰：“昭大神，要言焉。[一六]若可改也，大國亦可叛也。”知武子謂獻子曰：“我實不德，而要人以盟，豈禮也哉！非禮，何以主盟？姑盟而退，脩德息師而來，終必獲鄭，何必今日？我之不德，民將棄我，豈唯鄭！若能休和，遠人將至，何恃於鄭？”乃盟而還。[一七]

［一］鄭服，故言“同盟”。

［二］子駟。

［三］子國。

［四］子孔。

［五］子耳。

［六］子蟜。

［七］子展。

[八] 門子，卿之適子。

[九] 莊子，士弱。載書，盟書。

[一〇] 如違盟之罰。

[一一] 介，猶間也。

[一二] 謂以兵亂之力强要鄭。

[一三] 墊隘，猶委頓。厎，至也。

[一四] 亦如此盟。

[一五] 子駟亦以所言載於策，故欲改之。

[一六] 要誓以告神。

[一七] 遂兩用載書。

〔左氏附〕

(襄傳·九·七)

晉人不得志於鄭，以諸侯復伐之。十二月癸亥，門其三門。[一]閏月戊寅，濟于陰阪，侵鄭。[二]次于陰口而還。[三]子孔曰："晉師可擊也。師老而勞，且有歸志，必大克之。"子展曰："不可。"[四]

[一] 三門，鄟門、師之梁、北門也。癸亥，月五日。晉果三分其軍，各攻一門。

[二] 以《長歷》參校上下，此年不得有閏月戊寅。戊寅，是十二月二十日。疑"閏月"當爲"門五日"。"五"字上與"門"合爲"閏"，則後學者自然轉"日"爲"月"。晉人三番四軍更攻鄭門，門各五日，晉各一攻，鄭三受敵，欲以苦之。癸亥去戊寅十六日，以癸亥始攻，攻輒五日，凡十五日，鄭故不服而去。明日戊寅，濟于陰阪，復侵鄭外邑。陰阪，洧津〔一〕。

〔一〕 洧津 "洧"，原作"有"，據興國軍本改。

［三］陰口，鄭地名。

［四］《傳》言子展能守信。

〔左氏附〕

(襄傳·九·八)

公送晉侯。晉侯以公宴于河上〔一〕，問公年。季武子對曰："會于沙隨之歲，寡君以生。"［一］晉侯曰："十二年矣。是謂一終，一星終也。［二］國君十五而生子，冠而生子，禮也。［三］君可以冠矣。大夫盍爲冠具？"武子對曰："君冠，必以祼享之禮行之，［四］以金石之樂節之，［五］以先君之祧處之。［六］今寡君在行，未可具也。請及兄弟之國而假備焉。"晉侯曰："諾。"公還及衛，冠于成公之廟，［七］假鍾磬焉，禮也。

［一］沙隨在成十六年。

［二］歲星十二歲而一周天。

［三］冠，成人之服。故必冠而後生子。

［四］祼，謂灌鬯酒也。享祭先君也。

［五］以鍾磬爲舉動之節。

［六］諸侯以始祖之廟爲祧。

［七］成公，今衛獻公之曾祖，從衛所處。

〔襄經·九·七〕

楚子伐鄭。

〔一〕 晉侯以公宴于河上　原衍一"上"字作"上上"，據石經删。

（襄傳·九·九）

楚子伐鄭。[一] 子駟將及楚平，子孔、子蟜曰："與大國盟，口血未乾而背之，可乎？"子駟、子展曰："吾盟固云'唯彊是從'。今楚師至，晉不我救，則楚彊矣。盟誓之言，豈敢背之！且要盟無質，神弗臨也。[二] 所臨唯信。信者，言之瑞也，[三] 善之主也，是故臨之。[四] 明神不蠲要盟，[五] 背之可也。"乃及楚平。公子罷戎入盟，同盟于中分。[六] 楚莊夫人卒，[七] 王未能定鄭而歸。

［一］與晉成故。

［二］質，主也。

［三］瑞，符也。

［四］神臨之。

［五］蠲，潔也。

［六］中分，鄭城中里名。罷戎，楚大夫。

［七］共王母。

〔左氏附〕

（襄傳·九·十）

晉侯歸，謀所以息民。魏絳請施舍，[一] 輸積聚以貸。[二] 自公以下，苟有積者，盡出之。國無滯積，[三] 亦無困人。[四] 公無禁利，[五] 亦無貪民。[六] 祈以幣更〔一〕，[七] 賓以特牲，[八] 器用不作，[九] 車服從給。[一〇] 行之期年，國乃有節。三駕而楚不能與爭。[一一]

［一］施恩惠，舍勞役。

〔一〕 祈以幣更　"祈"，原作"所"，據石經改。

［二］輸，盡也。

［三］散在民。

［四］不匱乏。

［五］與民共。

［六］禮讓行。

［七］不用牲。

［八］務崇省。

［九］因仍舊。

［一〇］足給事也。

［一一］三駕，三興師。謂十年師於牛首，十一年師於向，其秋觀兵於鄭東門。自是鄭遂服。

春秋左氏經傳集解襄公二第十五

春秋左氏經傳集解襄公二第十五〔一〕

杜　氏

襄公十年

〔襄經・十・一〕

十年春，公會晉侯、宋公、衛侯、曹伯、莒子、邾子、滕子、薛伯、杞伯、小邾子、齊世子光會吳于柤。〔一〕

［一］吳子在柤，晉以諸侯往會之，故曰"會吳"。吳不稱子，從所稱也。柤，楚地。

(襄傳・十・一)

十年春，會于柤，會吳子壽夢也。〔一〕

［一］壽夢，吳子乘。

三月癸丑，齊高厚相大子光以先會諸侯于鍾離，不敬。〔一〕士莊子曰："高子相大子以會諸侯，將社稷是衛，而皆不敬，〔二〕棄社稷也。其將不免乎？"〔三〕

［一］吳子未至，光從東道與東諸侯會遇，非本期地，故不書會。高厚，高固子也。癸丑，月二十六日。

［二］厚與光俱不敬。

〔一〕原卷標題"襄"字後闕"公"字，據本書體例補。

［三］爲十九年齊殺高厚，二十五年弒其君光《傳》。

夏四月戊午，會于柤。［一］

［一］《經》書“春”，書始行也。戊午，月一日。

〔襄經·十·二〕

夏五月甲午，遂滅偪陽。［一］

［一］偪陽，妘姓國，今彭城傅陽縣也。因柤會而滅之，故曰“遂”。

（襄傳·十·二）

晉荀偃、士匄請伐偪陽，而封宋向戌焉。［一］荀罃曰：“城小而固，勝之不武，弗勝爲笑。”固請。丙寅，圍之，弗克。［二］孟氏之臣秦堇父輦重如役。［三］偪陽人啓門，諸侯之士門焉。［四］縣門發，郰人紇抉之以出門者。［五］狄虒彌建大車之輪而蒙之以甲以爲櫓，［六］左執之，右拔戟，以成一隊。［七］孟獻子曰：“《詩》所謂‘有力如虎’者也。”［八］主人縣布，堇父登之，及堞而絶之。［九］隊，則又縣之。蘇而復上者三。主人辭焉，乃退。［一〇］帶其斷以徇於軍三日。［一一］

［一］以宋常事晉，而向戌有賢行，故欲封之爲附庸。

［二］丙寅，四月九日。

［三］堇父，孟獻子家臣。步挽重車以從師。

［四］見門開，故攻之。

［五］門者，諸侯之士在門内者也。紇，郰邑大夫，仲尼父叔梁紇也。郰邑，魯縣東南莝城是也。言紇多力，抉舉縣門，出在内者。

［六］狄虒彌，魯人也。蒙，覆也。櫓，大楯。

［七］百人爲隊。

［八］《詩·邶風》也。

［九］偪陽人縣布以試外勇者。

［一〇］主人嘉其勇，故辭謝，不復縣布。

［一一］帶其斷布以示勇。

諸侯之師久於偪陽，荀偃、士匄請於荀罃曰：“水潦將降，懼不能歸，[一]請班師。”[二]知伯怒，[三]投之以机，出於其間，[四]曰：“女成二事而後告余。[五]余恐亂命，以不女違。[六]女既勤君而興諸侯，牽帥老夫以至于此。既無武守，[七]而又欲易余罪，曰：‘是實班師，不然，克矣。’[八]余羸老也，可重任乎？[九]七日不克，必爾乎取之。”[一〇]五月庚寅，[一一]荀偃、士匄帥卒攻偪陽，親受矢石。[一二]甲午，滅之。[一三]書曰“遂滅偪陽”，言自會也。[一四]以與向戌。向戌辭曰：“君若猶辱鎮撫宋國，而以偪陽光啓寡君，群臣安矣，其何貺如之？[一五]若專賜臣〔一〕，是臣興諸侯以自封也，其何罪大焉？敢以死請。”乃予宋公。

［一］向夏恐有久雨。從丙寅至庚寅二十五日，故曰“久”。

［二］班，還也。

［三］知伯，荀罃。

［四］出偃、匄之間。

［五］二事，伐偪陽、封向戌。

〔一〕若專賜臣　“專”，原作“惠”，據石經改。

［六］既成，改之爲亂命。

［七］無武功可執守。

［八］謂偃、匄將言爾。

［九］不任受女此責。

［一〇］言當取女以謝不克之罪。

［一一］月四日。

［一二］躬在矢石間。

［一三］月八日。

［一四］言其因會以滅國，非之也。

［一五］言見賜之厚無過此。

宋公享晉侯于楚丘，請以《桑林》。[一] 荀罃辭。[二] 荀偃、士匄曰："諸侯宋、魯於是觀禮，[三] 魯有禘樂，賓祭用之。[四] 宋以《桑林》享君，不亦可乎？"[五] 舞、師題以旌夏，[六] 晉侯懼而退，入于房，[七] 去旌，卒享而還。及著雍，疾。[八] 卜，《桑林》見。[九] 荀偃、士匄欲奔請禱焉。[一〇] 荀罃不可，曰："我辭禮矣，彼則以之。[一一] 猶有鬼神，於彼加之。"[一二] 晉侯有間，[一三] 以偪陽子歸，獻于武宮，謂之夷俘。[一四] 偪陽，妘姓也，使周内史選其族嗣，納諸霍人，禮也。[一五] 師歸，孟獻子以秦堇父爲右。[一六] 生秦丕兹，事仲尼。[一七]

［一］《桑林》，殷天子之樂名。

［二］辭，讓之。

［三］宋，王者後，魯以周公故，皆用天子禮樂，故可觀。

［四］禘，三年大祭，則作四代之樂；別祭群公，則用諸侯樂。

［五］言俱天子樂也。

［六］師，樂師也。旌夏，大旌也。題，識也。以大旌表識其行列。

［七］旌夏非常，卒見之，人心偶有所畏。

［八］晉侯疾也。著雍，晉地。

［九］祟見於卜兆。

［一〇］奔走還宋禱謝。

［一一］以，用也〔一〕。

［一二］言自當加罪於宋。

［一三］閒，疾差也。

［一四］諱俘中國，故謂之"夷"。

［一五］霍，晉邑。内史，掌爵禄廢置者。使選偪陽宗族賢者令居霍，奉妘姓之祀，善不滅姓，故曰"禮也"。使周史者，示有王命。

［一六］嘉其勇力。

［一七］言二父以力相尚〔二〕。子事仲尼，以德相高。

〔襄經·十·三〕

公至自會。［一］

［一］無《傳》。

〔襄經·十·四〕

楚公子貞、鄭公孫輒帥師伐宋。

〔一〕 用也 "也"，阮刻本作"之"。

〔二〕 言二父以力相尚 "言"，原作"尚"，據興國軍本改。

(襄傳·十·三)

六月，楚子囊、鄭子耳伐宋，師于訾毋。[一]庚午，圍宋，門于桐門。[二]

［一］宋地。

［二］不成圍而攻其城門。

〔襄經·十·五〕

晉師伐秦。[一]

［一］荀罃不書，不親兵也。

(襄傳·十·四)

晉荀罃伐秦，報其侵也。[一]

［一］侵在九年。

〔左氏附〕

(襄傳·十·五)

衛侯救宋，師于襄牛。鄭子展曰："必伐衛，不然，是不與楚也。得罪於晉，又得罪於楚，國將若之何？"子駟曰："國病矣。"[一]子展曰："得罪於二大國，必亡。病不猶愈於亡乎？"諸大夫皆以爲然。故鄭皇耳帥師侵衛，楚令也。[二]

［一］師數出，疲病也。

［二］亦兼受楚之勑命也。皇耳，皇戌子。

孫文子卜追之，獻兆於定姜。姜氏問繇。[一]曰："兆如

山陵，有夫出征，而喪其雄。”姜氏曰：“征者喪雄，禦寇之利也。大夫圖之。”衛人追之，孫蒯獲鄭皇耳于犬丘〔一〕。[二]

[一] 繇，兆辭。

[二] 蒯，孫林父子。

〔左氏附〕

(襄傳·十·六)

秋七月，楚子囊、鄭子耳侵我西鄙〔二〕。[一]還，圍蕭。八月丙寅，克之。[二]九月，子耳侵宋北鄙。孟獻子曰：“鄭其有災乎？師競已甚，[三]周猶不堪競，況鄭乎？[四]有災，其執政之三士乎？”[五]

[一] 於魯無所耻，諱而不書，其義未聞。

[二] 蕭，宋邑。

[三] 競，爭競也。

[四] 周，謂天王。

[五] 鄭簡公幼少，子駟、子國、子耳秉政，故知三士任其禍也。爲下盜殺三大夫《傳》。

〔襄經·十·六〕

秋，莒人伐我東鄙。

(襄傳·十·七)

莒人間諸侯之有事也，故伐我東鄙。[一]

[一] 諸侯有討鄭之事。

〔一〕 孫蒯獲鄭皇耳于犬丘　“犬”，原作“大”，據石經改。

〔二〕 楚子囊鄭子耳侵我西鄙　“侵”，原作“伐”，據石經改。

〔襄經·十·七〕

公會晉侯、宋公、衛侯、曹伯、莒子、邾子、齊世子光、滕子、薛伯、杞伯、小邾子伐鄭。[一]

［一］齊世子光先至於師，爲盟主所尊，故在滕上。

（襄傳·十·八）

諸侯伐鄭，齊崔杼使大子光先至于師，故長於滕。[一]己酉，師于牛首。[二]

［一］大夫宜賓之以上卿〔一〕，而今晉悼以一時之宜令在滕侯上，故《傳》從而釋之。

［二］鄭地。

〔襄經·十·八〕

冬，盜殺鄭公子騑、公子發、公孫輒。[一]

［一］非國討，當兩稱名氏。殺者非卿，故稱"盜"。以盜爲文，故不得言其大夫。

（襄傳·十·九）

初，子駟與尉止有爭，將禦諸侯之師而黜其車。[一]尉止獲，又與之爭。[二]子駟抑尉止曰："爾車非禮也。"[三]遂弗使獻。[四]初，子駟爲田洫，司氏、堵氏、侯氏、子師氏皆喪田焉。[五]故五族聚群不逞之人，因公子之徒以作亂。[六]於是子駟當國，[七]子國爲司馬，子耳爲司空，子孔爲司徒。冬十月戊辰，尉止、司臣、侯晉、堵女父、子

〔一〕大夫宜賓之以上卿　"夫"，興國軍本作"子"。阮校曰："宋本、淳熙本、岳本、纂圖本、監本、毛本'夫'作'子'，是也。"

師僕帥賊以入，晨攻執政于西宮之朝，[八]殺子駟、子國、子耳，劫鄭伯以如北宮。子孔知之，故不死。[九]書曰“盜”，言無大夫焉。[一〇]

［一］禦牛首師也。黜，減損。

［二］獲囚俘。

［三］言女車猶多，過制。

［四］不使獻所獲。

［五］洫，田畔溝也。子駟爲田洫，以正封疆，而侵四族田。

［六］八年，子駟所殺公子嬰等之黨〔一〕。

［七］攝君事也。

［八］公宮。

［九］子孔，公子嘉也。知難不告，利得其處也。爲十九年殺公子嘉《傳》。

［一〇］尉止等五人皆士也。大夫謂卿。

子西聞盜，不儆而出，[一]尸而追盜。[二]盜入於北宮，乃歸授甲，臣妾多逃，器用多喪。子産聞盜，[三]爲門者，[四]庀群司，[五]閉府庫，慎閉藏，完守備，成列而後出，兵車十七乘，[六]尸而攻盜於北宮。子蟜帥國人助之，殺尉止、子師僕，盜衆盡死。侯晉奔晉，堵女父、司臣、尉翩、司齊奔宋。[七]

［一］子西，公孫夏，子駟子。

［二］先臨尸而逐賊。

〔一〕子駟所殺公子嬰等之黨　“嬰”，興國軍本作“熙”。阮校：“《釋文》云：‘嬰，本亦作“熙”。’宋本、淳熙本、足利本作‘熙’字。按，‘嬰’字見《說文·女部》‘説樂也’。”

［三］子國子。

［四］置守門。

［五］具衆官。

［六］千二百七十五人。

［七］尉翩，尉止子。司齊，司臣子。

子孔當國，[一]爲載書，以位序聽政辟。[二]大夫、諸司、門子弗順，將誅之。[三]子産止之，請爲之焚書。[四]子孔不可，曰："爲書以定國，衆怒而焚之，是衆爲政也。國不亦難乎？"[五]子産曰："衆怒難犯，專欲難成，合二難以安國，危之道也，不如焚書以安衆。子得所欲，[六]衆亦得安，不亦可乎？專欲無成，犯衆興禍，子必從之。"乃焚書於倉門之外，衆而後定。[七]

［一］代子駟。

［二］自群卿諸司，各守其職位，以受執政之法，不得與朝政。

［三］子孔欲誅不順者。

［四］既止子孔，又勸令燒除載書。

［五］難以至治。

［六］欲爲政也。

［七］不於朝内燒，欲使遠近見所燒。

〔襄經 · 十 · 九〕

戍鄭虎牢。[一]

［一］伐鄭諸侯各受晉命戍虎牢，不復爲告命，故獨書魯戍，而不敘諸侯。

（襄傳·十·十）

諸侯之師城虎牢而戍之。晉師城梧及制，[一] 士魴、魏絳戍之。書曰“戍鄭虎牢”，非鄭地也，言將歸焉。[二] 鄭及晉平。

［一］欲以偪鄭也。不書城，魯不與也。梧、制，皆鄭舊地。

［二］二年晉城虎牢而居之，今鄭復叛，故脩其城而置戍。鄭服則欲以還鄭，故夫子追書繫之于鄭，以見晉志。

〔襄經·十·十〕

楚公子貞帥師救鄭。

（襄傳·十·十一）

楚子囊救鄭。十一月，諸侯之師還鄭而南，至於陽陵。[一] 楚師不退，知武子欲退，曰：“今我逃楚，楚必驕，驕則可與戰矣。”[二] 欒黶曰：“逃楚，晉之恥也。合諸侯以益恥，不如死，我將獨進。”師遂進。己亥，與楚師夾潁而軍。[三] 子蟜曰〔一〕：“諸侯既有成行，必不戰矣。[四] 從之將退，不從亦退。[五] 退，楚必圍我，猶將退也。不如從楚，亦以退之。”[六] 宵涉潁，與楚人盟。[七] 欒黶欲伐鄭師，[八] 荀罃不可，曰：“我實不能禦楚，又不能庇鄭，鄭何罪？不如致怨焉而還。[九] 今伐其師，楚必救之，戰而不克，爲諸侯笑。克不可命，[一〇] 不如還也。”丁未，諸侯之師還，侵鄭北鄙而歸。[一一] 楚人亦還。[一二]

［一］還，繞也。陽陵，鄭地。

［二］武子，荀罃。

〔一〕子蟜曰　“蟜”，興國軍本、阮刻本同。皕忍堂石經作雙鉤“蟜”，與所據阮刻本異。

［三］潁水出城陽，至下蔡入淮。

［四］言有成去之志。

［五］從，猶服也。

［六］以退楚。

［七］夜渡，畏晉知之。

［八］伐涉潁者。

［九］致怨，爲後伐之資。

［一〇］勝負難要，不可命以必克。

［一一］欲以致怨。

［一二］鄭服故也。

〔襄經·十·十一〕

公至自伐鄭。[一]

［一］無《傳》。

〔左氏附〕

(襄傳·十·十二)

王叔陳生與伯輿爭政。[一]王右伯輿。[二]王叔陳生怒而出奔，及河，王復之，[三]殺史狡以説焉。[四]不入，遂處之。[五]晉侯使士匄平王室，王叔與伯輿訟焉。[六]王叔之宰，[七]與伯輿之大夫瑕禽，[八]坐獄於王庭，[九]士匄聽之。王叔之宰曰："篳門閨竇之人而皆陵其上，其難爲上矣。"[一〇]瑕禽曰："昔平王東遷，吾七姓從王，牲用備具，王賴之，而賜之騂旄之盟，[一一]曰：'世世無失職。'若篳門閨竇，其能來東底乎〔一〕？且王何賴焉？[一二] 今自王叔之相也，政以賄成，[一三] 而刑放於寵，[一四] 官之師旅，不勝其富，[一五] 吾能無篳門閨竇乎？[一六] 唯大國圖之。[一七] 下而無直，則何謂正矣？”[一八] 范宣子曰：“天子所右，寡君亦右之；所左，亦左之。”[一九] 使王叔氏與伯輿合要，[二〇] 王叔氏不能舉其契。[二一] 王叔奔晉，不書，不告也。單靖公爲卿士，以相王室。[二二]

［一］二子，王卿士。

［二］右，助也。

［三］欲奔晉。

［四］説王叔也。

［五］處叔河上。

［六］爭曲直。

［七］宰，家臣。

［八］瑕禽，伯輿屬大夫。

［九］獄，訟也。《周禮》：“命夫、命婦不躬坐獄訟。”故使宰與屬大夫對爭曲直。

［一〇］篳門，柴門。閨竇，小户，穿壁爲户，上鋭下方，狀如圭也。言伯輿微賤之家。

［一一］平王徙時大臣從者有七姓，伯輿之祖皆在其中，主爲王備犧牲，共祭祀，王恃其用，故與之盟，使世守其職。騂旄，赤牛也。舉騂旄者，言得重盟，不以犬雞。

［一二］言我若貧賤，何能來東，使王恃其用而與之盟邪？底，至也。

〔一〕其能來東底乎 “底”，原作“底”，據石經改。

[一三] 隨財制政。

[一四] 寵臣專刑，不任法。

[一五] 師旅之長皆受賂。

[一六] 言王叔之屬富，故使吾貧。

[一七] 圖，猶議也。

[一八] 正者不失下之直。

[一九] 宣子知伯輿直，不欲自專，故推之於王。

[二〇] 合要辭。

[二一] 要契之辭。

[二二] 代王叔。

襄公十一年

〔襄經·十一·一〕

十有一年春王正月，作三軍。[一]

[一] 增立中軍。萬二千五百人爲軍。

(襄傳·十一·一)

十一年春，季武子將作三軍，[一] 告叔孫穆子曰："請爲三軍，各征其軍。"[二] 穆子曰："政將及子，子必不能。"[三] 武子固請之，穆子曰："然則盟諸？"[四] 乃盟諸僖閎，[五] 詛諸五父之衢。[六] 正月，作三軍，三分公室而各有其一。[七] 三子各毁其乘。[八] 季氏使其乘之人，以其役邑入者無征，[九] 不入者倍征。[一〇] 孟氏使半爲臣，若子若弟。[一一] 叔孫氏使盡爲臣。[一二] 不然，不舍。[一三]

[一] 魯本無中軍，唯上下二軍，皆屬於公。有事，三卿更帥以征伐。季氏欲專其民人，故假立中軍，因以改作。

[二] 征，賦税也。三家各征其軍之家屬。

[三] 政者，霸國之政令。《禮》："大國三軍。"魯次國而爲大國之制，貢賦必重，故憂不能堪。

[四] 穆子知季氏將復變易，故盟之。

[五] 僖公之門。

[六] 五父衢，道名，在魯國東南。詛，以禍福之言相要。

[七] 三分國民衆。

[八] 壞其軍乘，分以足成三軍。

[九] 使軍乘之人率其邑役入季氏者，無公征。

[一〇] 不入季氏者，則使公家倍征之。設利病，欲驅使入己。故昭五年《傳》曰："季氏盡征之。"民辟倍征，故盡屬季氏。

[一一] 取其子弟之半也。四分其乘之人，以三歸公，而取其一。

[一二] 盡取子弟，以其父兄歸公。

[一三] 制軍分民，不如是，則三家不舍其故而改作也。此蓋三家盟詛之本言。

〔襄經·十一·二〕

夏四月，四卜郊，不從，乃不郊。[一]

[一] 無《傳》。

〔襄經·十一·三〕

鄭公孫舍之帥師侵宋。

（襄傳·十一·二）

鄭人患晉、楚之故，諸大夫曰："不從晉，國幾亡。[一]楚弱於晉，晉不吾疾也。[二]晉疾，楚將辟之，何爲而使晉師致死於我？[三]楚弗敢敵，而後可固與也。"[四]子展曰："與宋爲惡，諸侯必至，吾從之盟。楚師至，吾又從之，則晉怒甚矣。晉能驟來，楚將不能，吾乃固與晉。"大夫説之，使疆埸之司惡於宋。[五]宋向戌侵鄭，大獲。子展曰："師而伐宋，可矣。若我伐宋，諸侯之伐我必疾，吾乃聽命焉，且告於楚。楚師至，吾又與之盟〔一〕，而重賂晉師，乃免矣。"[六]夏，鄭子展侵宋。[七]

〔一〕 吾又與之盟 "又"，石經、興國軍本同。阮刻本作"乃"，校記曰："[補]各本'乃'誤'又'。"俟考。

［一］幾，近也。

［二］疾，急也。

［三］言當作何計。

［四］固與晉也。

［五］使守疆埸之吏侵犯宋。

［六］言如此乃免於晉、楚之難。

［七］欲以致諸侯。

〔襄經·十一·四〕

公會晉侯、宋公、衛侯、曹伯、齊世子光、莒子、邾子、滕子、薛伯、杞伯、小邾子伐鄭。[一]

［一］世子光至，復在莒子之先，故晉悼亦進之。

（襄傳·十一·三）

四月，諸侯伐鄭。己亥，齊大子光、宋向戌先至于鄭，門于東門。[一]其莫，晉荀罃至于西郊，東侵舊許。[二]衛孫林父侵其北鄙。六月，諸侯會于北林，師于向，[三]右還次于瑣，[四]圍鄭。觀兵于南門，[五]西濟于濟隧。[六]鄭人懼，乃行成。

［一］《傳》釋齊大子光所以序莒上也。向戌不書，宋公在會故。

［二］許之舊國，鄭新邑。

［三］向地在潁川長社縣東北。

［四］北行而西爲右還。熒陽宛陵縣西有瑣候亭。

［五］觀，示也。

［六］濟隧，水名。

〔襄經·十一·五〕

秋七月己未，同盟于亳城北。[一]

[一] 亳城，鄭地。伐鄭而書“同盟”，鄭與盟可知。

(襄傳·十一·四)

秋七月，同盟于亳。范宣子曰：“不慎，必失諸侯。[一]諸侯道敝而無成，能無貳乎？”[二]乃盟，載書曰：“凡我同盟，毋蘊年，[三]毋壅利，[四]毋保姦，[五]毋留慝，[六]救災患，恤禍亂，同好惡，獎王室。[七]或間兹命，司慎司盟，名山名川，[八]群神群祀，[九]先王先公，[一〇]七姓十二國之祖，[一一]明神殛之，[一二]俾失其民，隊命亡氏，踣其國家。”[一三]

[一] 慎，敬威儀、謹辭令。

[二] 數伐鄭，皆罷於道路。

[三] 蘊積年穀而不分災。

[四] 專山川之利。

[五] 藏罪人。

[六] 速去惡。

[七] 獎，助也。

[八] 二司，天神。

[九] 群祀，在祀典者。

[一〇] 先王，諸侯之大祖，宋祖帝乙、鄭祖厲王之比也。先公，始封君。

[一一] 七姓：晉、魯、衛、鄭、曹、滕，姬姓。邾、小邾，曹姓。宋，子姓。齊，姜姓。莒，己姓。杞，姒姓。薛，任姓。實十三國，言“十二”，誤也。

[一二] 殛，誅也。

［一三］踣，斃也。

〔襄經·十一·六〕

公至自伐鄭。[一]

［一］無《傳》。

〔襄經·十一·七〕

楚子、鄭伯伐宋。

（襄傳·十一·五）

楚子囊乞旅于秦。[一]秦右大夫詹帥師從楚子，將以伐鄭，鄭伯逆之。丙子，伐宋。[二]

［一］乞師旅於秦。

［二］鄭逆服，故更伐宋也。秦師不書，不與伐宋而還。

〔襄經·十一·八〕

公會晉侯、宋公、衛侯、曹伯、齊世子光、莒子、邾子、滕子、薛伯、杞伯、小邾子伐鄭。[一]**會于蕭魚。**[二]

［一］晉遂尊光。

［二］鄭服而諸侯會。蕭魚，鄭地。

（襄傳·十一·七）

諸侯之師觀兵于鄭東門，鄭人使王子伯駢行成。甲戌，晉趙武入盟鄭伯。冬十月丁亥，鄭子展出盟晉侯。[一]十二月戊寅，會于蕭魚。[二]庚辰，赦鄭囚，皆禮而歸之。納斥候，[三]禁侵掠，晉侯使叔肸告于諸侯。[四]公使臧孫紇對曰："凡我同盟，小國有罪，大國致討。苟有以藉手，鮮不

赦宥，寡君聞命矣。”[五]

[一] 二盟不書，不告。

[二]《經》書“秋”，史失之。

[三] 不相備也。

[四] 叔肸，叔向也。告諸侯，亦使赦鄭囚。

[五] 言晉討小國，有藉手之功，則赦其罪人。德義如是，不敢不承命。

鄭人賂晉侯以師悝、師觸、師蠲，[一] 廣車、軘車淳十五乘，甲兵備，[二] 凡兵車百乘，[三] 歌鐘二肆，[四] 及其鎛、磬，[五] 女樂二八。[六] 晉侯以樂之半賜魏絳，曰：“子教寡人和諸戎狄，以正諸華。[七] 八年之中，九合諸侯，如樂之和，無所不諧。[八] 請與子樂之。”[九] 辭曰：“夫和戎狄，國之福也。八年之中，九合諸侯，諸侯無慝，君之靈也，二三子之勞也，臣何力之有焉？抑臣願君安其樂而思其終也。《詩》曰：‘樂只君子，殿天子之邦。[一〇] 樂只君子，福祿攸同。[一一] 便蕃左右，亦是帥從。’[一二] 夫樂以安德，[一三] 義以處之，[一四] 禮以行之，[一五] 信以守之，[一六] 仁以厲之，[一七] 而後可以殿邦國、同福祿、來遠人，所謂樂也。[一八]《書》曰：‘居安思危。’[一九] 思則有備，有備無患。敢以此規。”[二〇] 公曰：“子之教，敢不承命。抑微子，寡人無以待戎，[二一] 不能濟河。[二二] 夫賞，國之典也。藏在盟府，[二三] 不可廢也，子其受之。”魏絳於是乎始有金石之樂，禮也。[二四]

[一] 悝、觸、蠲，皆樂師名。

［二］廣車、軘車，皆兵車名。淳，耦也。

［三］他兵車及廣、軘共百乘。

［四］肆，列也。縣鐘十六爲一肆，二肆三十二枚。

［五］鎛、磬，皆樂器。

［六］十六人。

［七］在四年。

［八］諧，亦和也。

［九］共此樂。

［一〇］《詩·小雅》也。謂諸侯有樂美之德，可以鎮撫天子之邦。殿，鎮也。

［一一］攸，所也。

［一二］便蕃，數也。言遠人相帥來服從，便蕃然在左右。

［一三］和其心也。

［一四］處位以義。

［一五］行教令。

［一六］守所行。

［一七］厲風俗。

［一八］言五德皆備，乃爲樂，非但金石。

［一九］逸《書》。

［二〇］規正公。

［二一］待遇接納。

［二二］渡河，南服鄭。

［二三］司盟之府，有賞功之制。

［二四］禮：大夫有功，則賜樂。

〔襄經·十一·九〕

公至自會。[一]

［一］無《傳》。以會至者，觀兵而不果侵伐。

〔襄經·十一·十〕

楚人執鄭行人良霄。[一]

［一］良霄，公孫輒子伯有也。

(襄傳·十一·六)

九月，諸侯悉師以復伐鄭。[一]鄭人使良霄、大宰石㚟如楚，告將服于晉，曰："孤以社稷之故，不能懷君。君若能以玉帛綏晉，不然，則武震以攝威之，孤之願也。"楚人執之。書曰"行人"，言使人也。[二]

［一］此夏諸侯皆復來，故曰"悉師"。

［二］書"行人"，言非使人之罪。古者兵交，使在其間，所以通命示整，或執殺之，皆以爲譏也。既成而後告，故書在"蕭魚"下。石㚟爲介，故不書。

〔襄經·十一·十一〕

冬，秦人伐晉。

(襄傳·十一·八)

秦庶長鮑、庶長武帥師伐晉以救鄭。[一]鮑先入晉地，士魴御之，少秦師而弗設備。壬午，武濟自輔氏，[二]與鮑交伐晉師。己丑，秦、晉戰于櫟，晉師敗績，易秦故也。[三]

［一］庶長，秦爵也。不書救，鄭已屬晉，無所救。

［二］從輔氏渡河。

［三］不書敗績，晉耻易秦而敗，故不告也。櫟，晉地。

襄公十二年

〔襄經·十二·一〕

十有二年春王二月，莒人伐我東鄙，圍台。[一]

［一］琅邪費縣南有台亭。

（襄傳·十二·一）

十二年春，莒人伐我東鄙，圍台。

〔襄經·十二·二〕

季孫宿帥師救台，遂入鄆。[一]

［一］鄆，莒邑。

（襄傳·十二·二）

季武子救台，遂入鄆，[一]取其鐘以爲公盤。

［一］乘勝入鄆，報見伐。

〔襄經·十二·三〕

夏，晉侯使士魴來聘。

（襄傳·十二·三）

夏，晉士魴來聘，且拜師。[一]

［一］謝前年伐鄭師。

〔襄經·十二·四〕

秋九月，吳子乘卒。[一]

［一］五年會於戚，公不與盟，而赴以名。

(襄傳·十二·四)

秋，吴子壽夢卒。[一]臨於周廟，禮也。[二]凡諸侯之喪，異姓臨於外，[三]同姓於宗廟，[四]同宗於祖廟，[五]同族於禰廟。[六]是故魯爲諸姬，臨於周廟。[七]爲邢、凡、蔣、茅、胙、祭，臨於周公之廟。[八]

［一］壽夢，吴子之號。

［二］周廟，文王廟也。周公出文王，故魯立其廟。吴始通，故曰“禮”。

［三］於城外，向其國。

［四］所出王之廟。

［五］始封君之廟。

［六］父廟也。同族，謂高祖以下。

［七］諸姬，同姓國。

［八］即祖廟也。六國皆周公之支子，别封爲國，共祖周公。

〔襄經·十二·五〕

冬，楚公子貞帥師侵宋。

(襄傳·十二·五)

冬，楚子囊、秦庶長無地伐宋，師于揚梁〔一〕，以報晉之取鄭也。[一]

［一］取鄭在前年。梁國睢陽縣東有地名揚梁。

〔一〕師于揚梁　“揚梁”，興國軍本作“楊梁”，注同。洪亮吉謂：“《郡國志·梁國》：‘睢陽，有楊梁聚。’京相璠曰：‘宋地。’酈道元云：‘今睢陽南東三十里有故楊梁，今曰楊亭也。俗名之曰緣城，非。北去梁國八十里。’（杜同此。）按：《吕覽·行論篇》：‘宋殺文無畏于楊梁之堤。’”見氏著《春秋左傳詁》，第525頁。

〔左氏附〕

（襄傳·十二·六）

靈王求后于齊。齊侯問對於晏桓子，桓子對曰："先王之禮辭有之。天子求后於諸侯，諸侯對曰：'夫婦所生若而人。[一]妾婦之子若而人。'[二]無女而有姊妹及姑姊妹，則曰：'先守某公之遺女若而人。'"齊侯許昏，王使陰里結之。[三]

［一］不敢譽，亦不敢毀，故曰"若如人"。

［二］言非適也。

［三］陰里，周大夫。結，成也。爲十五年劉夏逆王后《傳》。

〔襄經·十二·六〕

公如晉。

（襄傳·十二·七）

公如晉，朝，且拜士魴之辱，禮也。[一]

［一］士魴聘在此年夏，嫌君臣不敵，故曰"禮之"〔一〕。

〔左氏附〕

（襄傳·十二·八）

秦嬴歸于楚。[一]楚司馬子庚聘于秦，爲夫人寧，禮也。[二]

［一］秦景公妹，爲楚共王夫人。

［二］子庚，莊王子午也。諸侯夫人父母既没，歸寧使卿，故曰"禮"。

〔一〕 故曰禮之　興國軍本無"曰"字，殿本作"故曰禮也"。

襄公十三年

〔襄經·十三·一〕

十有三年春，公至自晉。

（襄傳·十三·一）

十三年春，公至自晉，孟獻子書勞于廟，禮也。[一]

［一］書勳勞於策也。桓二年《傳》曰："公至自唐，告於廟也。凡公行，告於宗廟。反行、飲至、舍爵，策勳焉，禮也。"桓十六年《傳》又曰："公至自伐鄭，以飲至之禮也。"然則還告廟及飲至及書勞三事，偏行一禮，則亦書"至"。悉闕乃不書"至"，《傳》因獻子之事，以發明凡例。《釋例》詳之。

〔襄經·十三·二〕

夏，取邿。[一]

［一］邿，小國也。任城亢父縣有邿亭。《傳》例曰："書'取'，言易也。"

（襄傳·十三·二）

夏，邿亂，分爲三。[一]師救邿，遂取之。[二]凡書"取"，言易也。[三]用大師焉曰滅。[四]弗地曰入。[五]

［一］國分爲三部，志力各異。

［二］魯師也。《經》不稱師，不滿二千五百人。《傳》通言之。

［三］不用師徒，及用師徒而不勞，雖國亦曰取。

［四］敵人距戰，斬獲俘馘，用力難重，雖邑亦曰滅。

［五］謂勝其國邑，不有其地。

〔左氏附〕

（襄傳 · 十三 · 三）

荀罃、士魴卒。晉侯蒐于緜上以治兵，[一] 使士匄將中軍，辭曰："伯游長。[二] 昔臣習於知伯，是以佐之，非能賢也。[三] 請從伯游。"荀偃將中軍，[四] 士匄佐之。[五] 使韓起將上軍，辭以趙武。又使欒黶，[六] 辭曰："臣不如韓起。韓起願上趙武，君其聽之。"使趙武將上軍，[七] 韓起佐之。[八] 欒黶將下軍，魏絳佐之。[九] 新軍無帥，[一〇] 晉侯難其人，使其什吏，率其卒乘官屬，以從於下軍，禮也。[一一] 晉國之民是以大和，諸侯遂睦。

[一] 爲將命軍帥也，必蒐而命之，所以與衆共。

[二] 伯游，荀偃。

[三] 七年，韓厥老，知罃代將中軍，士匄佐之。匄今將讓，故謂爾時之舉，不以己賢，事見九年。

[四] 代荀罃。

[五] 位如故。

[六] 以武位卑，故不聽，更命黶。

[七] 武自新軍，超四等代荀偃。

[八] 位如故。

[九] 黶亦如故。絳自新軍佐，超一等代士魴。

[一〇] 將佐皆遷。

[一一] 得慎舉之禮。

君子曰："讓，禮之主也。范宣子讓，其下皆讓。欒黶爲汰〔一〕，弗敢違也。晉國以平，數世賴之。刑善也夫！[一]一人刑善，百姓休和，可不務乎？《書》曰：‘一人有慶，兆民賴之，其寧惟永〔二〕。’其是之謂乎？[二]周之興也，其《詩》曰：‘儀刑文王，萬邦作孚。’[三]言刑善也〔三〕。及其衰也，其《詩》曰：‘大夫不均，我從事獨賢。’[四]言不讓也。世之治也，君子尚能而讓其下，[五]小人農力以事其上，是以上下有禮，而讒慝黜遠，由不爭也，謂之懿德。及其亂也，君子稱其功以加小人，[六]小人伐其技以馮君子，[七]是以上下無禮，亂虐並生，由爭善也，[八]謂之昏德。國家之敝，恒必由之。”[九]

[一]刑，法也。

[二]《周書・吕刑》也。一人，天子也。寧，安也。永，長也。義取上有好善之慶，則下賴其福。

[三]《詩・大雅》。言文王善用法，故能爲萬國所信。孚，信也。

[四]《詩・小雅》。刺幽王役使不均，故從事者怨恨，稱己之勞以爲獨賢，無讓心。

[五]能者在下位，則貴尚而讓之。

[六]加，陵也。君子，在位者。

[七]馮，亦陵也。自稱其能爲伐。

[八]爭自善也。

[九]《傳》言晉之所以興。

〔一〕欒黶爲汰 “汰”，原作“汏”，據石經、興國軍本改。阮校曰：“石經、宋本‘汏’作‘汰’，是也，與葉抄《釋文》合。”

〔二〕其寧惟永 “惟”，興國軍本作“安”。

〔三〕言刑善也 “刑”，興國軍本同。阮刻本作“興”，皕忍堂本石經作雙鉤“刑”，恐非據阮刻本補，俟考。

〔襄經·十三·三〕

秋九月庚辰，楚子審卒。[一]

[一]共王也。成二年大夫盟于蜀。

（襄傳·十三·四）

楚子疾，告大夫曰："不穀不德，少主社稷，生十年而喪先君，未及習師保之教訓，而應受多福。[一]是以不德，而亡師于鄢，[二]以辱社稷，爲大夫憂，其弘多矣。[三]若以大夫之靈，獲保首領以歿於地，唯是春秋窀穸之事，[四]所以從先君於禰廟者，[五]請爲'靈'若'厲'。[六]大夫擇焉。"莫對。及五命，乃許。秋，楚共王卒，子囊謀謚。大夫曰："君有命矣。"子囊曰："君命以共，若之何毀之？赫赫楚國，而君臨之，撫有蠻夷，奄征南海，以屬諸夏。而知其過，可不謂共乎？請謚之'共'。"大夫從之。[七]

[一]多福，謂爲君。

[二]鄢在成十六年。

[三]弘，大也。

[四]窀，厚也。穸，夜也。厚夜，猶長夜。春秋謂祭祀，長夜謂葬埋。

[五]從先君代爲禰廟。

[六]欲受惡謚以歸先君也。亂而不損曰靈，戮殺不辜曰厲。

[七]《傳》言子囊之善。

〔左氏附〕

（襄傳·十三·五）

吳侵楚，養由基奔命，子庚以師繼之。[一]養叔曰："吳乘我喪，謂我不能師也，[二] 必易我而不戒。[三] 子爲三覆以待我，[四] 我請誘之。”子庚從之。戰于庸浦，[五] 大敗吳師，獲公子黨。君子以吳爲不弔。[六]《詩》曰：“不弔昊天，亂靡有定。”[七]

[一] 子庚，楚司馬。

[二] 養叔，養由基也。

[三] 戒，備也。

[四] 覆，伏兵。

[五] 庸浦，楚地。

[六] 不用天道相弔恤。

[七] 言不爲昊天所恤，則致罪也。爲明年會向《傳》。

〔襄經・十三・四〕

冬，城防。

（襄傳・十三・六）

冬，城防。書，事時也。[一] 於是將早城，臧武仲請俟畢農事，禮也。

[一] 土功雖有常節，通以事閒爲時。

〔左氏附〕

（襄傳・十三・七）

鄭良霄、大宰石㚟猶在楚。[一] 石㚟言於子囊曰：“先王卜征五年，[二] 而歲習其祥，祥習則行，[三] 不習則增脩德而改卜。[四] 今楚實不競，行人何罪？[五] 止鄭一卿，以除其偪，[六] 使睦而疾楚，以固於晉，焉用之？[七] 使歸而廢其使，[八] 怨其君以疾其大夫，而相牽引也，不猶愈乎？”楚人歸之。

［一］十一年楚人執之至今。

［二］先征五年而卜吉凶也。征，謂巡守征行。

［三］五年五卜，皆同吉，乃巡狩。

［四］不習，謂卜不吉。

［五］不能脩德與晉競。

［六］一卿，謂良霄。

［七］位不偪則大臣睦，怨疾楚則事晉固。

［八］行而見執於楚，鄭又遂堅事晉，是鄭廢本見使之意。

襄公十四年

〔襄經·十四·一〕

十有四年春王正月，季孫宿、叔老會晉士匄、齊人、宋人、衛人、鄭公孫蠆、曹人、莒人、邾人、滕人、薛人、杞人、小邾人會吳于向。[一]

［一］叔老，聲伯子也。魯使二卿會晉，敬事霸國。晉人自是輕魯幣而益敬其使，故叔老雖介，亦列於會也。齊崔杼、宋華閱、衛北宮括在會，惰慢不攝，故貶稱“人”。蓋欲以督率諸侯，奬成霸功也。吳來在向，諸侯會之，故曰“會吳”。向，鄭地。

(襄傳·十四·一)

十四年春，吳告敗于晉。[一]會于向，爲吳謀楚故也。[二]范宣子數吳之不德也，以退吳人。[三]執莒公子務婁，[四]以其通楚使也。[五]將執戎子駒支，[六]范宣子親數諸朝，[七]曰：“來！姜戎氏。昔秦人迫逐乃祖吾離于瓜州，[八]乃祖吾離被苫蓋，[九]蒙荆棘，以來歸我先君。[一〇]我先君惠公有不腆之田，[一一]與女剖分而食之。[一二]今諸侯之事我寡君，不如昔者，蓋言語漏洩，則職女之由。[一三]詰朝之事，爾無與焉。[一四]與，將執女。”對曰：“昔秦人負恃其衆，貪于土地，逐我諸戎。惠公蠲其大德，[一五]謂我諸戎是四嶽之裔胄也，[一六]毋是翦棄。[一七]賜我南鄙之田，狐貍所居，豺狼所嗥。我諸戎除翦其荆棘，驅其狐貍豺狼，以爲先君不侵不叛之臣，至于今不貳。[一八]昔文公與秦伐鄭，秦人竊與鄭盟而舍戍焉，[一九]於是乎有殽之師。[二〇]晉禦其上，戎亢其下。[二一]秦師不復，我諸戎實然。譬如捕鹿，晉人角之，諸戎掎之，[二二]與晉踣之。[二三]戎何以不免？自是以來，晉之百役，與我諸戎相繼于時，[二四]以從執政，猶殽志也，[二五]豈敢離遏？今官之師旅，無乃實有所闕，以攜諸侯而罪我諸戎。我諸戎飲食衣服不與華同，贄幣不通，言語不達，何惡之能爲？不與於會，亦無瞢焉。”[二六]賦《青蠅》而退。[二七]宣子辭焉，[二八]使即事於會，成愷悌也。[二九]於是子叔齊子爲季武子介以會，自是晉人輕魯幣而益敬其使。[三〇]

[一]前年爲楚所敗。

[二]謀爲吴伐楚。

[三]吴伐楚喪，故以爲不德。數而遣之，卒不爲伐楚。

[四]在會不書，非卿。

[五]莒貳於楚，故比年伐魯。

[六]駒支，戎子名。

[七]行之所在，亦設朝位。

[八]四嶽之後皆姜姓，又别爲允姓。瓜州地在今燉煌。

[九]蓋，苫之别名。

[一〇]蒙，冒也。

[一一]腆，厚也。

[一二]中分爲剖。

[一三]職，主也。

[一四]詰朝，明旦。不使復得與會事。

[一五]昬，明也。

［一六］四嶽，堯時方伯，姜姓也。裔，遠也。胄，後也。

［一七］翦，削也。

［一八］不內侵，亦不外叛。

［一九］在僖三十年。

［二〇］在僖三十三年。

［二一］亢，猶當也。

［二二］掎其足也。

［二三］踣，僵也。

［二四］言給晉役不曠時。

［二五］意常如殽，無中二也。

［二六］瞢，悶也。

［二七］《青蠅》，《詩·小雅》。取其“愷悌君子，無信讒言”。

［二八］辭，謝。

［二九］成愷悌，不信讒也。不書者，戎爲晉屬，不得特達。

［三〇］齊子，叔老字也。言晉敬魯使，《經》所以並書二卿。

〔左氏附〕

（襄傳·十四·二）

吳子諸樊既除喪，[一]將立季札，[二]季札辭曰：“曹宣公之卒也，諸侯與曹人不義曹君，[三]將立子臧。子臧去之，遂弗爲也，以成曹君。君子曰：‘能守節。’君，義嗣也，[四]誰敢奸君？有國，非吾節也。札雖不才，願附於子臧，以無失節。”固立之，棄其室而耕，乃舍之。[五]

［一］諸樊，吳子乘之長子也。乘卒，至此春十七月，既葬而除喪。

［二］札，諸樊少弟。

［三］曹君，公子負芻也。殺大子而自立，事在成十三年。

［四］諸樊適子，故曰“義嗣”。

［五］《傳》言季札之讓，且明吳兄弟相傳。

〔襄經·十四·二〕

二月乙未朔，日有食之。［一］

［一］無《傳》。

〔襄經·十四·三〕

夏四月，叔孫豹會晉荀偃、齊人、宋人、衛北宫括、鄭公孫蠆、曹人、莒人、邾人、滕人、薛人、杞人、小邾人伐秦。［一］

［一］齊、宋大夫不書，義與向同。

（襄傳·十四·三）

夏，諸侯之大夫從晉侯伐秦，以報櫟之役也。［一］晉侯待于竟，使六卿帥諸侯之師以進。［二］及涇，不濟。［三］叔向見叔孫穆子，穆子賦《匏有苦葉》。［四］叔向退而具舟，魯人、莒人先濟。鄭子蟜見衛北宫懿子曰：“與人而不固，取惡莫甚焉。若社稷何？”懿子説。二子見諸侯之師而勸之濟，濟涇而次。［五］秦人毒涇上流，師人多死。［六］鄭司馬子蟜帥鄭師以進，師皆從之，至于棫林，［七］不獲成焉。［八］荀偃令曰：“雞鳴而駕，塞井夷竈，［九］唯余馬首是瞻。”［一〇］欒黶曰：“晉國之命，未是有也，余馬首欲東。”乃歸。［一一］下軍從之。左史謂魏莊子曰：“不待中行伯乎？”［一二］莊子曰："夫子命從帥，[一三]欒伯吾帥也，吾將從之。從帥，所以待夫子也。"[一四]伯游曰："吾今實過，悔之何及，多遺秦禽。"[一五]乃命大還。晉人謂之遷延之役。[一六]欒鍼曰："此役也，報櫟之敗也。役又無功，晉之耻也。吾有二位於戎路，[一七]敢不耻乎？"與士鞅馳秦師，死焉。士鞅反，[一八]欒黶謂士匄曰："余弟不欲往，而子召之。余弟死而子來，是而子殺余之弟也。弗逐，余亦將殺之。"士鞅奔秦。[一九]

［一］櫟役在十一年。

［二］言《經》所以不稱晉侯。

［三］諸侯之師不肯渡也。涇水出安定朝那縣，至京兆高陵縣入渭。

［四］《詩·邶風》也。義取於"深則厲，淺則揭"，言己志在於必濟。

［五］《傳》言北宮括所以書於伐秦。

［六］飲毒水故。

［七］棫林，秦地。

［八］秦不服。

［九］示不反。

［一〇］言進退從己。

［一一］黶惡偃自專，故棄之歸。

［一二］中行伯，荀偃也。莊子，魏絳也。左史，晉大夫。

［一三］夫子，謂荀偃。

［一四］以從命爲待也。欒黶下軍帥，莊子爲佐，故曰"吾帥"。

［一五］軍師不和，恐多爲秦所禽獲。

［一六］遷延，却退。

［一七］欒鍼，欒黶弟也。二位，謂黶將下軍，鍼爲戎右。

［一八］鞅，士匄子。

［一九］欒黶汰侈，誣逐士鞅也。而，女也。

於是齊崔杼、宋華閱、仲江會伐秦，不書，惰也。[一]向之會亦如之。衛北宮括不書於向，[二]書於伐秦，攝也。[三]秦伯問於士鞅曰："晉大夫其誰先亡？"對曰："其欒氏乎？"秦伯曰："以其汰乎？"對曰："然。欒黶汰虐已甚，猶可以免，其在盈乎？"[四]秦伯曰："何故？"對曰："武子之德在民，如周人之思召公焉，愛其甘棠，況其子乎？[五]欒黶死，盈之善未能及人，武子所施沒矣，而黶之怨實章，將於是乎在。"秦伯以爲知言，爲之請於晉而復之。[六]

［一］臨事惰慢不脩也。仲江，宋公孫師之子。

［二］亦惰。

［三］能自攝整，從鄭子蟜俱濟涇。

［四］盈，黶之子。

［五］武子，欒書，黶之父也。召公奭聽訟於甘棠之下，周人思之，不害其樹而作勿伐之詩，在《召南》。

［六］爲《傳》二十一年晉滅欒氏張本。

〔襄經·十四·四〕

己未，衛侯出奔齊。[一]

［一］諸侯之策書孫、甯逐衛侯。《春秋》以其自取奔亡之禍，以諸侯失國者，皆不書逐君之賊也。不書名，從告。

(襄傳·十四·四)

衛獻公戒孫文子、甯惠子食，[一]皆服而朝。[二]日旰不召，[三]而射鴻於囿，二子從之。[四]不釋皮冠而與之言。[五]二子怒。孫文子如戚，[六]孫蒯入使，[七]公飲之酒，使大師歌《巧言》之卒章。[八]大師辭，師曹請爲之。[九]初，公有嬖妾，使師曹誨之琴。[一〇]師曹鞭之，公怒，鞭師曹三百，故師曹欲歌之以怒孫子，以報公。公使歌之，遂誦之。[一一]蒯懼，告文子，文子曰："君忌我矣，弗先必死。"[一二]并帑於戚。[一三]而入見蘧伯玉曰："君之暴虐，子所知也。大懼社稷之傾覆，將若之何？"[一四]對曰："君制其國，臣敢奸之？[一五]雖奸之，庸知愈乎？"[一六]遂行，從近關出。[一七]

［一］勑戒二子，欲共宴食。

［二］服朝服，待命於朝。

［三］旰，晏也。

［四］從公於囿。

［五］皮冠，田獵之冠也。既不釋冠，又不與食。

［六］戚，孫文子邑。

［七］孫蒯，孫文子之子。

［八］《巧言》，《詩·小雅》。其卒章曰："彼何人斯，居河之麋，無拳無勇，職爲亂階。"戚，衛河上邑。公欲以喻文子居河上而爲亂。大師，掌樂大夫。

［九］辭以爲不可。師曹，樂人。

［一〇］誨，教也。

［一一］恐孫蒯不解故。

［一二］欲先公作亂。

［一三］帑，子也。

［一四］伯玉，蘧瑗。

［一五］奸，猶犯也。

［一六］言逐君更立，未知當差否。

［一七］懼難作，欲速出竟。

公使子蟜、子伯、子皮與孫子盟于丘宫，孫子皆殺之。[一] 四月己未，子展奔齊，[二] 公如鄄。[三] 使子行於孫子，孫子又殺之。[四] 公出奔齊。孫氏追之，敗公徒于阿澤，[五] 鄄人執之。[六] 初，尹公佗學射於庾公差，庾公差學射於公孫丁。二子追公，[七] 公孫丁御公，[八] 子魚曰："射爲背師，不射爲戮，射爲禮乎？" [九] 射兩軥而還。[一〇] 尹公佗曰："子爲師，我則遠矣。"乃反之。[一一] 公孫丁授公轡而射之，貫臂。[一二]

［一］三子，衛群公子。疑孫子，故盟之。丘宫，近戚地。

［二］子展，衛獻公弟。

［三］鄄，衛地。

［四］使，往請和也。子行，群公子。

［五］濟北東阿縣西南有大澤。

［六］公徒因敗散還，故爲公執之。

［七］二子，佗與差。爲孫氏逐公。

［八］爲公御也。

［九］子魚，庾公差。禮，射不求中。

［一〇］軥，車軛卷者。

［一一］佗不從丁學，故言遠。始與公差俱退，悔而獨還射丁。

［一二］貫佗臂。

子鮮從公，[一]及竟，公使祝宗告亡，且告無罪。[二]定姜曰：“無神何告？若有，不可誣也。[三]有罪，若何告無？舍大臣而與小臣謀，一罪也。先君有冢卿以爲師保而蔑之，二罪也。[四]余以巾櫛事先君，而暴妾使余，三罪也。告亡而已，無告無罪。”[五]公使厚成叔弔于衛曰：“寡君使瘠，聞君不撫社稷，而越在他竟，[六]若之何不弔？以同盟之故，使瘠敢私於執事，[七]曰：‘有君不弔，[八]有臣不敏。[九]君不赦宥，臣亦不帥職，增淫發洩，其若之何？’”衛人使大叔儀對，[一〇]曰：“群臣不佞，得罪於寡君。寡君不以即刑，而悼棄之，以爲君憂。君不忘先君之好，辱弔群臣，又重恤之。[一一]敢拜君命之辱，重拜大貺。”[一二]厚孫歸，復命，語臧武仲曰：“衛君其必歸乎？有大叔儀以守，[一三]有母弟鱄以出，或撫其内，或營其外，能無歸乎？”

[一] 子鮮，公母弟。

[二] 告宗廟也。

[三] 誣，欺也。定姜，公適母。

[四] 謂不釋皮冠之比。

[五] 時姜在國，故不使得告無罪。

[六] 越，遠也。瘠，厚成叔名。

[七] 執事，衛諸大夫。

[八] 弔，恤也。

[九] 敏，達也。

[一〇] 大叔儀，衛大夫。

[一一] 重恤，謂愍其不達也。

［一二］謝重恤之賜。

［一三］守於國。

齊人以郲寄衛侯。[一] 及其復也，以郲糧歸。[二] 右宰穀從而逃歸，衛人將殺之，[三] 辭曰："余不説初矣，[四] 余狐裘而羔袖。"[五] 乃赦之。

［一］郲，齊所滅郲國。

［二］言其貪。

［三］穀，衛大夫也。以其從君，故欲殺之。

［四］言初從君，非説之，不獲已耳。

［五］言一身盡善，唯少有惡。喻己雖從君出，其罪不多。

衛人立公孫剽，[一] 孫林父、甯殖相之，以聽命於諸侯。[二] 衛侯在郲，臧紇如齊唁衛侯。衛侯與之言，虐。退而告其人曰："衛侯其不得入矣。其言，糞土也。亡而不變，何以復國？"[三] 子展、子鮮聞之，見臧紇，與之言道。[四] 臧孫説，謂其人曰："衛君必入。夫二子者，或輓之，或推之，欲無入，得乎？"[五]

［一］剽，穆公孫。

［二］聽盟會之命。

［三］武仲不書，未爲卿。

［四］順道理。

［五］爲二十六年衛侯歸《傳》。

〔左氏附〕

（襄傳·十四·五）

師歸自伐秦。晉侯舍新軍，禮也。成國不過半天子之軍。[一]周爲六軍，諸侯之大者，三軍可也。於是知朔生盈而死，[二]盈生六年而武子卒，彘裘亦幼，皆未可立也。新軍無帥，故舍之。[三]

［一］成國，大國。

［二］朔，知罃之長子。盈，朔弟也。盈生而朔死。

［三］裘，士魴子也。十三年，荀罃、士魴卒，其子皆幼，未任爲卿，故新軍無帥，遂舍之。

〔左氏附〕

（襄傳·十四·六）

師曠侍於晉侯。[一]晉侯曰："衛人出其君，不亦甚乎？"對曰："或者其君實甚。良君將賞善而刑淫，養民如子，蓋之如天，容之如地。民奉其君，愛之如父母，仰之如日月，敬之如神明，畏之如雷霆，其可出乎？夫君，神之主也，民之望也。若困民之主，匱神乏祀，百姓絶望，社稷無主，將安用之？弗去何爲？天生民而立之君，使司牧之，勿使失性。有君而爲之貳，[二]使師保之，勿使過度。是故天子有公，諸侯有卿，卿置側室，[三]大夫有貳宗，[四]士有朋友，庶人、工、商、皂、隸、牧、圉皆有親暱，以相輔佐也。善則賞之，[五]過則匡之，[六]患則救之，[七]失則革之。[八]自王以下，各有父兄子弟，以補察其政。[九]史爲書，[一〇]瞽爲詩，[一一]工誦箴諫，[一二]大夫規誨，[一三]

士傳言，[一四]庶人謗，[一五]商旅于市，[一六]百工獻藝。[一七]故《夏書》曰：‘遒人以木鐸徇于路。[一八]官師相規，[一九]工執藝事以諫。’[二〇]正月孟春，於是乎有之，諫失常也。[二一]天之愛民甚矣，豈其使一人肆於民上，[二二]以從其淫而棄天地之性，必不然矣。”[二三]

［一］師曠，晉樂大師子野。

［二］貳，卿佐。

［三］側室，支子之官。

［四］貳宗，宗子之副貳者。

［五］賞，謂宣揚。

［六］匡，正也。

［七］救，其難也。

［八］革，更也。

［九］補其愆過，察其得失。

［一〇］謂大史君舉則書。

［一一］瞽，盲者。爲詩以風刺。

［一二］工，樂人也。誦箴諫之辭。

［一三］規正諫誨其君。

［一四］士卑不得徑達，聞君過失，傳告大夫。

［一五］庶人不與政，聞君過則誹謗。

［一六］旅，陳也。陳其貨物，以示時所貴尚。

［一七］獻其技藝，以喻政事。

［一八］逸《書》。遒人，行令之官也。木鐸，木舌金鈴。徇於路，求歌謠之言。

［一九］官師，大夫，自相規正。

［二〇］所謂獻藝。

［二一］有道人徇路之事。

［二二］肆，放也。

［二三］《傳》言師曠能因問盡言〔一〕。

〔襄經·十四·五〕

莒人侵我東鄙。[一]

［一］無《傳》。報入鄆。

〔襄經·十四·六〕

秋，楚公子貞帥師伐吳。

（襄傳·十四·七）

秋，楚子爲庸浦之役故，[一]子囊師于棠以伐吳。吳不出而還，子囊殿，[二]以吳爲不能而弗儆。吳人自皋舟之隘要而擊之，[三]楚人不能相救，吳人敗之，獲楚公子宜穀。[四]

［一］在前年。

［二］殿軍後。

［三］皋舟，吳險阸之道。

［四］《傳》言不備，不可以師。

〔左氏附〕

（襄傳·十四·八）

王使劉定公賜齊侯命，[一]曰："昔伯舅大公，右我先

〔一〕傳言師曠能因問盡言　前"言"字，興國軍本作"善"。

王，股肱周室，師保萬民，世胙大師，以表東海。[二] 王室之不壞，繄伯舅是賴。[三] 今余命女環，[四] 兹率舅氏之典，纂乃祖考，無忝乃舊。敬之哉！無廢朕命！”[五]

［一］將昏於齊故也。定公，劉夏，位賤，以能而使之。《傳》稱謚，舉其終。

［二］胙，報也。表，顯也。謂顯封東海，以報大師之功。

［三］繄，發聲。

［四］環，齊靈公名。

［五］纂，繼也。因昏而加襃顯，《傳》言王室不能命有功。

〔襄經·十四·七〕

冬，季孫宿會晉士匄、宋華閱、衛孫林父、鄭公孫蠆、莒人、邾人于戚。

（襄傳·十四·九）

晉侯問衛故於中行獻子。[一] 對曰：“不如因而定之。衛有君矣，[二] 伐之未可以得志而勤諸侯。史佚有言曰：‘因重而撫之。’[三] 仲虺有言曰：‘亡者侮之，亂者取之，推亡固存，國之道也。’[四] 君其定衛以待時乎！”[五] 冬，會于戚，謀定衛也。[六]

［一］問衛逐君當討否。獻子，荀偃。

［二］謂剽已立。

［三］重不可移，就撫安之。

［四］仲虺，湯左相。

［五］待其昏亂之時乃伐之。

［六］定立剽。

〔左氏附〕

（襄傳·十四·十）

范宣子假羽毛於齊而弗歸，齊人始貳。[一]

［一］析羽爲旌，王者游車之所建。齊私有之，因謂之“羽毛”。宣子聞而借觀之。

〔左氏附〕

（襄傳·十四·十一）

楚子囊還自伐吳，卒。將死，遺言謂子庚：“必城郢。”[一]君子謂：“子囊忠，君薨不忘增其名，[二]將死不忘衛社稷，可不謂忠乎！忠，民之望也。《詩》曰‘行歸于周，萬民所望’，忠也。”[三]

［一］楚徙都郢，未有城郭。公子燮、公子儀因築城爲亂，事未得訖，子囊欲訖而未暇，故遺言見意。

［二］謂前年謚君爲共。

［三］《詩·小雅》。忠信爲周。言德行歸於忠信，即爲萬民所瞻望。

襄公十五年

〔襄經 · 十五 · 一〕

十有五年春，宋公使向戌來聘。二月己亥，及向戌盟于劉。

（襄傳 · 十五 · 一）

十五年春，宋向戌來聘，且尋盟。[一]見孟獻子，尤其室，[二]曰：“子有令聞而美其室，非所望也。”對曰：“我在晉，吾兄爲之，毁之重勞，且不敢間。”[三]

［一］報二年豹之聘，尋十一年亳之盟。

［二］尤，責過也。

［三］《傳》言獻子友于兄，且不隱其實。

〔襄經 · 十五 · 二〕

劉夏逆王后于齊。[一]

［一］劉，采地。夏，名也。天子卿書字，劉夏非卿，故書名。天子無外，所命則成，故不言逆女。

（襄傳 · 十五 · 二）

官師從單靖公逆王后于齊，卿不行，非禮也。[一]

［一］官師，劉夏也。天子官師，非卿也。劉夏獨過魯告昏，故不書單靖公。天子不親昏，使上卿逆而公監之，故曰“卿不行，非禮”。

〔左氏附〕

（襄傳 · 十五 · 三）

楚公子午爲令尹，[一]公子罷戎爲右尹，蔿子馮爲大司馬，[二] 公子櫜師爲右司馬，公子成爲左司馬，屈到爲莫敖，[三] 公子追舒爲箴尹，[四] 屈蕩爲連尹，養由基爲宮廄尹，以靖國人。君子謂："楚於是乎能官人。官人，國之急也。能官人則民無覦心。[五]《詩》云'嗟我懷人，寘彼周行'，能官人也。[六] 王及公、侯、伯、子、男、甸、采、衛、大夫，各居其列，所謂'周行'也。"[七]

［一］代子囊。

［二］子馮〔一〕，叔敖從子。

［三］屈到，屈蕩子。

［四］追舒，莊王子子南。

［五］無覬覦以求幸。

［六］《詩·周南》也。寘，置也。行，列也。周，徧也。詩人嗟嘆，言我思得賢人，置之徧於列位，是后妃之志，以官人爲急。

［七］言自王以下，諸侯大夫各任其職，則是詩人周行之志也。甸、采、衛，五服之名也。天子所居千里曰圻，其外曰侯服，次曰甸服，次曰男服，次曰采服，次曰衛服。五百里爲一服，不言侯、男，略舉也。

〔一〕 方炫琛曰："《左·襄二十五》'楚子以滅舒鳩賞子木，辭曰"先大夫爲子之功也"'，杜注'往年楚子將伐舒鳩，蔿子馮請退師以須其叛，楚子從之，卒獲舒鳩'，謂蔿子即蔿子馮，杜注所謂蔿子馮請退師事，見《左·襄二十四》，《左·襄二十四》作'薳子'，杜注'令尹薳子馮'，則薳子即蔿子，與薳子馮、蔿子馮爲一人也。《左·襄十五》'蔿子馮爲大司馬'，杜注'子馮，叔敖從子'，叔敖即孫叔敖，又稱蔿敖，蔿乃其氏，則蔿子馮之蔿亦其氏也。稱蔿子，以氏配子，皆春秋卿大夫稱謂之常例。"

〔左氏附〕

(襄傳·十五·四)

鄭尉氏、司氏之亂，其餘盜在宋。[一] 鄭人以子西、伯有、子產之故納賂于宋，[二] 以馬四十乘，[三] 與師茷、師慧。[四] 三月，公孫黑爲質焉。[五] 司城子罕以堵女父、尉翩、司齊與之，良司臣而逸之，[六] 託諸季武子，武子寘諸卞。[七] 鄭人醢之，三人也。[八] 師慧過宋朝，將私焉。[九] 其相曰："朝也。"[一〇] 慧曰："無人焉?"相曰："朝也，何故無人?"慧曰："必無人焉。若猶有人，豈其以千乘之相，易淫樂之矇? 必無人焉故也。"[一一] 子罕聞之，固請而歸之。[一二]

[一] 亂在十年。

[二] 三子之父皆爲尉氏所殺故。

[三] 百六十匹。

[四] 樂師也。茷、慧其名。

[五] 公孫黑，子晳。

[六] 賢而放之。

[七] 子罕以司臣託季氏。

[八] 三人，堵女父、尉翩、司齊。

[九] 私，小便。

[一〇] 相，師者。

[一一] 千乘相，謂子產等也。言不爲子產殺三盜，得賂而歸之，是重淫樂而輕相國。

[一二] 言子罕能改過。

〔襄經·十五·三〕

夏，齊侯伐我北鄙，圍成。公救成，至遇。[一]

［一］無《傳》。遇，魯地。書"至遇"，公畏齊，不敢至成。

(襄傳·十五·五)

夏，齊侯圍成，貳於晉故也。[一]於是乎城成郛。[二]

［一］不畏霸主，故敢伐魯。

［二］郛，郭也。

〔襄經·十五·四〕

季孫宿、叔孫豹帥師城成郛。[一]

［一］備齊，故夏城，非例所譏。

〔襄經·十五·五〕

秋八月丁巳，日有食之。[一]

［一］無《傳》。八月無丁巳。丁巳，七月一日也。日月必有誤。

〔襄經·十五·六〕

邾人伐我南鄙。

(襄傳·十五·六)

秋，邾人伐我南鄙。[一]使告于晉，晉將爲會以討邾、莒，[二]晉侯有疾，乃止。冬，晉悼公卒，遂不克會。[三]

［一］亦貳於晉故。

［二］十二年、十四年莒人伐魯，未之討也。

［三］爲明年會溴梁《傳》。

〔襄經 · 十五 · 七〕

冬十有一月癸亥，晉侯周卒。[一]

［一］四同盟。

〔左氏附〕

（襄傳 · 十五 · 七）

鄭公孫夏如晉奔喪，子蟜送葬。[一]

［一］夏，子西也。言諸侯畏晉，故卿共葬。

〔左氏附〕

（襄傳 · 十五 · 八）

宋人或得玉，獻諸子罕。子罕弗受。獻玉者曰："以示玉人，[一] 玉人以爲寶也，故敢獻之。"子罕曰："我以不貪爲寶，爾以玉爲寶，若以與我，皆喪寶也，不若人有其寶。"稽首而告曰："小人懷璧，不可以越鄉。[二] 納此以請死也。"[三] 子罕寘諸其里，使玉人爲之攻之，[四] 富而後使復其所。[五]

［一］玉人，能治玉者。

［二］言必爲盜所害。

［三］請免死。

［四］攻，治也。

［五］賣玉得富。

〔左氏附〕

（襄傳・十五・九）

十二月，鄭人奪堵狗之妻，而歸諸范氏。[一]

［一］堵狗，堵女父之族。狗娶於晉范氏，鄭人既誅女父，畏狗因范氏而作亂，故奪其妻歸范氏，先絶之。《傳》言鄭之有謀。

春秋左氏經傳集解襄公三第十六

春秋左氏經傳集解襄公三第十六〔一〕

杜　氏

襄公十六年

〔襄經 · 十六 · 一〕

十有六年春王正月，葬晉悼公。[一]

[一] 踰月而葬，速也。

（襄傳 · 十六 · 一）

十六年春，葬晉悼公。

〔襄經 · 十六 · 二〕

三月，公會晉侯、宋公、衛侯、鄭伯、曹伯、莒子、邾子、薛伯、杞伯、小邾子于溴梁。[一] **戊寅，大夫盟。**[二]

[一] 不書高厚，逃歸故也。溴水出河内軹縣，東南至溫入河。

[二] 諸大夫本欲盟高厚，高厚逃歸，故遂自共盟。雞澤會重序諸侯，今此間無異事，即上諸侯大夫可知。

（襄傳 · 十六 · 二）

平公即位，[一] 羊舌肸爲傅，[二] 張君臣爲中軍司馬，[三] 祁奚、韓襄、欒盈、士鞅爲公族大夫，[四] 虞丘書爲乘馬

〔一〕 原卷標題“襄”字後闕“公”字，據本書體例補。

御。[五]改服脩官，烝于曲沃。[六]警守而下，會于溴梁，[七]命歸侵田。[八]

[一] 平公，悼公子彪。

[二] 肸，叔向也。代士渥濁。

[三] 張老子，代其父。

[四] 祁奚去中軍尉爲公族大夫，去劇職，就閒官。韓襄，無忌子也。

[五] 代程鄭。

[六] 既葬，改喪服。脩官，選賢能。曲沃，晉祖廟。烝，冬祭也。諸侯五月而葬。既葬，卒哭，作主，然後烝嘗於廟。今晉踰月葬，作主而烝祭。《傳》言晉將有溴梁之會，故速葬。

[七] 順河東行，故曰"下"。

[八] 諸侯相侵取之田。

〔襄經·十六·三〕

晉人執莒子、邾子以歸。[一]

[一] 邾、莒二國數侵魯，又無道於其民，故稱人以執。不以歸京師，非禮也。

(襄傳·十六·三)

以我故，執邾宣公、莒犂比公，[一]且曰："通齊、楚之使。"[二]晉侯與諸侯宴于溫，使諸大夫舞，曰："歌詩必類。"[三]齊高厚之詩不類。[四]荀偃怒，且曰："諸侯有異志矣。"使諸大夫盟高厚，高厚逃歸。[五]於是叔孫豹、晉荀偃、宋向戌、衛甯殖、鄭公孫蠆、小邾之大夫盟曰"同討不庭"。[六]

［一］犂比，莒子號也。十二年、十四年莒人侵魯，前年邾人伐魯。晉將爲魯討之，悼公卒，不克會，故平公終其事。

［二］邾、莒在齊、楚往來道中，故并以此責之。《經》書執在大夫盟下，既盟而後告。

［三］歌古詩，當使各從義類。

［四］齊有二心故。

［五］齊爲大國，高厚若此，知小國必當有從者。

［六］自曹以下大夫不書，故《傳》舉小邾以包之。

〔襄經·十六·四〕

齊侯伐我北鄙。[一]

［一］無《傳》。齊貳晉故。

〔襄經·十六·五〕

夏，公至自會。[一]

［一］無《傳》。

〔襄經·十六·六〕

五月甲子，地震。[一]

［一］無《傳》。

〔襄經·十六·七〕

叔老會鄭伯、晉荀偃、衛甯殖、宋人伐許。[一]

［一］荀偃主兵，當序鄭上。方示叔老可以會鄭伯，故荀偃在下。

（襄傳·十六·四）

許男請遷于晉。[一]諸侯遂遷許，許大夫不可。晉人歸諸侯。[二]

［一］許欲叛楚。

［二］唯以其師討許之不肯遷。

鄭子蟜聞將伐許，遂相鄭伯，以從諸侯之師。[一]穆叔從公。[二]齊子帥師會晉荀偃。書曰“會鄭伯”，爲夷故也。[三]

［一］鄭與許有宿怨，故其君親行。

［二］從公歸。

［三］夷，平也。《春秋》於魯事所記，不與外事同者，客主之言，所以爲文，固當異也。魯卿每會公侯，《春秋》無譏，故於此示例。不先書主兵之荀偃，而書後至之鄭伯，時皆諸侯大夫，義取皆平，故得會鄭伯。

夏六月，次于棫林。庚寅，伐許，次于函氏。[一]

［一］棫林、函氏，皆許地。

〔左氏附〕

（襄傳·十六·五）

晉荀偃、欒黶帥師伐楚，以報宋揚梁之役。[一]楚公子格帥師及晉師戰于湛阪，[二]楚師敗績，晉師遂侵方城之外。[三]復伐許而還。[四]

［一］晉師獨進。揚梁役在十二年。

［二］襄城昆陽縣北有湛水，東入汝。

［三］不書，不告。

［四］許未遷故。

〔襄經·十六·八〕

秋，齊侯伐我北鄙，圍成。

（襄傳·十六·六）

秋，齊侯圍成，[一] 孟孺子速徼之。[二] 齊侯曰："是好勇，去之以爲之名。"速遂塞海陘而還。[三]

［一］成，魯孟氏邑，貳晉，故伐魯。

［二］孟獻子之子莊子速也。徼，要也。

［三］海陘，魯隘道。

〔襄經·十六·九〕

大雩。[一]

［一］無《傳》。書，過。

〔襄經·十六·十〕

冬，叔孫豹如晉。

（襄傳·十六·七）

冬，穆叔如晉聘，且言齊故。[一] 晉人曰："以寡君之未禘祀，[二] 與民之未息。[三] 不然，不敢忘。"穆叔曰："以齊人之朝夕釋憾於敝邑之地，是以大請。敝邑之急，朝不及夕，引領西望，曰：'庶幾乎？'[四] 比執事之閒，恐無及也。"見中行獻子，賦《圻父》。[五] 獻子曰："偃知罪矣。

敢不從執事以同恤社稷，而使魯及此。”[六] 見范宣子，賦《鴻鴈》之卒章。[七] 宣子曰：“匄在此，敢使魯無鳩乎？”[八]

［一］言齊再伐魯。

［二］禘祀，三年喪畢之吉祭。

［三］新伐許及楚。

［四］庶幾晉來救。

［五］《圻父》，《詩·小雅》。周司馬掌封畿之兵甲，故謂之“圻父”。詩人責圻父爲王爪牙，不脩其職，使百姓受困苦之憂，而無所止居。

［六］及此憂。

［七］《鴻鴈》，《詩·小雅》。卒章曰：“鴻鴈于飛，哀鳴嗸嗸。唯此哲人，謂我劬勞。”言魯憂困，嗸嗸然若鴻鴈之失所。大曰鴻，小曰鴈。

［八］鳩，集也。

襄公十七年

〔襄經·十七·一〕

十有七年春王二月庚午，邾子牼卒。[一]

［一］無《傳》。宣公也。四同盟。

〔襄經·十七·二〕

宋人伐陳。

（襄傳·十七·一）

十七年春，宋莊朝伐陳，獲司徒卬，卑宋也。[一]

［一］司徒卬，陳大夫。卑宋，不設備。

〔襄經·十七·三〕

夏，衛石買帥師伐曹。[一]

［一］買，石稷子。

（襄傳·十七·二）

衛孫蒯田于曹隧，[一]飲馬于重丘，[二]毀其瓶。重丘人閉門而訽之，[三]曰："親逐而君，爾父爲厲，[四]是之不憂，而何以田爲？"夏，衛石買、孫蒯伐曹取重丘。[五]曹人愬于晉。[六]

［一］越竟而獵。孫蒯，林父之子。

［二］重丘，曹邑。

［三］訽，駡也。

［四］厲，惡鬼。林父逐君在十四年。

［五］孫蒯不書，非卿。

［六］爲明年晉人執石買《傳》。

〔襄經·十七·四〕

秋，齊侯伐我北鄙，圍桃。高厚帥師伐我北鄙，圍防。［一］

［一］弁縣東南有桃虚。

(襄傳·十七·三)

齊人以其未得志于我故，［一］秋，齊侯伐我北鄙，圍桃。高厚圍臧紇于防。［二］師自陽關逆臧孫，至于旅松。［三］郰叔紇、臧疇、臧賈帥甲三百，宵犯齊師，送之而復。［四］齊師去之。［五］

［一］前年圍成，辟孟孺子。

［二］防，臧紇邑。

［三］陽關在泰山鉅平縣東。旅松，近防地也。魯師畏齊，不敢至防。

［四］郰叔紇，叔梁紇。臧疇、臧賈，臧紇之昆弟也。三子與臧紇共在防，故夜送臧紇於旅松，而復還守防。

［五］失臧紇故。

齊人獲臧堅。［一］齊侯使夙沙衛唁之，且曰："無死。"［二］堅稽首曰："拜命之辱，抑君賜不終，姑又使其刑臣禮於士。"以杙抉其傷而死。［三］

［一］堅，臧紇之族。

［二］使無自殺。

［三］言使賤人來唁己，是惠賜不終也。夙沙衛奄人，故謂之"刑臣"。

〔襄經 · 十七 · 五〕

九月，大雩。[一]

[一] 無《傳》。書，過。

〔襄經 · 十七 · 六〕

宋華臣出奔陳。[一]

[一] 暴亂宗室，懼而出奔。實以冬出，書"秋"者，以始作亂時來告。

（襄傳 · 十七 · 五）

宋華閱卒。華臣弱皋比之室，[一]使賊殺其宰華吳。賊六人以鈹殺諸盧門合左師之後，[二]左師懼曰："老夫無罪。"賊曰："皋比私有討於吳。"遂幽其妻，[三]曰："畀余而大璧。"[四]宋公聞之曰："臣也，不唯其宗室是暴，大亂宋國之政，必逐之。"左師曰："臣也，亦卿也，大臣不順，國之耻也。不如蓋之。"乃舍之。左師爲己短策，苟過華臣之門，必騁。[五]十一月甲午，國人逐瘈狗。瘈狗入於華臣氏，國人從之。華臣懼，遂奔陳。[六]

[一] 臣，閱之弟。皋比，閱之子。弱，侵易之。

[二] 盧門，宋城門。合，向戌邑。後，屋後。

[三] 幽吳妻也。

[四] 畀，與也。

[五] 惡之。

[六] 華臣心不自安，見逐狗而驚走。

〔襄經 · 十七 · 七〕

冬，邾人伐我南鄙。

(襄傳 · 十七 · 四)

冬，邾人伐我南鄙，爲齊故也。[一]

[一] 齊未得志於魯，故邾助之。

〔左氏附〕

(襄傳 · 十七 · 六)

宋皇國父爲大宰，爲平公築臺，妨於農收。[一] 子罕請俟農功之畢，公弗許。築者謳曰："澤門之晳，實興我役。[二] 邑中之黔，實慰我心。"[三] 子罕聞之，親執朴，[四] 以行築者，而抶其不勉者，曰："吾儕小人，皆有闔廬以辟燥濕寒暑。[五] 今君爲一臺，而不速成，何以爲役？"[六] 謳者乃止。或問其故，子罕曰："宋國區區，而有詛有祝，禍之本也。"[七]

[一] 周十一月，今九月。收，斂時。

[二] 澤門，宋東城南門也。皇國父白晳，而居近澤門。

[三] 子罕黑色，而居邑中。

[四] 朴杖。

[五] 闔，謂門户閉塞。

[六] 役，事也。

[七]《傳》善子罕分謗。

〔左氏附〕

(襄傳 · 十七 · 七)

齊晏桓子卒。[一] 晏嬰麤縗斬，[二] 苴絰帶，杖，菅屨，[三] 食鬻，居倚廬，寢苫，枕草。[四] 其老曰："非大夫

之禮也。”[五]曰：“唯卿爲大夫。”[六]

［一］晏嬰父也。

［二］斬，不緝之也。縗在胸前，麤，三升布。

［三］苴，麻之有子者，取甚麤也。杖，竹杖。菅屨，草屨。

［四］此禮與《士喪禮》略同，其異唯枕草耳。然枕凷亦非《喪服》正文。

［五］時之所行，士及大夫縗服各有不同。晏子爲大夫而行士禮，其家臣不解，故譏之。

［六］晏子惡直己以斥時失禮，故孫辭略答家老。

襄公十八年

〔襄經·十八·一〕

十有八年春，白狄來。[一]

[一] 不言朝，不能行朝禮。

(襄傳·十八·一)

十八年春，白狄始來。[一]

[一] 白狄，狄之别名。未嘗與魯接，故曰“始”。

〔襄經·十八·二〕

夏，晉人執衛行人石買。[一]

[一] 石買即是伐曹者，宜即懲治本罪，而晉因其爲行人之使執之，故書“行人”以罪晉。

(襄傳·十八·二)

夏，晉人執衛行人石買于長子，執孫蒯于純留，[一] 爲曹故也。[二]

[一] 長子、純留二縣，今皆屬上黨郡。孫蒯不書，父在位，蒯非卿。

[二] 前年衛伐曹。

〔襄經·十八·三〕

秋，齊師伐我北鄙。[一]

[一] 不書齊侯，齊侯不入竟。

（襄傳·十八·三）

秋，齊侯伐我北鄙。中行獻子將伐齊，夢與厲公訟，弗勝。[一] 公以戈擊之，首隊於前，跪而戴之，奉之以走，見梗陽之巫皋。[二] 他日見諸道，與之言，同。[三] 巫曰："今兹主必死，若有事於東方，則可以逞。"[四] 獻子許諾。晉侯伐齊，將濟河，獻子以朱絲係玉二瑴[五] 而禱曰："齊環怙恃其險，負其衆庶，[六] 棄好背盟，陵虐神主。[七] 曾臣彪將率諸侯以討焉，[八] 其官臣偃實先後之〔一〕。[九] 苟捷有功，無作神羞，[一〇] 官臣偃無敢復濟〔二〕。[一一] 唯爾有神裁之。"沈玉而濟。

［一］厲公，獻子所弑者。

［二］梗陽，晉邑，在太原晉陽縣南。皋，巫名也，夢并見之。

［三］巫亦夢見獻子與厲公訟。

［四］巫知獻子有死徵，故勸使快意伐齊〔三〕。

［五］雙玉曰瑴。

［六］環，齊靈公名。負，依也。

［七］神主，民也。謂數伐魯，殘民人。

［八］彪，晉平公名。稱臣者，明上有天子，以謙告神。曾臣，猶末臣。

［九］守官之臣。偃，獻子名。

［一〇］羞，耻也。

［一一］偃信巫言，故以死自誓。

〔一〕 其官臣偃實先後之　"官"，原作"宦"，據石經改。

〔二〕 官臣偃無敢復濟　"官"，原作"宦"，據石經改。

〔三〕 故勸使快意伐齊　"快"，原作"決"，據興國軍本改。

〔襄經·十八·四〕

冬十月，公會晉侯、宋公、衛侯、鄭伯、曹伯、莒子、邾子、滕子、薛伯、杞伯、小邾子同圍齊。[一]

［一］齊數行不義，諸侯同心俱圍之。

(襄傳·十八·四)

冬十月，會于魯濟，尋湨梁之言，同伐齊。[一]齊侯禦諸平陰，塹防門而守之，廣里。[二]夙沙衛曰："不能戰，莫如守險。"[三]弗聽。諸侯之士門焉，齊人多死。范宣子告析文子[四]曰："吾知子，敢匿情乎？魯人、莒人皆請以車千乘自其鄉入，既許之矣。若入，君必失國。子盍圖之？"子家以告公，公恐。晏嬰聞之，曰："君固無勇，而又聞是，弗能久矣。"[五]

［一］湨梁在十六年，盟曰"同討不庭"。

［二］平陰城在濟北盧縣東北。其城南有防，防有門，於門外作塹，横行廣一里，故《經》書"圍"。

［三］謂防門不足爲險。

［四］析文子，齊大夫子家。

［五］不能久敵晉。

齊侯登巫山以望晉師。[一]晉人使司馬斥山澤之險，雖所不至，必旆而疏陳之。[二]使乘車者左實右僞，以旆先，[三]輿曳柴而從之。[四]齊侯見之，畏其衆也，乃脱歸。[五]丙寅晦，齊師夜遁，師曠告晉侯曰："鳥烏之聲樂，齊師其遁。"[六]邢伯告中行伯[七]曰："有班馬之聲，[八]齊師其遁？"叔向告晉侯曰："城上有烏，齊師其遁。"十一月丁卯朔，入平陰，遂從齊師。夙沙衛連大車以塞隧而殿。[九]殖綽、郭最曰："子殿國師，齊之辱也。[一〇]子姑先乎？"乃代之殿。衛殺馬於隘以塞道。[一一]晉州綽及之，射殖綽，中肩，兩矢夾脰，[一二]曰："止，將爲三軍獲；不止，將取其衷。"[一三]顧曰："爲私誓。"州綽曰："有如日。"[一四]乃弛弓而自後縛之，[一五]其右具丙[一六]亦舍兵而縛郭最，皆衿甲面縛，[一七]坐于中軍之鼓下。

［一］巫山在盧縣東北。

［二］斥，候也。疏建旌旗以爲陳，示衆也。

［三］僞以衣服爲人形也。建旆以先驅。

［四］以揚塵。

［五］脱，不張旗幟。

［六］鳥烏得空營，故樂也。

［七］邢伯，晉大夫邢侯也。中行伯，獻子。

［八］夜遁，馬不相見，故鳴。班，别也。

［九］此衛所欲守險。

［一〇］奄人殿師，故以爲辱。

［一一］恨二子，故塞其道，欲使晉得之。

［一二］脰，頸也。

［一三］不止，復欲射兩矢中央。

［一四］言必不殺女明如日。

［一五］反縛之。

［一六］州綽之右。

［一七］衿甲，不解甲。

晉人欲逐歸者，魯、衛請攻險。[一] 己卯，荀偃、士匄以中軍克京茲。[二] 乙酉，魏絳、欒盈以下軍克郱。[三] 趙武、韓起以上軍圍盧，弗克。十二月戊戌，及秦周伐雍門之萩。[四] 范鞅門于雍門，其御追喜以戈殺犬于門中。[五] 孟莊子斬其楢以爲公琴。[六] 己亥，焚雍門及西郭、南郭。劉難、士弱率諸侯之師焚申池之竹木。[七] 壬寅，焚東郭、北郭。范鞅門于揚門，[八] 州綽門于東閭，[九] 左驂迫還于東門中，以枚數闔。[一〇] 齊侯駕將走郵棠，[一一] 大子與郭榮扣馬，[一二] 曰："師速而疾，略也。[一三] 將退矣，君何懼焉？且社稷之主，不可以輕，輕則失衆，君必待之。"將犯之，大子抽劍斷鞅，乃止。甲辰，東侵及濰，南及沂。[一四]

[一] 險，固城守者。

[二] 在平陰城東南。

[三] 欒黶死，其子盈佐下軍。平陰西有郱山。

[四] 秦周，魯大夫。趙武及之共伐萩也。雍門，齊城門。

[五] 殺犬，示閒暇。

[六] 莊子，孺子速也。楢，木名。

[七] 二子，晉大夫。

[八] 齊西門。

[九] 齊東門。

[一〇] 枚，馬檛也。闔，門扇也。數其板，示不恐。

[一一] 郵棠，齊邑。

[一二] 大子，光也。榮，齊大夫。

[一三] 言欲略行其地，無久攻意。

[一四] 濰水在東莞東北，至北海都昌縣入海。沂水出東莞蓋縣，

至下邳入泗。

〔襄經·十八·五〕

曹伯負芻卒于師。[一]

［一］無《傳》。禮，當與許男同。三同盟。

〔襄經·十八·六〕

楚公子午帥師伐鄭。

（襄傳·十八·五）

鄭子孔欲去諸大夫，[一]將叛晉而起楚師以去之。使告子庚，子庚弗許。[二]楚子聞之，使楊豚尹宜告子庚曰〔一〕："國人謂不穀主社稷，而不出師，死不從禮。[三]不穀即位，於今五年，師徒不出，人其以不穀爲自逸，而忘先君之業矣。[四]大夫圖之，其若之何？"子庚歎曰："君王其謂午懷安乎？吾以利社稷也。"見使者，稽首而對曰："諸侯方睦於晉，臣請嘗之。[五]若可，君而繼之；不可，收師而退，可以無害，君亦無辱。"子庚帥師治兵於汾。[六]於是子蟜、伯有、子張從鄭伯伐齊，[七]子孔、子展、子西守。二子知子孔之謀，[八]完守入保。[九]子孔不敢會楚師。

［一］欲專權。

［二］子庚，楚令尹公子午。

［三］不能承先君之業，死將不得從先君之禮。

［四］謂己未嘗統師自出。

〔一〕使楊豚尹宜告子庚曰 "楊"，興國軍本作"揚"。阮校曰："石經、宋本、淳熙本、岳本、足利本'楊'作'揚'。《釋文》同。"

［五］嘗，試其難易也。

［六］襄城縣東北有汾丘城。

［七］子張，公孫黑肱。

［八］二子，子展、子西。

［九］完城郭，内保守。

楚師伐鄭，次於魚陵。[一]右師城上棘，遂涉潁，次于旃然。[二]蒍子馮、公子格率鋭師侵費滑、胥靡、獻于、雍梁，[三]右回梅山，[四]侵鄭東北，至于蟲牢而反。子庚門于純門，信于城下而還。[五]涉於魚齒之下，[六]甚雨及之，楚師多凍，役徒幾盡。

［一］魚陵，魚齒山也，在南陽犨縣北，鄭地。

［二］將涉潁，故於水邊權築小城以爲進退之備。旃然水出滎陽城皋縣，東入汴。

［三］胥靡、獻于、雍梁，皆鄭邑。河南陽翟縣東北有雍氏城。

［四］在滎陽密縣東北。

［五］信，再宿也。

［六］魚齒山之下有滍水，故言“涉”。

晉人聞有楚師，師曠曰：“不害。吾驟歌北風，又歌南風，南風不競，[一]多死聲，楚必無功。”董叔曰：“天道多在西北，[二]南師不時，必無功。”[三]叔向曰：“在其君之德也。”[四]

［一］歌者吹律以詠八風。南風音微，故曰“不競”也。師曠唯歌南北風者，聽晉、楚之强弱。

[二] 歲在豕韋，月又建亥，故曰“多在西北”。

[三] 不時，謂觸歲月。

[四] 言天時、地利不如人和。

襄公十九年

〔襄經·十九·一〕

十有九年春王正月，諸侯盟于祝柯，〔一〕**晉人執邾子。**〔二〕

〔一〕前年圍齊之諸侯也。祝柯縣今屬濟南郡。

〔二〕稱"人"以執，惡及民也。

（襄傳·十九·一）

十九年春，諸侯還自沂上，盟于督揚，曰："大毋侵小。"〔一〕執邾悼公，以其伐我故。〔二〕

〔一〕督揚即祝柯也。

〔二〕伐魯在十七年。

〔襄經·十九·二〕

公至自伐齊。〔一〕

〔一〕無《傳》。

〔襄經·十九·三〕

取邾田，自漷水。〔一〕

〔一〕取邾田，以漷水爲界也。漷水出東海合鄉縣西南，經魯國至高平湖陸縣入泗。

（襄傳·十九·二）

遂次于泗上，疆我田。〔一〕取邾田，自漷水歸之于我。〔二〕晉侯先歸，公享晉六卿于蒲圃，〔三〕賜之三命之服。軍尉、

司馬、司空、輿尉、候奄，皆受一命之服。[四]賄荀偃束錦，加璧、乘馬，先吴壽夢之鼎。[五]

[一]正邾、魯之界也。泗，水名。

[二]邾田在漷水北，今更以漷爲界，故曰“取邾田”。

[三]六卿過魯。

[四]如鞌戰還之賜，唯無先輅。

[五]荀偃，中軍元帥，故特賄之。五匹爲束，四馬爲乘。壽夢，吴子乘也。獻鼎於魯，因以爲名。古之獻物，必有以先，今以璧、馬爲鼎之先。

荀偃癉疽，生瘍於頭。[一]濟河，及著雍，病，目出。大夫先歸者皆反。士匄請見，弗内；請後，曰：“鄭甥可。”[二]二月甲寅，卒而視，不可含。[三]宣子盥而撫之，曰：“事吴，敢不如事主！”猶視。[四]欒懷子曰：“其爲未卒事於齊故也乎？”[五]乃復撫之，曰：“主苟終，所不嗣事于齊者，有如河。”乃瞑，受含。[六]宣子出，曰：“吾淺之爲丈夫也。”[七]

[一]癉疽，惡創。

[二]士匄，中軍佐，故問後也。鄭甥，荀吴。其母，鄭女。

[三]目開、口噤。

[四]大夫稱主。

[五]懷子，欒盈。

[六]嗣，續也。

[七]自恨以私待人。

〔襄經·十九·四〕

季孫宿如晉。

(襄傳·十九·四)

季武子如晉拜師。[一] 晉侯享之。范宣子爲政，[二] 賦《黍苗》。[三] 季武子興，再拜稽首，曰：“小國之仰大國也，如百穀之仰膏雨焉。若常膏之，其天下輯睦，豈唯敝邑！”賦《六月》。[四]

[一] 謝討齊。

[二] 代荀偃將中軍。

[三]《黍苗》,《詩·小雅》。美召伯勞來諸侯，如陰雨之長黍苗也。喻晉君憂勞魯國猶召伯。

[四]《六月》，尹吉甫佐天子征伐之詩。以晉侯比吉甫，出征以匡王國。

〔襄經·十九·五〕

葬曹成公。[一]

[一] 無《傳》。

〔襄經·十九·六〕

夏，衛孫林父帥師伐齊。

(襄傳·十九·三)

晉欒魴帥師從衛孫文子伐齊。[一]

[一] 爲懷子之言故也。欒魴，欒氏族。不書，兵并林父，不別告也。《經》書“夏”，從告。

〔左氏附〕

(襄傳·十九·五)

季武子以所得於齊之兵，作林鍾而銘魯功焉。[一]臧武仲謂季孫曰：“非禮也。夫銘，天子令德，[二]諸侯言時計功，[三]大夫稱伐。[四]今稱伐則下等也，[五]計功則借人也，[六]言時則妨民多矣，何以爲銘？且夫大伐小，取其所得以作彝器，[七]銘其功烈以示子孫，昭明德而懲無禮也。今將借人之力以救其死，若之何銘之？小國幸於大國，[八]而昭所獲焉以怒之，亡之道也。”[九]

[一]林鍾，律名。鑄鍾，聲應林鍾，因以爲名。

[二]天子銘德不銘功。

[三]舉得時，動有功，則可銘也。

[四]銘其功伐之勞。

[五]從大夫故。

[六]借晉力也。

[七]彝，常也，謂鍾鼎爲宗廟之常器。

[八]以勝大國爲幸。

[九]爲城西郛、武城《傳》。

〔襄經·十九·七〕

秋七月辛卯，齊侯環卒。[一]

[一]世子光三與魯同盟。

(襄傳·十九·六)

齊侯娶于魯，曰顔懿姬，無子。其姪鬷聲姬，生光，以爲大子。[一]諸子：仲子、戎子。戎子嬖。[二]仲子生牙，屬諸戎子。[三] 戎子請以爲大子，許之。[四] 仲子曰："不可。廢常不祥，[五] 間諸侯難。[六] 光之立也，列於諸侯矣。[七] 今無故而廢之，是專黜諸侯，[八] 而以難犯不祥也。君必悔之。"公曰："在我而已。"遂東大子光。[九] 使高厚傅牙，以爲大子，夙沙衛爲少傅。

［一］兄子曰姪。顔、鬷皆二姬母姓，因以爲號。懿、聲，皆謚。

［二］諸子，諸妾姓子者。二子，皆宋女。

［三］屬，託之。

［四］齊侯許之。

［五］廢立嫡之常。

［六］事難成也。

［七］列諸侯之會。

［八］謂光已有諸侯之尊。

［九］廢而徙之東鄙。

齊侯疾，崔杼微逆光。疾病而立之，光殺戎子，[一] 尸諸朝，非禮也。婦人無刑，[二] 雖有刑，不在朝市。[三] 夏五月壬辰晦，齊靈公卒。[四] 莊公即位，[五] 執公子牙於句瀆之丘。以夙沙衛易己，衛奔高唐以叛。[六]

［一］終言之。

［二］無黥、刖之刑。

［三］謂犯死刑者猶不暴尸。

［四］《經》書"七月辛卯"，光定位而後赴。

［五］大子光也。

［六］光謂衛教公易己。高唐在祝柯縣西北。

〔襄經·十九·八〕

晉士匄帥師侵齊，至穀，聞齊侯卒，乃還。[一]

［一］詳錄所至及還者，善得禮。

（襄傳·十九·七）

晉士匄侵齊及穀，聞喪而還，禮也。[一]

［一］禮之常，不必待君命。

〔左氏附〕

（襄傳·十九·八）

於四月丁未，[一]鄭公孫蠆卒，赴於晉大夫。范宣子言於晉侯，以其善於伐秦也。[二]六月，晉侯請於王，王追賜之大路，使以行，禮也。[三]

［一］於此年四月。

［二］十四年晉伐秦，子蟜見諸侯師，而勸之濟涇。

［三］大路，天子所賜車之揔名，以行葬禮。《傳》言大夫有功，則賜服路。

〔襄經·十九·九〕

八月丙辰，仲孫蔑卒。[一]

［一］無《傳》。

〔襄經·十九·十〕

齊殺其大夫高厚。

(襄傳 · 十九 · 九)

秋八月，齊崔杼殺高厚於灑藍，而兼其室。[一] 書曰"齊殺其大夫"，從君於昏也。[二]

[一] 灑藍，齊地。

[二]《傳》解《經》不言崔杼殺，而爲國討文。

〔襄經 · 十九 · 十一〕

鄭殺其大夫公子嘉。

(襄傳 · 十九 · 十)

鄭子孔之爲政也專，[一] 國人患之，乃討西宮之難，[二] 與純門之師。[三] 子孔當罪，以其甲及子革、子良氏之甲守。[四] 甲辰，子展、子西率國人伐之，殺子孔而分其室。書曰"鄭殺其大夫"，專也。[五] 子然、子孔，宋子之子也。[六] 士子孔，圭嬀之子也。[七] 圭嬀之班亞宋子，而相親也。[八] 二子孔亦相親也。僖之四年，子然卒。[九] 簡之元年，士子孔卒。[一〇] 司徒孔實相子革、子良之室，[一一] 三室如一，[一二] 故及於難。[一三] 子革、子良出奔楚，子革爲右尹。[一四] 鄭人使子展當國，子西聽政，立子産爲卿。[一五]

[一] 專權。

[二] 十年尉止等作難西宮，子孔知而不言。

[三] 前年子孔召楚師至純門。

[四] 以自守也。

[五] 亦以國討爲文。

[六] 子然，子革父。

[七] 宋子、圭嬀，皆鄭穆公妾。士子孔，子良父。

［八］亞，次也。

［九］鄭僖四年，魯襄六年。

［一〇］魯襄八年。

［一一］司徒孔與二父相親，故相助其子。

［一二］言同心。

［一三］故二子并及難。

［一四］子革即鄭丹。

［一五］簡公猶幼，故大夫當國。

〔襄經·十九·十二〕

冬，葬齊靈公。[一]

［一］無《傳》。

〔左氏附〕

（襄傳·十九·十一）

齊慶封圍高唐，弗克。[一]冬十一月，齊侯圍之。見衛在城上，號之，乃下。[二]問守備焉，以無備告。揖之，乃登。[三]聞師將傳，食高唐人。殖綽、工僂會夜縋納師，[四]醢衛于軍。

［一］夙沙衛以叛，故圍之。

［二］衛下與齊侯語。

［三］齊侯以衛告誠，揖而禮之，欲生之也。衛志於戰死，故不順齊侯之揖而還登城。

［四］因其會食。二子，齊大夫。

〔襄經·十九·十三〕

城西郛。[一]

［一］魯西郛。

（襄傳·十九·十二）

城西郛，懼齊也。[一]

［一］前年與晉伐齊，又鑄其器爲鍾，故懼。

〔襄經·十九·十四〕

叔孫豹會晉士匄于柯。[一]

［一］魏郡内黃縣東北有柯城。

（襄傳·十九·十三）

齊及晉平，盟于大隧，[一]故穆叔會范宣子于柯。[二]穆叔見叔向，賦《載馳》之四章。[三]叔向曰："肸敢不承命。"[四]

［一］大隧，地闕。

［二］齊、晉平，魯懼齊，故爲柯會以自固。

［三］四章曰："控于大邦，誰因誰極。"控，引也。取其欲引大國以自救助。

［四］叔向度齊未肯以盟服，故許救魯。

〔襄經·十九·十五〕

城武城。[一]

［一］泰山南武城縣。

（襄傳·十九·十四）

穆叔歸，曰："齊猶未也，不可以不懼。"乃城武城。

〔左氏附〕

（襄傳·十九·十五）

衛石共子卒，[一] 悼子不哀。[二] 孔成子曰："是謂蹷其本，[三] 必不有其宗。"[四]

［一］石買。

［二］買之子石惡。

［三］蹷，猶拔也。

［四］爲二十八年石惡出奔《傳》。

襄公二十年

〔襄經·二十·一〕

二十年春王正月辛亥，仲孫速會莒人盟于向。[一]

［一］向，莒邑。

（襄傳·二十·一）

二十年春，及莒平。孟莊子會莒人，盟于向，督揚之盟故也。[一]

［一］莒數伐魯，前年諸侯盟督揚以和解之，故二國自復共盟結其好。

〔襄經·二十·二〕

夏六月庚申，公會晉侯、齊侯、宋公、衛侯、鄭伯、曹伯、莒子、邾子、滕子、薛伯、杞伯、小邾子盟于澶淵。[一]

［一］澶淵在頓丘縣南，今名繁汙，此衛地，又近戚田。

（襄傳·二十·二）

夏，盟于澶淵，齊成故也。[一]

［一］齊與晉平。

〔襄經·二十·三〕

秋，公至自會。[一]

［一］無《傳》。

〔襄經·二十·四〕

仲孫速帥師伐邾。

(襄傳·二十·三)

邾人驟至，以諸侯之事弗能報也。[一]秋，孟莊子伐邾以報之。[二]

[一]驟，數也，謂十五年、十七年伐魯。

[二]既盟而又伐之，非。

〔襄經·二十·五〕

蔡殺其大夫公子燮。[一]**蔡公子履出奔楚。**[二]

[一]莊公子。

[二]燮母弟也。

(襄傳·二十·四)

蔡公子燮欲以蔡之晉，[一]蔡人殺之。公子履，其母弟也，故出奔楚。[二]

[一]背楚。

[二]與兄同謀故。

〔襄經·二十·六〕

陳侯之弟黃出奔楚。[一]

[一]稱弟，明無罪也。

(襄傳·二十·五)

陳慶虎、慶寅畏公子黃之偪，[一]愬諸楚，曰："與蔡司馬同謀。"[二]楚人以爲討。[三]公子黃出奔楚。[四]初，蔡文侯欲事晉，曰："先君與於踐土之盟，[五]晉不可棄，且兄弟也。”畏楚，不能行而卒。[六] 楚人使蔡無常，[七] 公子燮求從先君以利蔡，不能而死。書曰“蔡殺其大夫公子燮”，言不與民同欲也。[八]“陳侯之弟黄出奔楚”，言非其罪也。[九] 公子黄將出奔，呼於國曰：“慶氏無道，求專陳國，暴蔑其君，而去其親，五年不滅，是無天也。”[一〇]

［一］二慶，陳卿。恐黄偪奪其政。

［二］同欲之晉。

［三］討，責陳。

［四］奔楚自理。

［五］先君，文侯父莊侯甲午也。踐土盟在僖二十八年。

［六］宣十七年文侯卒。

［七］徵發無準。

［八］罪其違衆。

［九］稱弟，罪陳侯及二慶。

［一〇］爲二十三年陳殺二慶《傳》。

〔襄經·二十·七〕

叔老如齊。

（襄傳·二十·六）

齊子初聘于齊，禮也。[一]

［一］齊、魯有怨，朝聘禮絶，今始復通，故曰“初”。繼好息民，故曰“禮”。

〔襄經·二十·八〕

冬十月丙辰朔，日有食之。[一]

［一］無《傳》。

〔襄經·二十·九〕

季孫宿如宋。

（襄傳·二十·七）

冬，季武子如宋，報向戌之聘也。[一]褚師段逆之以受享，[二]賦《常棣》之七章以卒。[三]宋人重賄之。歸，復命，公享之，賦《魚麗》之卒章。[四]公賦《南山有臺》。[五]武子去所，曰："臣不堪也。"[六]

［一］向戌聘在十五年。

［二］段，共公子子石也。逆以入國，受享禮。

［三］武子賦也。七章以卒盡八章，取其"妻子好合，如鼓瑟琴，宜爾室家，樂爾妻帑"，言二國好合，宜其室家，相親如兄弟。

［四］《魚麗》，《詩·小雅》。卒章曰："物其有矣，維其時矣。"喻聘宋得其時。

［五］《南山有臺》，《詩·小雅》。取其"樂只君子，邦家之基"，"邦家之光"，喻武子奉使，能爲國光暉。

［六］去所，辟席。

〔左氏附〕

（襄傳·二十·八）

衛甯惠子疾，召悼子，[一]曰："吾得罪於君，悔而無及也。名藏在諸侯之策，曰：'孫林父、甯殖出其君。'君入則掩之，[二]若能掩之，則吾子也。若不能，猶有鬼神，

吾有餒而已，不來食矣。”[三] 悼子許諾，惠子遂卒。[四]

[一] 悼子，甯喜。

[二] 掩惡名。

[三] 餒，餓也。

[四] 爲二十六年衛侯歸《傳》。

襄公二十一年

〔襄經 · 二十一 · 一〕

二十有一年春王正月，公如晉。

（襄傳 · 二十一 · 一）

二十一年春，公如晉，拜師及取邾田也。[一]

［一］謝十八年伐齊之師、漷水之田。

〔襄經 · 二十一 · 二〕

邾庶其以漆、閭丘來奔。[一]

［一］二邑在高平南。平陽縣東北有漆鄉，西北有顯閭亭。以邑出爲叛。適魯而言"來奔"，内外之辭。

（襄傳 · 二十一 · 二）

邾庶其以漆、閭丘來奔，[一]季武子以公姑姊妻之，[二]皆有賜於其從者。於是魯多盜。季孫謂臧武仲曰："子盍詰盜？"[三]武仲曰："不可詰也，紇又不能。"季孫曰："我有四封而詰其盜，何故不可？子爲司寇，將盜是務去，若之何不能？"武仲曰："子召外盜而大禮焉，何以止吾盜？[四]子爲正卿而來外盜，使紇去之，將何以能？庶其竊邑於邾以來，子以姬氏妻之，而與之邑，[五]其從者皆有賜焉。若大盜，禮焉以君之姑姊與其大邑，其次皁牧輿馬，[六]其小者衣裳劍帶，是賞盜也。賞而去之，其或難焉。紇也聞之，在上位者，洒濯其心，壹以待人，軌度其信，可明徵也，[七]而後可以治人。夫上之所爲，民之歸也。上所不爲而民或爲之，是以加刑罰焉，而莫敢不懲。若上之所爲而民亦爲之，乃其所也，又可禁乎?《夏書》曰:‘念兹在兹，[八]釋兹在兹，[九]名言兹在兹，[一〇]允出兹在兹，[一一]惟帝念功。’[一二]將謂由己壹也。信由己壹，而後功可念也。”[一三]庶其非卿也，以地來，雖賤必書，重地也。[十四]

[一]庶其，邾大夫。

[二]計公年不得有未嫁姑姊，蓋寡者二人。

[三]詰，治也。

[四]吾謂國中。

[五]使食漆、閭丘。

[六]給其賤役，從皁至牧凡八等之人。

[七]徵，驗也。

[八]逸《書》也。兹，此也。謂行此事，當念使可施之於此。

[九]釋，除也。謂欲有所治除於人，亦當顧己得無亦有之。

[一〇]名此事，言此事，亦皆當令可施於此。

[一一]允，信也。信出於此，則善亦在此。

[一二]言帝念功，則功成也。

[一三]言非但意念而已，當須信己誠至。

[十四]重地，故書其人。其人書則惡名彰，以懲不義。

〔襄經·二十一·三〕

夏，公至自晉。[一]

[一]無《傳》。

〔左氏附〕

（襄傳 · 二十一 · 三）

齊侯使慶佐爲大夫，[一]復討公子牙之黨，執公子買于句瀆之丘。公子鉏來奔，叔孫還奔燕。[二]

［一］慶佐，崔杼黨。

［二］三子，齊公族。言莊公斥逐親戚，以成崔、慶之勢，終有弒殺之禍。

〔左氏附〕

（襄傳 · 二十一 · 四）

夏，楚子庚卒。楚子使薳子馮爲令尹，訪於申叔豫。[一]叔豫曰："國多寵而王弱，[二]國不可爲也。"遂以疾辭。方暑，闕地下冰而牀焉。重繭衣裘，鮮食而寢。[三]楚子使醫視之，復曰："瘠則甚矣，[四]而血氣未動。"[五]乃使子南爲令尹。[六]

［一］叔豫，叔時孫。

［二］弱，政教微而貴臣彊。

［三］繭，緜衣。

［四］瘠，瘦也。

［五］言無疾。

［六］子南，公子追舒也。爲二十二年殺追舒《傳》。

〔襄經 · 二十一 · 四〕

秋，晉欒盈出奔楚。[一]

［一］盈不能防閑其母，以取奔亡，稱名罪之。

（襄傳·二十一·五）

欒桓子娶於范宣子，生懷子。[一] 范鞅以其亡也，怨欒氏，[二] 故與欒盈爲公族大夫，而不相能。桓子卒，欒祁與其老州賓通，[三] 幾亡室矣。[四] 懷子患之。祁懼其討也，愬諸宣子曰："盈將爲亂，以范氏爲死桓主而專政矣，[五] 曰：'吾父逐鞅也，不怒而以寵報之，[六] 又與吾同官而專之，[七] 吾父死而益富，死吾父而專於國，有死而已！吾蔑從之矣。'[八] 其謀如是，懼害於主，吾不敢不言。"范鞅爲之徵。[九] 懷子好施，士多歸之。宣子畏其多士也，信之。懷子爲下卿，[一〇] 宣子使城著而遂逐之。[一一] 秋，欒盈出奔楚。宣子殺箕遺、黄淵、嘉父、司空靖、邴豫、董叔、邴師、申書、羊舌虎、叔羆，[一二] 囚伯華、叔向、籍偃。[一三]

[一] 桓子，欒黶。懷子，盈也。

[二] 十四年欒黶彊逐范鞅，使奔秦。

[三] 欒祁，桓子妻，范宣子女，盈之母也。范氏，堯後，祁姓。

[四] 言亂甚。

[五] 桓主，欒黶。

[六] 謂宣子不爲黶責怒鞅，而反與鞅寵位。

[七] 同爲公族大夫，而鞅專其權勢。

[八] 言宣子專政，盈欲以死作難。

[九] 證其有此。

[一〇] 下軍佐。

[一一] 著，晉邑。在外易逐。

[一二] 十子皆晉大夫，欒盈之黨也。羊舌虎，叔向弟。

[一三] 籍偃，上軍司馬。

人謂叔向曰:“子離於罪,其爲不知乎?”[一]叔向曰:“與其死亡若何?[二]《詩》曰‘優哉游哉,聊以卒歲’,知也。”[三]欒王鮒見叔向曰:“吾爲子請。”叔向弗應。出,不拜。[四]其人皆咎叔向。叔向曰:“必祁大夫。”[五]室老聞之曰:“欒王鮒言於君無不行,[六]求赦吾子,吾子不許。[七]祁大夫所不能也,[八]而曰‘必由之’,何也?”叔向曰:“欒王鮒從君者也,何能行?祁大夫,外舉不棄讎,内舉不失親,其獨遺我乎?《詩》曰:‘有覺德行,四國順之。’[九]夫子覺者也。”[一〇]

[一]譏其受囚而不能去。

[二]言雖囚,何若於死亡。

[三]《詩·小雅》。言君子優游於衰世,所以辟害,卒其壽,是亦知也。

[四]欒王鮒,晉大夫欒桓子。

[五]祁大夫,祁奚也。食邑於祁,因以爲氏。祁縣今屬大原。

[六]其言皆得行。

[七]謂不應,出不拜。

[八]不能動君。

[九]《詩·大雅》。言德行直,則天下順之。

[一〇]覺,較然正直。

晉侯問叔向之罪於欒王鮒。對曰:“不棄其親,其有焉。”[一]於是祁奚老矣,[二]聞之,乘馹而見宣子,曰:“《詩》曰:‘惠我無疆,子孫保之。’[三]《書》曰:‘聖有謩勳,明徵定保。’[四]夫謀而鮮過,惠訓不倦者,叔向有焉，[五]社稷之固也，猶將十世宥之，以勸能者。今壹不免其身，[六]以棄社稷，不亦惑乎？鯀殛而禹興，[七]伊尹放大甲而相之，卒無怨色。[八]管、蔡爲戮，周公右王。[九]若之何其以虎也棄社稷？子爲善，誰敢不勉？多殺何爲？”宣子説，與之乘，以言諸公而免之。[一〇]不見叔向而歸。[一一]叔向亦不告免焉而朝。[一二]

[一] 言叔向篤親親，必與叔虎同謀。

[二] 老，去公族大夫。

[三]《詩·周頌》也。言文、武有惠訓之德加於百姓，故子孫保賴之。

[四] 逸《書》。謩，謀也。勳，功也。言聖哲有謀功者，當明信定安之〔一〕。

[五] 謀鮮過，有謩勳也。惠訓不倦，惠我無疆也。

[六] 壹以弟故。

[七] 言不以父罪廢其子。

[八] 太甲，湯孫也。荒淫失度，伊尹放之桐宫，三年改悔而復之，而無恨心。言不以一怨妨大德。

[九] 言兄弟罪不相及。

[一〇] 共載入見公。

[一一] 言爲國，非私叔向也。

[一二] 不告謝之，明不爲己。

初，叔向之母妬叔虎之母美而不使。[一]其子皆諫其母。其母曰：“深山大澤，實生龍蛇。[二]彼美，余懼其生龍蛇

〔一〕 當明信定安之　“明”，原作“門”，據興國軍本改。

以禍女。女，敝族也。[三] 國多大寵，[四] 不仁人間之，不亦難乎？余何愛焉。”使往視寢，生叔虎。美而有勇力，欒懷子嬖之，故羊舌氏之族及於難。

［一］不使見叔向父。

［二］言非常之地多生非常之物。

［三］敝，衰壞也。龍蛇，喻奇怪。

［四］六卿專權。

欒盈過於周，周西鄙掠之。[一] 辭於行人，[二] 曰：“天子陪臣盈，[三] 得罪於王之守臣，[四] 將逃罪。罪重於郊甸，[五] 無所伏竄，敢布其死。[六] 昔陪臣書能輸力於王室，王施惠焉。[七] 其子黶不能保任其父之勞。大君若不棄書之力，亡臣猶有所逃。[八] 若棄書之力而思黶之罪，臣，戮餘也，[九] 將歸死於尉氏，[一〇] 不敢還矣。敢布四體，唯大君命焉。”[一一] 王曰：“尤而效之，其又甚焉。”[一二] 使司徒禁掠欒氏者，歸所取焉。使候出諸轘轅。[一三]

［一］劫掠財物。

［二］王行人也。

［三］諸侯之臣稱於天子曰“陪臣”。

［四］范宣子爲王所命，故曰“守臣”。

［五］重得罪於郊甸，謂爲郊甸所侵掠也。郭外曰郊，郊外曰甸。

［六］布，陳也。

［七］輸力，謂輔相晉國，以翼戴天子。

［八］大君，謂天王。

［九］罪戮之餘。

［一〇］尉氏，討姦之官。

［一一］布四體，言無所隱。

［一二］尤晉逐盈而自掠之，是效尤。

［一三］候，送迎賓客之官也。轘轅關在緱氏縣東南。

〔襄經·二十一·五〕

九月庚戌朔，日有食之。[一]

［一］無《傳》。

〔襄經·二十一·六〕

冬十月庚辰朔，日有食之。[一]

［一］無《傳》。

〔襄經·二十一·七〕

曹伯來朝。

（襄傳·二十一·六）

冬，曹武公來朝，始見也。[一]

［一］即位三年，始來見公。

〔襄經·二十一·八〕

公會晉侯、齊侯、宋公、衛侯、鄭伯、曹伯、莒子、邾子于商任。[一]

［一］商任，地闕。

（襄傳·二十一·七）

會於商任，錮欒氏也。[一]齊侯、衛侯不敬。叔向曰：

“二君者必不免。會朝，禮之經也；禮，政之輿也；[二]政，身之守也。[三]怠禮失政，失政不立，是以亂也。”[四]

［一］禁錮欒盈，使諸侯不得受。

［二］政須禮而行。

［三］政存則身安。

［四］爲二十五年齊弑光，二十六年衛弑剽《傳》。

〔左氏附〕

（襄傳·二十一·八）

知起、中行喜、州綽、邢蒯出奔齊，[一]皆欒氏之黨也。欒王鮒謂范宣子曰：“盍反州綽、邢蒯，勇士也。”宣子曰：“彼欒氏之勇也，余何獲焉？”[二]王鮒曰：“子爲彼欒氏，乃亦子之勇也。”[三]

［一］四子，晉大夫。

［二］言不爲己用。

［三］言子待之如欒氏，亦爲子用也。

齊莊公朝，指殖綽、郭最曰：“是寡人之雄也。”州綽曰：“君以爲雄，誰敢不雄？然臣不敏，平陰之役，先二子鳴。”[一]莊公爲勇爵。[二]殖綽、郭最欲與焉。[三]州綽曰：“東閭之役，臣左驂迫，還於門中，識其枚數，[四]其可以與於此乎？”公曰：“子爲晉君也。”對曰：“臣爲隸新，[五]然二子者，譬於禽獸，臣食其肉而寢處其皮矣。”[六]

［一］十八年晉伐齊，及平陰，州綽獲殖綽、郭最。故自比於雞，鬬勝而先鳴。

［二］設爵位以命勇士。

［三］自以爲勇。

［四］識門版數，亦在十八年。

［五］言但爲僕隸尚新耳。

［六］言嘗射得之。

襄公二十二年

〔襄經 · 二十二 · 一〕

二十有二年春王正月，公至自會。[一]

［一］無《傳》。

〔左氏附〕

（襄傳 · 二十二 · 一）

二十二年春，臧武仲如晉，[一]雨，過御叔。御叔在其邑，將飲酒，[二]曰："焉用聖人？[三]我將飲酒而已。雨行，何以聖爲？"穆叔聞之，曰："不可使也，而傲使人，[四]國之蠹也。"令倍其賦。[五]

［一］公頻與晉侯外會，今各將罷還魯之守卿，遣武仲爲公謝不敏，故不書。

［二］御叔，魯御邑大夫。

［三］武仲多知，時人謂之聖。

［四］言御叔不任使四方。

［五］古者家有國邑，故以重賦爲罰。《傳》言穆叔能用教。

〔襄經 · 二十二 · 二〕

夏四月。

〔左氏附〕

（襄傳·二十二·二）

夏，晉人徵朝于鄭。[一] 鄭人使少正公孫僑對，[二] 曰：“在晉先君悼公九年，我寡君於是即位。[三] 即位八月，[四] 而我先大夫子駟從寡君以朝于執事。執事不禮於寡君。[五] 寡君懼，因是行也，我二年六月朝于楚，[六] 晉是以有戲之役。[七] 楚人猶競而申禮於敝邑，敝邑欲從執事而懼爲大尤，曰：‘晉其謂我不共有禮。’是以不敢攜貳於楚。我四年三月，先大夫子蟜又從寡君以觀釁於楚，[八] 晉於是乎有蕭魚之役。[九] 謂我敝邑邇在晉國，譬諸草木，吾臭味也，[一〇] 而何敢差池。[一一] 楚亦不競，寡君盡其土實，[一二] 重之以宗器，[一三] 以受齊盟，[一四] 遂帥群臣隨于執事以會歲終。[一五] 貳於楚者，子侯、石盂，歸而討之。[一六] 湨梁之明年，[一七] 子蟜老矣，公孫夏從寡君以朝于君，見於嘗酎，[一八] 與執燔焉。[一九] 間二年，聞君將靖東夏。[二〇] 四月，又朝，以聽事期。[二一] 不朝之間，無歲不聘，無役不從，以大國政令之無常，國家罷病，不虞荐至，[二二] 無日不惕，豈敢忘職？[二三] 大國若安定之，其朝夕在庭，何辱命焉？[二四] 若不恤其患，而以爲口實，[二五] 其無乃不堪任命，而翦爲仇讎，[二六] 敝邑是懼，其敢忘君命？委諸執事，執事實重圖之。”[二七]

[一] 召鄭使朝。

[二] 少正，鄭卿官也。公孫僑，子産。

[三] 魯襄八年。

[四] 即位年之八月。

［五］言朝執事，謙不敢斥晉侯。

［六］因朝晉不見禮，生朝楚心。

［七］在九年。

［八］實朝言觀釁，飾辭也。言欲往視楚，知可去否。

［九］在十一年。

［一〇］晉、鄭同姓故。

［一一］差池，不齊一。

［一二］土地所有。

［一三］宗廟禮樂之器，鍾磬之屬。

［一四］齊，同也。

［一五］朝正。

［一六］石盂，石臭。

［一七］湨梁在十六年。

［一八］酒之新熟，重者爲酎。嘗新飲酒爲嘗酎。

［一九］助祭。

［二〇］謂二十年澶淵盟。

［二一］先澶淵二月往朝，以聽會期。

［二二］荐，仍也。

［二三］惕，懼也。

［二四］言自將往，不須來召。

［二五］口實，但有其言而已。

［二六］翦，削也。謂見剝削，不堪命則成仇讎。

［二七］《傳》言子産有辭，所以免大國之討。

〔襄經·二十二·三〕

秋七月辛酉，叔老卒。[一]

［一］無《傳》。子叔齊子。

〔左氏附〕

（襄傳·二十二·三）

秋，欒盈自楚適齊。晏平仲言於齊侯曰："商任之會，受命於晉。[一]今納欒氏，將安用之？小所以事大，信也。失信不立，君其圖之。"弗聽。退告陳文子曰："君人執信，臣人執共。忠信篤敬，上下同之，天之道也。君自棄也，弗能久矣。"[二]

［一］受錮欒氏之命。

［二］爲二十五年齊弑其君光《傳》。

〔左氏附〕

（襄傳·二十二·四）

九月，鄭公孫黑肱有疾，歸邑于公。[一]召室老、宗人立段，[二]而使黜官、薄祭。[三]祭以特羊，殷以少牢。[四]足以共祀，盡歸其餘邑。曰："吾聞之，生於亂世，貴而能貧，民無求焉，可以後亡。敬共事君，與二三子。生在敬戒，不在富也。"己巳，伯張卒。君子曰："善戒。《詩》曰'慎爾侯度，用戒不虞'，鄭子張其有焉。"[五]

［一］黑肱，子張。

［二］段，子石，黑肱子。

［三］黜官，無多受職。

［四］四時祀以一羊。三年盛祭以羊、豕。殷，盛也。

［五］《詩·大雅》。侯，維也。義取慎法度，戒未然。

〔襄經·二十二·四〕

冬，公會晉侯、齊侯、宋公、衛侯、鄭伯、曹伯、莒子、邾子、薛伯、杞伯、小邾子于沙隨。

(襄傳·二十二·五)

冬，會于沙隨，復錮欒氏也。[一]欒盈猶在齊。晏子曰："禍將作矣。齊將伐晉，不可以不懼。"[二]

[一] 晉知欒盈在齊，故復錮也。

[二] 爲明年齊伐晉《傳》。

〔襄經·二十二·五〕

公至自會。[一]

[一] 無《傳》。

〔襄經·二十二·六〕

楚殺其大夫公子追舒。[一]

[一] 書名者，寵近小人，貪而多馬，爲國所患。

(襄傳·二十二·六)

楚觀起有寵於令尹子南，未益祿而有馬數十乘。[一]楚人患之，王將討焉。子南之子棄疾爲王御士，[二]王每見之，必泣。棄疾曰："君三泣臣矣，敢問誰之罪也？"王曰："令尹之不能，爾所知也。國將討焉，爾其居乎？"[三]對曰："父戮子居，君焉用之？洩命重刑，臣亦不爲。"[四]王遂殺子南於朝，轘觀起於四竟。[五]子南之臣謂棄疾，請徙子尸於朝，[六]曰："君臣有禮，唯二三子。"[七]三日，棄疾請尸，王許之。既葬，其徒曰："行乎？"[八]曰："吾與殺吾

父，行將焉入？”曰：“然則臣王乎？”曰：“棄父事讎，吾弗忍也。”[九]遂縊而死。[一〇]

[一] 言子南偏寵觀起，令富。

[二] 御王車者。

[三] 問能止事我否。

[四] 漏泄君命，罪之重。

[五] 轘，車裂以徇。

[六] 欲犯命取殯。

[七] 不欲犯命移尸。

[八] 行，去也。

[九] 於事是讎，於實是君，故雖謂讎而不敢報。

[一〇]《傳》譏康王與人子謀其父，失君臣之義。

復使薳子馮爲令尹，公子齮爲司馬，屈建爲莫敖。[一]有寵於薳子者八人，皆無祿而多馬。他日朝，與申叔豫言，弗應而退。從之，入於人中。[二]又從之，遂歸。退朝，見之，[三]曰：“子三困我於朝，吾懼，不敢不見。吾過，子姑告我，何疾我也？”對曰：“吾不免是懼，何敢告子？”[四]曰：“何故？”對曰：“昔觀起有寵於子南，子南得罪，觀起車裂，何故不懼？”自御而歸，不能當道。[五]至，謂八人者曰：“吾見申叔，夫子所謂生死而肉骨也。[六]知我者，如夫子則可。[七]不然，請止。”[八]辭八人者，而後王安之。[九]

[一] 屈建，子木也。

[二] 申叔辟薳子，不欲與語。

［三］薳子就申叔家見之。

［四］言恐與子并罪，故不敢與子語。

［五］薳子惶懼，意不在御。

［六］已死復生，白骨更肉。

［七］夫子謂申叔也。如夫子，謂以義匡己。

［八］止，不相知。

［九］辭，遣之。

〔左氏附〕

（襄傳 · 二十二 · 七）

十二月，鄭游眅將歸晉，[一]未出竟，遭逆妻者，奪之，以館于邑。[二]丁巳，其夫攻子明，殺之，以其妻行。[三]子展廢良而立大叔，[四]曰："國卿，君之貳也，民之主也，不可以苟，請舍子明之類。"[五]求亡妻者，使復其所，使游氏勿怨，[六]曰："無昭惡也。"[七]

［一］游眅，公孫蠆子。

［二］舍止其邑，不復行。

［三］十二月無丁巳。丁巳，十一月十四日也。

［四］良，游眅子。大叔，眅弟。

［五］子明有罪，而良又不賢故。

［六］鄭國不討專殺之人，所以抑強扶弱，臨時之宜。

［七］交怨則父之不脩益明也。

春秋左氏經傳集解襄公四第十七

春秋左氏經傳集解襄公四第十七〔一〕

杜　氏

襄公二十三年

〔襄經·二十三·一〕

二十有三年春王二月癸酉朔，日有食之。[一]

［一］無《傳》。

〔襄經·二十三·二〕

三月己巳，杞伯匄卒。[一]

［一］五同盟。

（襄傳·二十三·一）

二十三年春，杞孝公卒。晉悼夫人喪之。[一]平公不徹樂，非禮也。[二]禮，爲鄰國闕。[三]

［一］悼夫人，晉平公母，杞孝公姊妹。

［二］徹，去也。

［三］禮，諸侯絶期，故以鄰國責之。

〔襄經·二十三·三〕

夏，邾畀我來奔。[一]

〔一〕原卷標題“襄”字後闕“公”字，據本書體例補。

［一］無《傳》。畀我是庶其之黨，同有竊邑叛君之罪。來奔，故書。

〔襄經·二十三·四〕

葬杞孝公。[一]

［一］無《傳》。

〔襄經·二十三·五〕

陳殺其大夫慶虎及慶寅。[一]

［一］書名，皆罪其專國叛君。言“及”，史異以辭[一]，無義例。

（襄傳·二十三·二）

陳侯如楚。[一]公子黄愬二慶於楚，楚人召之。[二]使慶樂往殺之。[三]慶氏以陳叛。[四]夏，屈建從陳侯圍陳。陳人城，[五]板隊而殺人。役人相命，各殺其長，[六]遂殺慶虎、慶寅。楚人納公子黄。君子謂：“慶氏不義，不可肆也。[七]故《書》曰：‘惟命不于常。’”[八]

［一］朝也。

［二］二慶，虎及寅也。二十年二慶譖黄，黄奔楚自理。今陳侯往，楚乃信黄，爲召二慶。

［三］慶樂，二慶之族。二慶畏誅，故不敢自往。

［四］因陳侯在楚而叛之。不書叛，不以告。

［五］治城以距君。屈建，楚莫敖。

［六］慶氏忿其板隊，遂殺築人，故役人怒而作亂。

［七］肆，放也。

［八］《周書·康誥》。言有義則存，無義則亡。

〔一〕史異以辭　興國軍本作“史異辭”，阮刻本作“使異辭”。

〔襄經·二十三·六〕

陳侯之弟黄自楚歸于陳。[一]

［一］諸侯納之曰“歸”。黄至楚自理，得直，故爲楚所納〔一〕。

〔襄經·二十三·七〕

晉欒盈復入于晉，[一] **入于曲沃。**[二]

［一］以惡入曰“復入”。

［二］兵敗奔曲沃。據曲沃衆還與君爭，非欲出附他國，故不言叛。

(襄傳·二十三·三)

晉將嫁女于吳，齊侯使析歸父媵之，以藩載欒盈及其士，[一]納諸曲沃。[二]欒盈夜見胥午而告之。[三]對曰：“不可。天之所廢，誰能興之？子必不免。吾非愛死也，知不集也。”[四]盈曰：“雖然，因子而死，吾無悔矣。我實不天，子無咎焉。”[五]許諾，伏之而觴曲沃人。[六]樂作，午言曰：“今也得欒孺子，何如？”[七]對曰：“得主而爲之死，猶不死也。”皆歎，有泣者。爵行，又言。皆曰：“得主，何貳之有？”盈出，徧拜之。[八]

［一］藩，車之有障蔽者，使若媵妾在其中。

［二］欒盈邑也。

［三］胥午，守曲沃大夫。

［四］集，成也。

［五］言我雖不爲天所祐，子無天咎，故可因。

［六］胥午匿盈而飲其衆。

〔一〕故爲楚所納　“故”，阮刻本作“欲”。

［七］孺子，欒盈。

［八］謝衆之思己。

四月，欒盈帥曲沃之甲，因魏獻子以晝入絳。[一]初，欒盈佐魏莊子於下軍，[二]獻子私焉，故因之。[三]趙氏以原、屏之難怨欒氏。[四]韓、趙方睦。[五]中行氏以伐秦之役怨欒氏，[六]而固與范氏和親。[七]知悼子少，而聽於中行氏。[八]程鄭嬖於公。[九]唯魏氏及七輿大夫與之。[一〇]樂王鮒侍坐於范宣子。或告曰："欒氏至矣。"宣子懼。桓子曰："奉君以走固宮，必無害也。[一一]且欒氏多怨，子爲政；欒氏自外，子在位，其利多矣。既有利權，又執民柄，[一二]將何懼焉？欒氏所得，其唯魏氏乎！而可彊取也。夫克亂在權，子無懈矣。"

［一］獻子，魏舒。絳，晉國都。

［二］莊子，魏絳，獻子之父。

［三］私相親愛。

［四］成八年莊姬譖之，欒、郤爲徵。

［五］韓起讓趙武，故和睦。

［六］十四年晉伐秦，欒黶違荀偃命，曰："余馬首欲東。"

［七］范宣子佐中行偃於中軍。

［八］悼子，知罃之子荀盈也。少，年十七。知氏、中行氏同祖，故相聽從。

［九］鄭亦荀氏宗。

［一〇］七輿，官名。

［一一］桓子，樂王鮒。

［一二］賞罰爲民柄。

公有姻喪，[一]王鮒使宣子墨縗冒絰，[二]二婦人輦以如公，[三]奉公以如固宫。[四]范鞅逆魏舒，[五]則成列既乘，將逆欒氏矣。趨進，曰："欒氏帥賊以入，鞅之父與二三子在君所矣。[六]使鞅逆吾子。鞅請驂乘。"持帶。[七]遂超乘，[八]右撫劍，左援帶，[九]命驅之出。僕請，[一〇]鞅曰："之公。"宣子逆諸階，[一一]執其手，賂之以曲沃。[一二]初，斐豹隸也，著於丹書。[一三]欒氏之力臣曰督戎，國人懼之。斐豹謂宣子曰："苟焚丹書，我殺督戎。"宣子喜，曰："而殺之，所不請於君焚丹書者，有如日。"[一四]乃出豹而閉之，[一五]督戎從之。踰隱而待之，[一六]督戎踰入，豹自後擊而殺之。

［一］夫人有杞喪。

［二］晉自殽戰還，遂常墨縗。

［三］恐欒氏有内應距之，故爲婦人服而入。

［四］固宫，宫之有臺觀備守者。

［五］用王鮒計，欲彊取之。

［六］二三子，諸大夫。

［七］驂乘必持帶，備隋隊。

［八］跳上獻子車。

［九］劫之。

［一〇］請所至。

［一一］逆獻子也。

［一二］恐不與己同心。

［一三］蓋犯罪沒爲官奴，以丹書其罪。

［一四］言不負要明如日。

［一五］閉著門外。

［一六］隱，短牆也。

范氏之徒在臺後，[一]欒氏乘公門。[二]宣子謂鞅曰："矢及君屋，死之。"鞅用劍以帥卒，[三]欒氏退，攝車從之。[四]遇欒樂，[五]曰："樂免之，死將訟女於天。"[六]樂射之，不中，又注，[七]則乘槐本而覆。[八]或以戟鉤之，斷肘而死。欒魴傷。欒盈奔曲沃，晉人圍之。[九]

［一］公臺之後。

［二］乘，登也。

［三］用短，劍兵接敵，欲致死。

［四］鞅攝宣子戎車。

［五］樂，盈之族。

［六］言雖死猶不舍女罪。

［七］注，屬矢於弦也。

［八］欒樂車轢槐而覆。

［九］魴，欒氏族。

〔襄經·二十三·八〕

秋，齊侯伐衛，遂伐晉。[一]

［一］兩事，故言"遂"。

（襄傳·二十三·四）

秋，齊侯伐衛。先驅，穀榮御王孫揮，召揚爲右。[一]

申驅，成秩御莒恒，申鮮虞之傅摯爲右。[二]曹開御戎，晏父戎爲右。[三]貳廣，上之登御邢公，盧蒲癸爲右。[四]啓，牢成御襄罷師，狼蘧疏爲右。[五]胠，商子車御侯朝，桓跳爲右。[六]大殿，商子游御夏之御寇，崔如爲右。[七]燭庸之越駟乘。[八]自衛將遂伐晉。

［一］先驅，前鋒軍。

［二］申驅，次前軍。傅摯，申鮮虞之子。

［三］公御右也。

［四］貳廣，公副車。

［五］左翼曰啓。

［六］右翼曰胠。

［七］大殿，後軍。

［八］四人共乘殿車也。《傳》具載此，言莊公廢舊臣，任武力。

晏平仲曰："君恃勇力以伐盟主，若不濟，國之福也。不德而有功，憂必及君。"崔杼諫曰："不可。臣聞之，小國間大國之敗而毁焉，必受其咎。君其圖之。"弗聽。陳文子見崔武子，[一]曰："將如君何？"武子曰："吾言於君，君弗聽也，以爲盟主而利其難，群臣若急，君於何有？[二]子姑止之。"文子退，告其人曰："崔子將死乎？謂君甚，而又過之，[三]不得其死。過君以義，猶自抑也，況以惡乎？"[四]齊侯遂伐晉，取朝歌。[五]爲二隊，入孟門，登大行，[六]張武軍於熒庭，[七]戍郫邵，[八]封少水，[九]以報平陰之役，乃還。[一〇]趙勝帥東陽之師以追之，獲晏氂。[一一]

［一］文子，陳完之孫須無。武子，崔杼也。

［二］言有急不能顧君，欲弑之以説晉。

［三］弑君之惡，過於背盟主。

［四］自抑損。

［五］朝歌今屬汲郡。

［六］二隊，分爲二部[一]。孟門，晉隘道。大行山在河内郡北。

［七］張武軍，謂築壘壁。熒庭，晉地。

［八］取晉邑而守之。

［九］封晉尸於少水，以爲京觀。

［一〇］平陰役在十八年。

［一一］趙勝，趙旃之子。東陽，晉之山東，魏郡東廣平以北[二]。晏氂，齊大夫。

〔襄經·二十三·九〕

八月，叔孫豹帥師救晉，次于雍榆。[一]

［一］豹救晉，待命于雍榆，故書"次"。雍榆，晉地，汲郡朝歌縣東有雍城。

〔襄傳·二十三·五〕

八月，叔孫豹帥師救晉，次于雍榆，禮也。[一]

［一］救盟主，故曰"禮"。

〔襄經·二十三·十〕

己卯，仲孫速卒。[一]

［一］孟莊子也。

〔一〕分爲二部　興國軍本、阮刻本作"分兵爲二部"。

〔二〕魏郡東廣平以北　興國軍本、阮刻本無"東"字。

（襄傳·二十三·六）

季武子無適子，公彌長而愛悼子，欲立之。[一] 訪於申豐曰：“彌與紇，吾皆愛之，欲擇才焉而立之。”申豐趨退，歸，盡室將行。[二] 他日，又訪焉。對曰：“其然，將具敝車而行。”[三] 乃止。[四] 訪於臧紇，臧紇曰：“飲我酒，吾爲子立之。”季氏飲大夫酒，臧紇爲客。[五] 既獻，[六] 臧孫命北面重席，新樽絜之。[七] 召悼子，降逆之，大夫皆起。[八] 及旅，而召公鉏，[九] 使與之齒。[一〇] 季孫失色。[一一]

［一］公彌，公鉏。悼子，紇也。

［二］申豐，季氏屬大夫。

［三］其然，猶必爾。

［四］止不立紇。

［五］爲上賓。

［六］已獻酒。

［七］酒樽既新，復絜澡之。

［八］臧孫下迎悼子。

［九］獻酬禮畢，通行爲旅。

［一〇］使從庶子之禮，列在悼子之下。

［一一］恐公鉏不從。

季氏以公鉏爲馬正，[一] 慍而不出。閔子馬見之，[二] 曰：“子無然。禍福無門，唯人所召。爲人子者，患不孝，不患無所。[三] 敬共父命，何常之有？[四] 若能孝敬，富倍季氏可也。[五] 姦回不軌，禍倍下民可也。”[六] 公鉏然之，敬共朝夕，恪居官次。[七] 季孫喜，使飲己酒，而以具往盡舍

旃。[八] 故公鉏氏富，又出爲公左宰。[九]

[一] 馬正，家司馬。

[二] 閔子馬，閔馬父。

[三] 所，位處。

[四] 言廢置在父，無常位也。

[五] 父寵之則可富。

[六] 禍甚於貧賤。

[七] 次，舍也。

[八] 具饗燕之具。

[九] 出季氏家，臣仕於公。

孟孫惡臧孫，[一] 季孫愛之。[二] 孟氏之御騶豐點好羯也，[三] 曰："從余言，必爲孟孫。"[四] 再三云，羯從之。孟莊子疾，豐點謂公鉏："苟立羯，請讎臧氏！"[五] 公鉏謂季孫曰："孺子秩，固其所也。[六] 若羯立，則季氏信有力於臧氏矣。"[七] 弗應。己卯，孟孫卒。公鉏奉羯，立于户側。[八] 季孫至，入哭而出，曰："秩焉在？"公鉏曰："羯在此矣。"季孫曰："孺子長。"公鉏曰："何長之有？唯其才也。[九] 且夫子之命也。"[一〇] 遂立羯。秩奔邾。

[一] 不相善。

[二] 愛其成己志。

[三] 羯，孟莊子之庶子，孺子秩之弟孝伯也。

[四] 爲孟孫後。

[五] 使孟氏與公鉏共憎臧孫。

[六] 固自當立。

［七］臧氏因季孫之欲而爲定之，猶爲有力。今若專立孟氏之少，則季氏有力過於臧氏。

［八］户側，喪主。

［九］季孫廢鉏立紇，云欲擇才，故以此答之。

［一〇］遂誣孟孫。

臧孫入，哭甚哀，多涕。出，其御曰："孟孫之惡子也，而哀如是，季孫若死，其若之何？"臧孫曰："季孫之愛我，疾疢也。[一]孟孫之惡我，藥石也。[二]美疢不如惡石。夫石猶生我，[三]疢之美，其毒滋多。孟孫死，吾亡無日矣。"孟氏閉門告於季孫曰："臧氏將爲亂，不使我葬。"[四]季孫不信。臧孫聞之，戒。[五]

［一］常志相順從，身之害。

［二］常志相違戾，猶藥石之療疾。

［三］愈己疾也。

［四］欲爲公鉏讎臧氏。

［五］戒，爲備也。

〔襄經·二十三·十一〕

冬十月乙亥，臧孫紇出奔邾。[一]

［一］書名者，阿順季氏，爲之廢長立少，以取奔亡，罪之。

（襄傳·二十三·七）

冬十月，孟氏將辟，藉除於臧氏。[一]臧孫使正夫助之。[二]除於東門，甲從己而視之。[三]孟氏又告季孫，季孫怒，命攻臧氏。[四]乙亥，臧紇斬鹿門之關以出奔邾。[五]

[一] 辟，穿藏也。於臧氏借人除葬道。

[二] 正夫，隧正。

[三] 畏孟氏，故從甲士視作者。

[四] 見其有甲故。

[五] 魯南城東門。

初，臧宣叔娶于鑄，生賈及爲而死。[一] 繼室以其姪，[二] 穆姜之姨子也。[三] 生紇，長於公宮。姜氏愛之，故立之。[四] 臧賈、臧爲出在鑄。[五] 臧武仲自邾使告臧賈，且致大蔡焉，[六] 曰："紇不佞，失守宗祧，[七] 敢告不弔。[八] 紇之罪，不及不祀。[九] 子以大蔡納請，其可。"[一〇] 賈曰："是家之禍也，非子之過也。賈聞命矣。"再拜，受龜。使爲以納請，[一一] 遂自爲也。[一二] 臧孫如防，[一三] 使來告曰："紇非能害也，知不足也。[一四] 非敢私請，[一五] 苟守先祀，無廢二勳。[一六] 敢不辟邑。"[一七] 乃立臧爲。臧紇致防而奔齊。其人曰："其盟我乎？"[一八] 臧孫曰："無辭。"[一九] 將盟臧氏，季孫召外史掌惡臣，而問盟首焉。[二〇] 對曰："盟東門氏也。曰：'毋或如東門遂，不聽公命，殺適立庶。'[二一] 盟叔孫氏也。曰：'毋或如叔孫僑如，欲廢國常，蕩覆公室。'"[二二] 季孫曰："臧孫之罪，皆不及此。"孟椒曰："盍以其犯門斬關？"季孫用之。乃盟臧氏曰："無或如臧孫紇，干國之紀，犯門斬關。"[二三] 臧孫聞之，曰："國有人焉！誰居？其孟椒乎？"[二四]

[一] 鑄國，濟北蛇丘縣所治。

[二] 女子謂兄弟之子爲姪。

［三］姪，穆姜姨母之子，與穆姜爲姨昆弟。

［四］立爲宣叔嗣。

［五］還舅氏也。

［六］大蔡，大龜。

［七］遠祖廟爲祧。

［八］不爲天所弔恤。

［九］言應有後。

［一〇］請爲先人立後。

［一一］賈使爲爲己請。

［一二］爲，自爲請。

［一三］防，臧孫邑。

［一四］言使甲從己，但慮事淺耳。

［一五］爲其先人請也。

［一六］二勳，文仲、宣叔。

［一七］據邑請後，故孔子以爲要君。

［一八］謂陳其罪惡，盟諸大夫以爲戒。

［一九］廢長立少，季孫所忌，故謂無辭以罪己。

［二〇］惡臣，謂奔亡者。盟首，載書之章首。

［二一］文公命立子惡，公子遂殺之，立宣公。

［二二］謂譖公與季、孟於晉。

［二三］干，亦犯也。

［二四］孟椒，孟獻子之孫子服惠伯。居，猶與也。

〔襄經·二十三·十二〕

晉人殺欒盈。

(襄傳·二十三·八)

晉人克欒盈于曲沃，盡殺欒氏之族黨。欒魴出奔宋。書曰“晉人殺欒盈”，不言大夫，言自外也。[一]

[一] 自外犯君而入，非復晉大夫。

〔襄經·二十三·十三〕

齊侯襲莒。[一]

[一] 輕行，掩其不備曰襲。因伐晉，還襲莒，不言遂者，間有事。

(襄傳·二十三·九)

齊侯還自晉，不入，[一] 遂襲莒，門于且于，[二] 傷股而退。[三] 明日，將復戰，期于壽舒。[四] 杞殖、華還載甲，夜入且于之隧，宿於莒郊。[五] 明日，先遇莒子於蒲侯氏。[六] 莒子重賂之，使無死，曰:“請有盟。”[七] 華周對曰:“貪貨棄命，亦君所惡也。[八] 昏而受命，日未中而棄之，何以事君?”莒子親鼓之，從而伐之，獲杞梁。[九] 莒人行成。[一〇] 齊侯歸，遇杞梁之妻於郊。[一一] 使弔之。辭曰:“殖之有罪，何辱命焉?[一二] 若免於罪，猶有先人之敝廬在，下妾不得與郊弔。”[一三] 齊侯弔諸其室。[一四]

[一] 不入國。

[二] 且于，莒邑。

[三] 齊侯傷。

[四] 壽舒，莒地。

[五] 二子，齊大夫。且于隧，狹路。

[六] 蒲侯氏，近莒之邑。

[七] 欲以盟要二子，無致死戰。

［八］華周即華還。

［九］杞梁即杞殖。

［一〇］勝大國，益懼，故行成。

［一一］梁戰死，妻行迎喪。

［一二］言若有罪，不足弔。

［一三］婦人無外事故。下，猶賤也。

［一四］《傳》善婦人有禮〔一〕。

〔左氏附〕

（襄傳·二十三·十）

齊侯將爲臧紇田。[一]臧孫聞之，見齊侯，與之言伐晉。[二]對曰：“多則多矣，抑君似鼠。夫鼠晝伏夜動，不穴於寢廟，畏人故也。今君聞晉之亂而後作焉，[三]寧將事之，非鼠如何？”乃弗與田。[四]仲尼曰：“知之難也，有臧武仲之知，[五]而不容於魯國，抑有由也。作不順而施不恕也。《夏書》曰：‘念兹在兹。’[六]順事恕施也。”

［一］與之田邑。

［二］齊侯自道伐晉之功。

［三］作，起兵也。

［四］臧孫知齊侯將敗，不欲受其邑，故以比鼠，欲使怒而止。

［五］謂能辟齊禍。

［六］逸《書》也。念此事在此身，言行事當常念如在己身也。

〔一〕傳善婦人有禮　“善”，原作“言”，據興國軍本改。

襄公二十四年

〔襄經·二十四·一〕

二十有四年春，叔孫豹如晉。[一]

[一] 賀克欒氏。

(襄傳·二十四·一)

二十四年春，穆叔如晉。范宣子逆之，問焉，曰："古人有言曰'死而不朽'，何謂也？"穆叔未對。宣子曰："昔匄之祖，自虞以上爲陶唐氏，[一] 在夏爲御龍氏，[二] 在商爲豕韋氏，[三] 在周爲唐、杜氏，[四] 晉主夏盟爲范氏，其是之謂乎？"[五] 穆叔曰："以豹所聞，此之謂世禄，非不朽也。魯有先大夫曰臧文仲，既没，其言立。[六] 其是之謂乎？豹聞之，大上有立德，[七] 其次有立功，[八] 其次有立言，[九] 雖久不廢，此之謂不朽。若夫保姓受氏，以守宗祊，[一〇] 世不絶祀，無國無之。禄之大者，不可謂不朽。"[一一]

[一] 陶唐，堯所治地，大原晉陽縣也。終虞之世以爲號，故曰"自虞以上"。

[二] 謂劉累也。事見昭二十九年。

[三] 豕韋，國名。東郡白馬縣東南有韋城。

[四] 唐、杜，二國名。殷末，豕韋國於唐，周成王滅唐，遷之於杜，爲杜伯。杜伯之子隰叔奔晉。四世及士會，食邑於范，復爲范氏。杜，今京兆杜縣。

[五] 晉爲諸夏盟主，范氏復爲之佐，言己世爲興家。

[六] 立，謂不廢絶。

［七］黄帝、堯、舜。

［八］禹、稷。

［九］史佚、周任、臧文仲。

［一〇］祊，廟門。

［一一］《傳》善穆叔之知言。

〔左氏附〕

（襄傳·二十四·二）

范宣子爲政，諸侯之幣重，鄭人病之。二月，鄭伯如晉，子産寓書於子西以告宣子，[一]曰："子爲晉國，四鄰諸侯不聞令德，而聞重幣，僑也惑之。僑聞君子長國家者，非無賄之患，而無令名之難。夫諸侯之賄聚於公室，則諸侯貳。[二]若吾子賴之，則晉國貳。[三]諸侯貳則晉國壞，晉國貳則子之家壞，何没没也。[四]將焉用賄？夫令名，德之輿也。[五]德，國家之基也。有基無壞，無亦是務乎？有德則樂，樂則能久，《詩》云'樂只君子，邦家之基'，有令德也夫。[六]'上帝臨女，無貳爾心'，有令名也夫。[七]恕思以明德，則令名載而行之，是以遠至邇安。毋寧使人謂子，子實生我，[八]而謂子浚我以生乎？[九]象有齒以焚其身，賄也。"[一〇]

［一］寓，寄也。

［二］貳，離也。

［三］賴，恃用之。

［四］没没，沈滅之言。

［五］德須令名以遠聞。

［六］《詩·小雅》。言君子樂美其道，爲邦家之基，所以濟令德。

［七］《詩·大雅》。言武王爲天所臨，不敢懷貳心，所以濟令名。

［八］無寧，寧也。

［九］浚，取也，言取我財以自生。

［一〇］焚，斃也。

宣子説，乃輕幣。是行也，鄭伯朝晉爲重幣故，且請伐陳也。鄭伯稽首，宣子辭。子西相，曰："以陳國之介恃大國，而陵虐於敝邑，[一]寡君是以請罪焉。[二]敢不稽首。"[三]

［一］介，因也。大國，楚也。

［二］請得罪於陳也。

［三］爲明年鄭入陳《傳》。

〔襄經·二十四·二〕

仲孫羯帥師侵齊。

（襄傳·二十四·三）

孟孝伯侵齊，晉故也。[一]

［一］前年齊伐晉，魯爲晉報侵。

〔襄經·二十四·三〕

夏，楚子伐吳。

（襄傳·二十四·四）

夏，楚子爲舟師以伐吳，[一]不爲軍政，[二]無功而還。[三]

［一］舟師，水軍。

［二］不設賞罰之差。

［三］爲下吴召舒鳩起本。

〔左氏附〕

（襄傳·二十四·五）

齊侯既伐晉而懼，將欲見楚子。楚子使薳啓彊如齊聘，且請期。[一] 齊社，蒐軍實，使客觀之。[二] 陳文子曰："齊將有寇。吾聞之，兵不戢，必取其族。"[三]

［一］請會期。

［二］祭社，因閲數軍器以示薳啓彊〔一〕。

［三］戢，藏也。族，類也。取其族，還自害也。

〔襄經·二十四·四〕

秋七月甲子朔，日有食之，既。[一]

［一］無《傳》。

〔襄經·二十四·五〕

齊崔杼帥師伐莒。

（襄傳·二十四·六）

秋，齊侯聞將有晉師，[一] 使陳無宇從薳啓彊如楚辭，且乞師。[二] 崔杼帥師送之，遂伐莒，侵介根。[三]

［一］夷儀之師。

［二］辭有晉師未得相見。

〔一〕 因閲數軍器以示薳啓彊 "閲"，原作"閑"，據興國軍本改。

［三］介根，莒邑，今城陽黔陬縣東北計基城是也。齊既與莒平，因兵出侵之，言無信也。

〔襄經·二十四·六〕

大水。[一]

［一］無《傳》。

〔襄經·二十四·七〕

八月癸巳朔，日有食之。[一]

［一］無《傳》。

〔襄經·二十四·八〕

公會晉侯、宋公、衛侯、鄭伯、曹伯、莒子、邾子、滕子、薛伯、杞伯、小邾子于夷儀。

(襄傳·二十四·七)

會于夷儀，將以伐齊，水，不克。[一]

［一］晉合諸侯以報前年見伐。

〔襄經·二十四·九〕

冬，楚子、蔡侯、陳侯、許男伐鄭。

(襄傳·二十四·八)

冬，楚子伐鄭以救齊，門于東門，次于棘澤。[一]諸侯還救鄭。[二]晉侯使張骼、輔躒致楚師，求御于鄭。[三]鄭人卜宛射犬，吉。[四]子大叔戒之曰："大國之人，不可與也。"[五]對曰："無有衆寡，其上一也。"[六]大叔曰："不然，部婁無松柏。"[七]二子在幄，坐射犬于外，[八]既食而後食之。使御廣車而行，[九]已皆乘乘車。[一〇]將及楚師，而後從之乘，皆踞轉而鼓琴。[一一]近，不告而馳之。[一二]皆取胄於囊而胄，入壘皆下，搏人以投，收禽挾囚。[一三]弗待而出。[一四]皆超乘，抽弓而射。既免，復踞，轉而鼓琴，曰："公孫同乘，兄弟也，[一五]胡再不謀？"[一六]對曰："曩者志入而已，今則怯也。"皆笑曰："公孫之亟也。"[一七]楚子自棘澤還，使薳啓彊帥師送陳無宇。[一八]

[一] 以齊無宇乞師故也。

[二] 夷儀諸侯。

[三] 欲得鄭人自御，知其地利故也。

[四] 射犬，鄭公孫。

[五] 言不可與等也。欲使卑下之。大叔，游吉。

[六] 言在己上者有常分，無大小國之異。

[七] 部婁，小阜。松柏，大木。喻小國異於大國。

[八] 二子，張骼、輔躒。幄，帳也。

[九] 廣車，兵車。

[一〇] 乘車，安車。

[一一] 轉，衣裝。

[一二] 射犬恨，故近敵不告而馳。

[一三] 禽，獲也。

[一四] 射犬又不待二子。

[一五] 言同乘義如兄弟。

[一六] 謂不告而馳，不待而出。

[一七] 亟，急也。言其性急，不能受屈。

［一八］《傳》言齊、楚固相結也。

〔左氏附〕

（襄傳·二十四·九）

吳人爲楚舟師之役故，[一]召舒鳩人，舒鳩人叛楚。[二]楚子師于荒浦，[三]使沈尹壽與師祁犂讓之。[四]舒鳩子敬逆二子，而告無之，且請受盟。二子復命，王欲伐之。薳子曰："不可。[五]彼告不叛，且請受盟，而又伐之，伐無罪也。姑歸，息民以待其卒。[六]卒而不貳，吾又何求？若猶叛我，無辭，有庸。"乃還。[七]

［一］在此年夏。

［二］舒鳩，楚屬國。召欲與共伐楚。

［三］荒浦，舒鳩地。

［四］二子，楚大夫。

［五］令尹，薳子馮。

［六］卒，終也。

［七］彼無辭，我有功。爲明年楚滅舒鳩《傳》。

〔襄經·二十四·十〕

公至自會。[一]

［一］無《傳》。

〔襄經·二十四·十一〕

陳鍼宜咎出奔楚。[一]

［一］陳鍼子八世孫，慶氏之黨。書名，惡之也。

（襄傳·二十四·十）

陳人復討慶氏之黨，鍼宜咎出奔楚。[一]

［一］言宜咎所以稱名。

〔襄經·二十四·十二〕

叔孫豹如京師。

（襄傳·二十四·十一）

齊人城郟。[一] 穆叔如周聘，且賀城。王嘉其有禮也，賜之大路。[二]

［一］郟，王城也。於是穀、雒鬬，毁王宫。齊叛晉，欲求媚於天子，故爲王城之。

［二］大路，天子所賜車之揔名。爲昭四年叔孫以所賜路葬張本。

〔襄經·二十四·十三〕

大饑。[一]

［一］無《傳》。

〔左氏附〕

（襄傳·二十四·十二）

晉侯嬖程鄭，使佐下軍。[一] 鄭行人公孫揮如晉聘，[二] 程鄭問焉，曰：“敢問降階何由？”[三] 子羽不能對，歸以語然明。[四] 然明曰：“是將死矣，不然，將亡。貴而知懼，懼而思降，乃得其階，[五] 下人而已，又何問焉。[六] 且夫既登而求降階者，知人也。不在程鄭，其有亡釁乎？不然，其有惑疾，將死而憂也。”[七]

［一］代樂盈也。

［二］揮，子羽也。

［三］問自降下之道。

［四］然明，鬷蔑。

［五］階，猶道也。

［六］言易知。

［七］言鄭本小人，爲明年程鄭卒張本。

襄公二十五年

〔襄經 · 二十五 · 一〕

二十有五年春，齊崔杼帥師伐我北鄙。

（襄傳 · 二十五 · 一）

二十五年春，齊崔杼帥師伐我北鄙，以報孝伯之師也。[一]公患之，使告于晉。孟公綽曰："崔子將有大志，[二]不在病我，必速歸，何患焉？其來也不寇，[三]使民不嚴，[四]異於他日。"齊師徒歸。[五]

［一］前年魯使孟孝伯爲晉伐齊。

［二］志在弑君。孟公綽，魯大夫。

［三］不爲寇害。

［四］欲得民心。

［五］徒，空也。

〔襄經 · 二十五 · 二〕

夏五月乙亥，齊崔杼弑其君光。[一]

［一］齊侯雖背盟主，未有無道於民，故書臣，罪崔杼也。

（襄傳 · 二十五 · 二）

齊棠公之妻，東郭偃之姊也。[一]東郭偃臣崔武子。棠公死，偃御武子以弔焉。見棠姜而美之，[二]使偃取之。[三]偃曰："男女辨姓，[四]今君出自丁，[五]臣出自桓，不可。"[六]武子筮之，遇《困》䷮[七]之《大過》䷛。[八]史皆曰："吉。"[九]示陳文子，文子曰："夫從風，[一〇]風隕，妻不可娶也。[一一]且其《繇》曰:‘困于石,據于蒺梨,入于其宫,不見其妻,凶。’[一二]‘困于石’,往不濟也。[一三]‘據于蒺蔾’,所恃傷也。[一四]‘入于其宫,不見其妻,凶’,無所歸也。”[一五]崔子曰:“嫠也何害?先夫當之矣。”[一六]遂取之。莊公通焉,驟如崔氏。以崔子之冠賜人。侍者曰:“不可。”公曰:“不爲崔子,其無冠乎?”[一七]崔子因是,[一八]又以其間伐晉也,[一九]曰:“晉必將報。”欲弑公以説于晉,而不獲間。公鞭侍人賈舉,而又近之,乃爲崔子間公。[二〇]

[一]棠公,齊棠邑大夫。

[二]美其色也。

[三]爲己取也。

[四]辨,别也。

[五]齊丁公,崔杼之祖。

[六]齊桓公小白,東郭偃之祖,同姜姓,故不可昏。

[七]《坎》下《兑》上,《困》。

[八]《巽》下《兑》上,《大過》。《困》六三變爲《大過》。

[九]阿崔子。

[一〇]《坎》爲中男,故曰“夫”;變而爲《巽》,故曰“從風”。

[一一]風能隕落物者,變而隕落,故曰“妻不可娶”。

[一二]《困》六三爻辭。

[一三]《坎》爲險,爲水,水之險者,石不可以動也。

[一四]《坎》爲險,《兑》爲澤,澤之生物而險者蒺棃,恃之則傷。

[一五]《易》曰:非所困而困,名必辱。非所據而據,身必危。既辱且危,死期將至[一],妻其可得見邪?今卜昏而遇此

[一] 死期將至 “期”,原作“其”,興國軍本同,據通行本改。

卦，六三失位無應，則喪其妻，失其所歸也。

［一六］寡婦曰嫠，言棠公已當此凶。

［一七］言雖不爲崔子，猶自應有冠。

［一八］因是怒公。

［一九］間晉之難而伐之。

［二〇］伺公間隙。

夏五月，莒爲且于之役故，莒子朝于齊。[一] 甲戌，饗諸北郭。崔子稱疾不視事。[二] 乙亥，公問崔子，[三] 遂從姜氏。姜入于室，與崔子自側户出。公拊楹而歌。[四] 侍人賈舉止衆從者而入，閉門。[五] 甲興，公登臺而請，弗許。[六] 請盟，弗許。請自刃於廟，弗許。[七] 皆曰："君之臣杼疾病，不能聽命。[八] 近於公宫，[九] 陪臣干掫有淫者，不知二命。"[一〇] 公踰牆，又射之，中股，反隊，遂弑之。賈舉、州綽、邴師、公孫敖、封具、鐸父、襄伊、僂堙皆死。[一一] 祝佗父祭於高唐。[一二] 至復命，不説弁而死於崔氏。[一三] 申蒯，侍漁者，[一四] 退謂其宰曰："爾以帑免，[一五] 我將死。"其宰曰："免，是反子之義也。"與之皆死。[一六] 崔氏殺鬷蔑于平陰。[一七]

［一］且于役在二十三年。

［二］欲使公來。

［三］問疾。

［四］歌以命姜。

［五］爲崔子閉公也。重言侍人者，别下賈舉。

［六］請免。

［七］求還廟自殺也。

［八］不能親聽公命。

［九］言崔子宮近公宮，或淫者詐稱公。

［一〇］干掫，行夜。言行夜得淫人，受崔子命討之，不知他命〔一〕。

［一一］八子皆齊勇力之臣，爲公所嬖者，與公共死於崔子之宮。

［一二］高唐有齊别廟也。

［一三］爵弁，祭服。

［一四］侍漁〔二〕，監取魚之官。

［一五］帑，宰之妻子。

［一六］反死君之義。

［一七］鬷蔑，平陰大夫，公外嬖。《傳》言莊公所養非國士，故其死難皆嬖寵之人。

晏子立於崔氏之門外。[一] 其人曰："死乎？"曰："獨吾君也乎哉！吾死也。"[二] 曰："行乎？"曰："吾罪也乎哉！吾亡也。"[三] 曰："歸乎？"曰："君死安歸？[四] 君民者，豈以陵民？社稷是主。臣君者，豈爲其口實？社稷是養。[五] 故君爲社稷死則死之，爲社稷亡則亡之。[六] 若爲己死而爲己亡，非其私暱，誰敢任之？[七] 且人有君而弒之，吾焉得死之，而焉得亡之？[八] 將庸何歸？"[九] 門啓而入，枕尸股而哭。[一〇] 興，三踊而出。人謂崔子必殺之。崔子曰："民之望也，舍之得民。"[一一]

〔一〕不知他命 "他"，阮刻本作"它"。

〔二〕侍漁 "漁"，原作"魚"，據興國軍本改。

［一］聞難而來。

［二］言己與衆臣無異。

［三］自謂無罪。

［四］言安可以歸。

［五］言君不徒居民上，臣不徒求祿，皆爲社稷。

［六］謂以公義死亡。

［七］私暱，所親愛也。非所親愛，無爲當其禍。

［八］言己非正卿，見待無異於衆臣〔一〕，故不得死其難也。

［九］將用死亡之義，何所歸趣。

［一〇］以公尸枕己股。

［一一］舍，置也。

盧蒲癸奔晉，王何奔莒。［一］叔孫宣伯之在齊也，［二］叔孫還納其女於靈公。嬖，生景公。［三］丁丑，崔杼立而相之，慶封爲左相。盟國人於大宫，［四］曰："所不與崔、慶者。"晏子仰天歎曰："嬰所不唯忠於君利社稷者是與？有如上帝。"乃歃。［五］辛巳，公與大夫及莒子盟。［六］大史書曰："崔杼弒其君。"崔子殺之。其弟嗣書而死者二人，［七］其弟又書，乃舍之。南史氏聞大史盡死，執簡以往。聞既書矣，乃還。［八］閭丘嬰以帷縛其妻而載之，與申鮮虞乘而出。［九］鮮虞推而下之，［一〇］曰："君昏不能匡，危不能救，死不能死，而知匿其暱，［一一］其誰納之？"行及弇中，將舍。［一二］嬰曰："崔、慶其追我。"鮮虞曰："一與一，誰能懼我？"［一三］遂舍，枕轡而寢，［一四］食馬而食。駕而行，

〔一〕見待無異於衆臣　"待"，興國軍本作"待"。

出弇中，謂嬰曰："速驅之，崔、慶之衆，不可當也。"遂來奔。[一五] 崔氏側莊公于北郭。[一六] 丁亥，葬諸士孫之里。[一七] 四翣，[一八] 不蹕，[一九] 下車七乘，不以兵甲。[二〇]

［一］二子，莊公黨，爲三十八年殺慶舍張本。

［二］宣伯，魯叔孫僑如，成十六年奔齊。

［三］還，齊群公子，納宣伯女於靈公。

［四］大宮，大公廟。

［五］盟書云：所不與崔、慶者，有如上帝。讀書未終，晏子抄答易其辭，因自歃。

［六］莒子朝齊，遇崔杼作亂，未去，故復與景公盟。

［七］嗣，續也。并前有三人死。

［八］《傳》言齊有直史，崔杼之罪所以聞。

［九］二子，莊公近臣。

［一〇］下嬰妻也。

［一一］匿，藏也。暱，親也。

［一二］弇中，狹道。

［一三］言道狹，雖衆無所用。

［一四］恐失馬也。

［一五］道廣衆得用，故不可當。

［一六］側，瘞埋之，不殯於廟。

［一七］士孫，人姓，因名里。死十三日便葬，不待五月。

［一八］喪車之飾，諸侯六翣。

［一九］蹕，止行人。

［二〇］下車，送葬之車。齊舊依上公禮九乘，又有甲兵，今皆降損。

〔襄經 · 二十五 · 三〕

公會晉侯、宋公、衛侯、鄭伯、曹伯、莒子、邾子、滕子、薛伯、杞伯、小邾子于夷儀。

(襄傳 · 二十五 · 三)

晉侯濟自泮，[一] 會于夷儀，伐齊，以報朝歌之役。[二] 齊人以莊公説，[三] 使隰鉏請成。慶封如師，[四] 男女以班。賂晉侯以宗器、樂器。[五] 自六正、[六] 五吏、三十帥、[七] 三軍之大夫、百官之正長、師旅[八] 及處守者，皆有賂。[九] 晉侯許之，[一〇] 使叔向告於諸侯。[一一] 公使子服惠伯對曰："君舍有罪，以靖小國，君之惠也。寡君聞命矣。"

[一] 泮，闕。

[二] 朝歌役在二十三年。不書伐齊，齊人逆服，兵不加。

[三] 以弒莊公説晉也。

[四] 慶封獨使於晉，不通諸侯，故不書。鉏，隰朋之曾孫。

[五] 宗器，祭祀之器。樂器，鍾磬之屬。

[六] 三軍之六卿。

[七] 五吏，文職。三十帥，武職。皆軍卿之屬官。

[八] 百官正長，群有司也。師旅，小將帥。

[九] 皆以男女爲賂。處守，守國者。

[一〇] 晉侯受賂還，不譏者，齊有喪，師自宜退。

[一一] 告齊服。

〔左氏附〕

(襄傳 · 二十五 · 四)

晉侯使魏舒、宛没逆衛侯，[一] 將使衛與之夷儀。崔子

止其帑，以求五鹿。[二]

[一] 衛獻公以十四年奔齊。

[二] 崔杼欲得衛之五鹿，故留衛侯妻子於齊以質之。

〔襄經·二十五·四〕

六月壬子，鄭公孫舍之帥師入陳。[一]

[一] 子產之言陳以不義見入，故舍之無譏。《釋例》詳之。

(襄傳·二十五·五)

初，陳侯會楚子伐鄭，[一] 當陳隧者，井堙木刊。[二] 鄭人怨之。六月，鄭子展、子產帥車七百乘伐陳，宵突陳城，[三] 遂入之。陳侯扶其大子偃師奔墓，[四] 遇司馬桓子，曰："載余。"[五] 曰："將巡城。"[六] 遇賈獲，[七] 載其母妻，下之而授公車。公曰："舍而母。"辭曰："不祥。"[八] 與其妻扶其母以奔墓，亦免。子展命師無入公宮，與子產親御諸門。[九] 陳侯使司馬桓子賂以宗器。陳侯免，擁社。[一〇] 使其衆男女別而纍，以待於朝。[一一] 子展執縶而見，[一二] 再拜稽首，承飲而進獻。[一三] 子美入，數俘而出。[一四] 祝祓社，司徒致民，司馬致節，司空致地，乃還。[一五]

[一] 在前年。

[二] 隧，徑也。堙，塞也。刊，除也。

[三] 突，穿也。

[四] 欲逃冢間。

[五] 陳之司馬。

[六] 不欲載公，以巡城辭。

［七］貫獲，陳大夫。

［八］雖急，猶不欲男女無别。

［九］欲服之而已，故禁侵掠。

［一〇］免，喪服。擁社，抱社主示服。

［一一］纍，自囚係以待命。

［一二］見陳侯。

［一三］承飲，奉觴。示不失臣敬。

［一四］子美，子産也。但數其所獲人數，不將以歸。

［一五］祓，除也。節，兵符。陳亂，故正其衆官，脩其所職，以安定之，乃還也。

〔襄經 · 二十五 · 五〕

秋八月己巳，諸侯同盟于重丘。[一]

［一］夷儀之諸侯也。重丘，齊地。己巳，七月十二日，《經》誤。

（襄傳 · 二十五 · 六）

秋七月己巳，同盟于重丘，齊成故也。[一]

［一］伐齊而稱同盟，以明齊亦同盟。

〔襄經 · 二十五 · 六〕

公至自會。[一]

［一］無《傳》。

〔襄經 · 二十五 · 七〕

衛侯入于夷儀。[一]

［一］夷儀本邢地，衛滅邢而爲衛邑。晉愍衛衎失國，使衛分之一

邑。書“入”者，自外而入之辭，非國逆之例。

(襄傳·二十五·九)

衛獻公入于夷儀。[一]

[一]爲下自夷儀與甯喜言張本。

〔左氏附〕

(襄傳·二十五·七)

趙文子爲政，[一]令薄諸侯之幣而重其禮。[二]穆叔見之。謂穆叔曰：“自今以往，兵其少弭矣。[三]齊崔、慶新得政，將求善於諸侯。武也知楚令尹。[四]若敬行其禮，道之以文辭，以靖諸侯，兵可以弭。”[五]

[一]趙武代范匄。

[二]以重禮待諸侯。

[三]弭，止也。

[四]令尹，屈建。

[五]爲二十七年晉、楚盟于宋《傳》。

〔襄經·二十五·八〕

楚屈建帥師滅舒鳩。[一]

[一]《傳》在衛侯入夷儀上，《經》在下，從告。

(襄傳·二十五·八)

楚薳子馮卒，屈建爲令尹。[一]屈蕩爲莫敖。[二]舒鳩人卒叛。[三]楚令尹子木伐之，及離城。[四]吳人救之，子木遽以右師先，[五]子彊、息桓、子捷、子駢、子盂帥左師以退，[六]吳人居其間七日。[七]子彊曰：“久將墊隘，隘乃禽也。不如速戰。[八]請以其私卒誘之，簡師陳以待我。[九]我克則進，奔則亦視之，[一〇]乃可以免。不然，必爲吳禽。"從之。五人以其私卒先擊吳師。吳師奔，登山以望，見楚師不繼，復逐之，傅諸其軍。[一一]簡師會之，吳師大敗。遂圍舒鳩，舒鳩潰。八月，楚滅舒鳩。[一二]

［一］屈建，子木。

［二］代屈建，宣十二年邲之役，楚有屈蕩爲左廣之右。《世本》，屈蕩，屈建之祖父，今此屈蕩與之同姓名。

［三］前年辭不叛。

［四］離城，舒鳩城。

［五］先至舒鳩。

［六］五人不及子木，與吳相遇而退。

［七］居楚兩軍之間。

［八］墊隘，慮水雨。

［九］簡閱精兵，駐後爲陳。

［一〇］視其形勢而救助之。

［一一］吳還逐五子，至其本軍。

［一二］五子既敗吳師〔一〕，遂前及子木，共圍滅舒鳩。

〔左氏附〕

(襄傳·二十五·十)

鄭子産獻捷于晉，[一]戎服將事。[二]晉人問陳之罪，對曰："昔虞閼父爲周陶正，以服事我先王。[三]我先王賴其利器用也，與其神明之後也，[四]庸以元女大姬配胡公，[五]

〔一〕五子既敗吳師　"師"，阮刻本作"子"。

而封諸陳，以備三恪。[六]則我周之自出，至于今是賴。[七]桓公之亂，蔡人欲立其出。[八]我先君莊公奉五父而立之，[九]蔡人殺之。[一〇]我又與蔡人奉戴厲公，[一一]至於莊、宣〔一〕，皆我之自立。[一二]夏氏之亂，成公播蕩，又我之自入，君所知也。[一三]今陳忘周之大德，蔑我大惠，棄我姻親，介恃楚衆，以凴陵我敝邑，不可億逞。[一四]我是以有往年之告。[一五]未獲成命，[一六]則有我東門之役。[一七]當陳隧者，井堙木刊。敝邑大懼不競，而耻大姬。[一八]天誘其衷，啓敝邑心。[一九]陳知其罪，授手于我，用敢獻功。"晉人曰："何故侵小？"對曰："先王之命，唯罪所在，各致其辟。[二〇]且昔天子之地一圻，[二一]列國一同，[二二]自是以衰。[二三]今大國多數圻矣，若無侵小，何以至焉？"晉人曰："何故戎服？"對曰："我先君武、莊爲平、桓卿士，[二四]城濮之役，文公布命曰：'各復舊職。'[二五]命我文公戎服輔王，以授楚捷。不敢廢王命故也。"[二六]士莊伯不能詰，[二七]復於趙文子。文子曰："其辭順，犯順不祥。"乃受之。

[一]獻入陳之功，而不獻其俘。

[二]戎服，軍旅之衣，異於朝服。

[三]閼父，舜之後。當周之興，閼父爲武王陶正。

[四]舜聖，故謂之"神明"。

[五]庸，用也。元女，武王之長女。胡公，閼父之子滿也。

[六]周得天下，封夏、殷二王後，又封舜後，謂之"恪"。并二王後爲三國，其禮轉降，示敬而已，故曰"三恪"。

〔一〕至於莊宣　"於"，與國軍本同。石經作"于"。

［七］言陳，周之甥，至今賴周德。

［八］陳桓公鮑卒，於是陳亂。事在魯桓五年。蔡出，桓公之子厲公也。

［九］五父，佗，桓公弟。殺大子免而代之，鄭莊公因就定其位。

［一〇］欲立其出故。

［一一］奉戴，猶奉事。

［一二］陳莊公、宣公，皆厲公子。

［一三］播蕩，流移失所。宣十一年，陳夏徵舒弒靈公。靈公之子成公奔晉，自晉因鄭而入也。

［一四］億，度也。逞，盡也。

［一五］謂鄭伯稽首告晉，請伐陳。

［一六］未得伐陳命。

［一七］前年，陳從楚伐鄭東門。

［一八］上辱大姬之靈。

［一九］啓，開也。開道其心，故得勝。

［二〇］辟，誅也。

［二一］方千里。

［二二］方百里。

［二三］衰，差降。

［二四］鄭武公、莊公爲周平王、桓王卿士。

［二五］晉文公。

［二六］城濮在僖二十八年。

［二七］士莊伯，士弱也。

〔襄經·二十五·九〕

冬，鄭公孫夏帥師伐陳。［一］

［一］陳猶未服。

(襄傳·二十五·十一)

冬十月，子展相鄭伯如晉，拜陳之功。[一]子西復伐陳，陳及鄭平。[二]仲尼曰："《志》有之，[三]言以足志，文以足言。[四]不言，誰知其志？言之無文，行而不遠。[五]晉爲伯，鄭入陳，非文辭不爲功。慎辭哉！"[六]

［一］謝晉受其功。

［二］前雖入陳，服之而已，故更伐以結成。

［三］《志》，古書。

［四］足，猶成也。

［五］雖得行，猶不能及遠。

［六］樞機之發，榮辱之主。

〔左氏附〕

(襄傳·二十五·十二)

楚蔿掩爲司馬，[一]子木使庀賦〔一〕，[二]數甲兵。[三]甲午，蔿掩書土田，[四]度山林，[五]鳩藪澤，[六]辨京陵，[七]表淳鹵，[八]數疆潦，[九]規偃豬，[一〇]町原防，[一一]牧隰皋，[一二]井衍沃，[一三]量入脩賦，[一四]賦車籍馬，[一五]賦車兵、[一六]徒兵〔二〕、[一七]甲楯之數。[一八]既成，以授子木，禮也。[一九]

［一］蔿子馮之子。

〔一〕子木使庀賦　"子木"，阮刻本作"子匠"，誤。

〔二〕賦車兵徒兵　"徒兵"之"兵"，興國軍本作"卒"。阮校曰："石經、宋本、岳本、監本'卒'作'兵'。顧炎武云：'石經"卒"誤作"兵"，非也。'梁履繩云：'杜於"徒兵"下注云："步卒。"《釋文》："卒，子忽反。"若《傳》文爲"徒卒"，則杜不須注。陸氏何不舉傳文而標注字邪？'"

［二］庀，治。

［三］閲，數之。

［四］書土地之所宜。

［五］度量山林之材，以共國用。

［六］鳩，聚也。聚成藪澤，使民不得焚燎壞之，欲以備田獵之處。

［七］辨，别也。絶高曰京，大阜曰陵。别之以爲冢墓之地。

［八］淳鹵，埆薄之地。表異，輕其賦税。

［九］疆界有流潦者，計數，減其租入。

［一〇］偃豬，下濕之地。規度其受水多少。

［一一］廣平曰原。防，隄也。隄防間地，不得方正如井田，别爲小頃町。

［一二］隰皋，水厓下濕，爲芻牧之地。

［一三］衍沃，平美之地。則如周禮制以爲井田。六尺爲步，步百爲畝，畝百爲夫，九夫爲井。

［一四］量九土之所入，而治理其賦税。

［一五］籍，疏其毛色歲齒，以備軍用。

［一六］車兵，甲士。

［一七］步卒。

［一八］使器杖有常數。

［一九］得治國之禮。《傳》言楚之所以興。

〔襄經·二十五·十〕

十有二月，吴子遏伐楚，門于巢，卒。[一]

［一］遏，諸樊也，爲巢牛臣所殺。不書滅者，楚人不獲其尸。吴

以卒告。未同盟而赴以名。

(襄傳·二十五·十三)

十二月，吳子諸樊伐楚，以報舟師之役。[一] 門于巢。[二] 巢牛臣曰："吳王勇而輕，若啓之，將親門。[三] 我獲射之，必殪。[四] 是君也死，疆其少安。"從之。吳子門焉，牛臣隱於短牆以射之，卒。

[一] 舟師在二十四年也。

[二] 攻巢門。

[三] 啓，開門〔一〕。

[四] 殪，死也。

〔左氏附〕

(襄傳·二十五·十四)

楚子以滅舒鳩賞子木，辭曰："先大夫蒍子之功也。"以與蒍掩。[一]

[一] 往年楚子將伐舒鳩，蒍子馮請退師以須其叛，楚子從之，卒獲舒鳩，故子木辭賞以與其子。

〔左氏附〕

(襄傳·二十五·十五)

晉程鄭卒，子產始知然明，[一] 問爲政焉。對曰："視民如子，見不仁者，誅之如鷹鸇之逐鳥雀也。"子產喜，以語子大叔，且曰："他日，吾見蔑之面而已，[二] 今吾見其

〔一〕 開門　阮刻本作"開門也"。

心矣。”子大叔問政於子産。子産曰：“政如農功，日夜思之，思其始而成其終。朝夕而行之〔一〕，行無越思，[三]如農之有畔。[四]其過鮮矣。”

［一］前年然明謂程鄭將死，今如其言，故知之。

［二］蔑，然明名。

［三］思而後行。

［四］言有次。

〔左氏附〕

（襄傳·二十五·十六）

衛獻公自夷儀使與甯喜言，[一]甯喜許之。大叔文子聞之，[二]曰：“烏呼！《詩》所謂‘我躬不説，皇恤我後’者，甯子可謂不恤其後矣。[三]將可乎哉！殆必不可。君子之行，思其終也，[四]思其復也。[五]《書》曰：‘慎始而敬終，終以不困。’[六]《詩》曰：‘夙夜匪解〔二〕，以事一人。’[七]今甯子視君不如弈棋，[八]其何以免乎？弈者舉棋不定，不勝其耦，而況置君而弗定乎？必不免矣。九世之卿族，一舉而滅之，可哀也哉！”[九]

［一］求復國也〔三〕。

［二］大叔儀也。

［三］皇，暇也。《詩·小雅》。言今我不能自容説，何暇念其後乎！謂甯子必身受禍，不得恤其後也。

〔一〕 朝夕而行之　石經、興國軍本同，阮刻本脱“朝”字。

〔二〕 夙夜匪解　“解”，原作“懈”，據石經改。

〔三〕 求復國也　“求”，阮刻本作“舉”。

［四］思使終可成。

［五］思其可復行。

［六］逸《書》。

［七］一人以喻君。

［八］弈，圍棋也。

［九］甯氏出自衛武公，及喜九世也。

〔左氏附〕

（襄傳·二十五·十七）

會于夷儀之歲，齊人城郟。[一] 其五月，秦、晉爲成。晉韓起如秦涖盟，秦伯車如晉涖盟，[二] 成而不結。[三]

［一］在二十四年。不直言會夷儀者，別二十五年夷儀會《傳》〔一〕。

［二］伯車，秦伯之弟鍼也。

［三］不結固也。《傳》爲後年脩成起本，當繼前年之末而特跳此者，傳寫失之。

〔一〕 別二十五年夷儀會傳　興國軍本、阮刻本無"傳"字。

春秋左氏經傳集解襄公五第十八

春秋左氏經傳集解襄公五第十八[一]

杜　氏

襄公二十六年

〔左氏附〕

(襄傳·二十六·一)

二十六年春，秦伯之弟鍼如晉脩成，[一]叔向命召行人子員。[二]行人子朱曰："朱也當御。"[三]三云，叔向不應。子朱怒曰："班爵同，[四]何以黜朱於朝？"[五]撫劍從之。[六]叔向曰："秦、晉不和久矣，今日之事幸而集，[七]晉國賴之。不集，三軍暴骨。子員道二國之言無私，子常易之。姦以事君者，吾所能御也。"拂衣從之。[八]人救之。平公曰："晉其庶乎？[九]吾臣之所爭者大。"師曠曰："公室懼卑，臣不心競而力爭，[一〇]不務德而爭善，[一一]私欲已侈，能無卑乎？"[一二]

［一］脩會夷儀歲之成。

［二］欲使答秦命。

［三］御，進也。言次當行。

［四］同爲大夫。

［五］黜，退也。

〔一〕原卷標題"襄"字後闕"公"字，據本書體例補。

［六］從叔向也。

［七］集，成。

［八］拂衣，褰裳也。

［九］庶幾於治。

［一〇］謂二子不心競爲忠，而撫劍拂衣。

［一一］爭，謂所行爲善。

［一二］私欲侈，則公義廢。

〔襄經 · 二十六 · 一〕

二十有六年春王二月辛卯，衛甯喜弑其君剽。

（襄傳 · 二十六 · 二）

衛獻公使子鮮爲復，[一] 辭。[二] 敬姒强命之。[三] 對曰："君無信，臣懼不免。"敬姒曰："雖然，以吾故也。"許諾。初，獻公使與甯喜言，[四] 甯喜曰："必子鮮在，不然，必敗。"[五] 故公使子鮮。子鮮不獲命於敬姒，[六] 以公命與甯喜言曰："苟反，政由甯氏，祭則寡人。"甯喜告蘧伯玉。伯玉曰："瑗不得聞君之出，敢聞其入？"[七] 遂行，從近關出。告右宰穀。[八] 右宰穀曰："不可。獲罪於兩君，[九] 天下誰畜之？"[一〇] 悼子曰："吾受命於先人，不可以貳。"[一一] 穀曰："我請使焉而觀之。"[一二] 遂見公於夷儀。反，曰："君淹恤在外十二年矣，[一三] 而無憂色，亦無寬言，猶夫人也。[一四] 若不已，死無日矣。"[一五] 悼子曰："子鮮在。"右宰穀曰："子鮮在，何益？多而能亡，於我何爲？"[一六] 悼子曰："雖然，弗可以已。"孫文子在戚，孫嘉聘於齊，孫襄居守。[一七] 二月庚寅，甯喜、右宰穀伐孫氏，不克，伯國傷。[一八] 甯子出，舍於郊。[一九] 伯國死，孫氏夜哭。

國人召甯子，甯子復攻孫氏，克之。辛卯，殺子叔及大子角。[二〇] 書曰“甯喜弑其君剽”，言罪之在甯氏也。[二一]

[一] 使爲己求反國。

[二] 辭不能。

[三] 敬姒，獻公及子鮮之母。

[四] 言復國。

[五] 子鮮賢，國人信之，必欲使在其間。

[六] 不得止命。

[七] 十四年，孫氏欲逐獻公，瑗走，從近關出。

[八] 衛大夫。

[九] 前出獻公，今弑剽。

[一〇] 畜，猶容也。

[一一] 悼子，甯喜也。受命在二十年。

[一二] 觀知可還否。

[一三] 淹，久也。

[一四] 言其爲人猶如故。

[一五] 已，止也。

[一六] 言子鮮爲義，多不過亡出。

[一七] 二子，孫文子之子。

[一八] 伯國，孫襄也。父兄皆不在，故乘弱攻之。

[一九] 欲奔。

[二〇] 子叔，衛侯剽。言子叔，剽無謚故。

[二一] 嫌受父命納舊君無罪，故發之。

〔襄經·二十六·二〕

衛孫林父入于戚以叛。[一]

［一］衎雖未居位，林父專邑背國，猶爲叛也。

（襄傳·二十六·三）

孫林父以戚如晉。[一] 書曰"入于戚以叛"，罪孫氏也。臣之祿，君實有之。義則進，否則奉身而退。專祿以周旋，戮也。[二]

［一］以邑屬晉。

［二］林父事剽而衎入，義可以退，唯以專邑自隨爲罪，故《傳》發之。

〔襄經·二十六·三〕

甲午，衛侯衎復歸于衛。[一]

［一］復其位曰"復歸"。名與不名，《傳》無義例。

（襄傳·二十六·四）

甲午，衛侯入。書曰"復歸"，國納之也。[一] 大夫逆於竟者，執其手而與之言。道逆者自車揖之，逆於門者頷之而已。[二] 公至，使讓大叔文子曰："寡人淹恤在外，二三子皆使寡人朝夕聞衛國之言，[三] 吾子獨不在寡人。[四] 古人有言曰：'非所怨勿怨。'寡人怨矣。"[五] 對曰："臣知罪矣。臣不佞，不能負羈絏，以從扞牧圉，臣之罪一也；有出者，有居者，[六] 臣不能貳，通外内之言以事君，臣之罪二也。有二罪，敢忘其死？"乃行。從近關出，公使止之。[七]

［一］本晉納之夷儀，今從夷儀入國，嫌若晉所納，故發"國納"之例。言國之所納而復其位。

［二］頷，摇其頭，言衎驕心易生。

［三］二三子，諸大夫。

［四］在，存問之。公聞文子答甯喜之言，故忿之。

［五］所怨在親親。

［六］出謂衎，居謂剽也。

［七］《傳》言衛侯不能安和大臣。

〔左氏附〕

（襄傳·二十六·五）

衛人侵戚東鄙，[一]孫氏愬于晉，晉戍茅氏。[二]殖綽伐茅氏，殺晉戍三百人。[三]孫蒯追之，弗敢擊。文子曰："厲之不如。"[四]遂從衛師敗之圉。[五]雍鉏獲殖綽，[六]復愬于晉。[七]

［一］以林父叛故。

［二］茅氏，戚東鄙。

［三］殖綽，齊人。今來在衛。

［四］厲，惡鬼也。

［五］蒯感父言，更還逐殖綽。圉，衛地。

［六］雍鉏，孫氏臣。

［七］爲下晉討衛張本。

〔左氏附〕

（襄傳·二十六·六）

鄭伯賞入陳之功。[一]三月甲寅朔，享子展，賜之先路、三命之服，[二]先八邑；[三]賜子產次路、再命之服，先六邑。子產辭邑，曰："自上以下，隆殺以兩〔一〕，禮也。臣之位在

〔一〕 隆殺以兩 "隆"，《春秋左傳詁》作"降"。"諸本'降'誤'隆'，從定本改正。《漢書·韋玄成傳》引《春秋傳》即作'降殺'。【詁】《廣雅》：'屖，差也。''屖''降'同。按：'屖''隆'字近故誤。"洪亮吉：《春秋左傳詁》，第583頁。

四，[四] 且子展之功也。臣不敢及賞禮，請辭邑。”[五] 公固予之，乃受三邑。[六] 公孫揮曰：“子産其將知政矣，[七] 讓不失禮。”

［一］入陳在前年。

［二］先路、次路，皆王所賜車之揔名。蓋請之於王。

［三］以路及命服爲邑先。八邑，三十二井。

［四］上卿子展，次卿子西。十一年良霄見《經》，十九年乃立子産爲卿，故位在四。

［五］賞禮，以禮見賞，謂六邑也。

［六］位次當受二邑，以公固與之，故受三邑。

［七］知國政。

〔襄經·二十六·四〕

夏，晉侯使荀吳來聘。[一]

［一］吳，荀偃子。

（襄傳·二十六·七）

晉人爲孫氏故，召諸侯，將以討衛也。夏，中行穆子來聘，召公也。[一]

［一］召公爲澶淵會。

〔左氏附〕

（襄傳·二十六·八）

楚子、秦人侵吳，及雩婁，聞吳有備而還，[一] 遂侵鄭。五月，至于城麇，鄭皇頡戍之。[二] 出與楚師戰，敗。穿封戌囚皇頡，公子圍與之爭之，[三] 正於伯州犂。[四] 伯州犂曰："請問於囚。"乃立囚。伯州犂曰："所爭君子也，其何不知？"[五]上其手，曰："夫子爲王子圍，寡君之貴介弟也。"[六]下其手，曰："此子爲穿封戌，方城外之縣尹也。誰獲子？"[七]囚曰："頡遇王子，弱焉。"[八]戌怒，抽戈逐王子圍，弗及。楚人以皇頡歸。

［一］雩婁縣，今屬安豐郡。

［二］皇頡，鄭大夫，守城麇之邑。

［三］公子圍，共王子靈王也。

［四］正曲直也。

［五］言王子圍及穿封戌皆非細人，易別識也。

［六］介，大也。

［七］上下手以道囚意。

［八］弱，敗也。言爲王子所得。

印堇父與皇頡戍城麇，[一]楚人囚之，以獻於秦。鄭人取貨於印氏以請之，子大叔爲令正[二]以爲請。子産曰："不獲。[三]受楚之功而取貨於鄭，不可謂國。秦不其然。[四]若曰：'拜君之勤鄭國，微君之惠，楚師其猶在敝邑之城下。'其可。"[五]弗從，遂行，秦人不予，更幣，從子産而後獲之。[六]

［一］印堇父，鄭大夫。

［二］主作辭令之正。

［三］謂大叔辭以貨請堇父，必不得。

［四］受楚獻功，大名也。以貨免之，小利。故謂秦不爾。

［五］辭如此，堇父可得。

［六］更遣使執幣用子產辭，乃得堇父。《傳》稱子產之善。

〔襄經·二十六·五〕

公會晉人、鄭良霄、宋人、曹人于澶淵。[一]

［一］卿會公侯皆應貶，方責宋向戌後期，故書“良霄”以駮之。若皆稱人，則嫌向戌直以會公貶之。

（襄傳·二十六·九）

六月，公會晉趙武、宋向戌、鄭良霄、曹人于澶淵，以討衛，疆戚田。[一] 取衛西鄙懿氏六十以與孫氏。[二] 趙武不書，尊公也。[三] 向戌不書，後也。[四] 鄭先宋，不失所也。[五] 於是衛侯會之。[六] 晉人執甯喜、北宫遺，使女齊以先歸。[七] 衛侯如晉，晉人執而囚之於士弱氏。[八]

［一］正戚之封疆。

［二］戚城西北五十里有懿城，因姓以名城，取田六十井也。

［三］罪武會公侯。

［四］後會期。

［五］如期至〔一〕。

［六］晉將執之，不得與會，故不書。

［七］討其弒君伐孫氏也。遺，北宫括之子。女齊，司馬侯。歸晉而後告諸侯，故《經》書在秋。

［八］士弱，晉主獄大夫。

秋七月，齊侯、鄭伯爲衛侯故，如晉，[一] 晉侯兼享

〔一〕如期至 “期”，原作“其”，據興國軍本改。

之〔一〕。晉侯賦《嘉樂》。[二] 國景子相齊侯，[三] 賦《蓼蕭》。[四] 子展相鄭伯，賦《緇衣》。[五] 叔向命晉侯拜二君，曰："寡君敢拜齊君之安我先君之宗祧也，敢拜鄭君之不貳也。"[六] 國子使晏平仲私於叔向，[七] 曰："晉君宣其明德於諸侯，恤其患而補其闕，正其違而治其煩，所以爲盟主也。今爲臣執君，若之何？"[八] 叔向告趙文子，文子以告晉侯。晉侯言衛侯之罪，使叔向告二君。[九] 國子賦"轡之柔矣"，[一〇] 子展賦"將仲子兮"，[一一] 晉侯乃許歸衛侯。叔向曰："鄭七穆，罕氏其後亡者也。子展儉而壹。"[一二]

[一] 欲共請之。

[二]《嘉樂》,《詩·大雅》。取其"嘉樂君子，顯顯令德，宜民宜人，受祿于天"。

[三] 景子，國弱。

[四]《蓼蕭》,《詩·小雅》。言太平澤及遠，若露之在蕭。以喻晉君恩澤及諸侯。

[五]《緇衣》,《詩·鄭風》。義取"適子之館兮，還予授子之粲兮"。言不敢違遠於晉。

[六]《蓼蕭》《緇衣》二詩，所趣各不同，故拜二君辭異。

[七] 私與叔向語。

[八] 謂晉爲林父執衛侯。

[九] 言自以殺晉戍三百人爲罪，不以林父故。

[一〇] 逸《詩》，見《周書》。義取寬政以安諸侯，若柔轡之御剛馬。

[一一]《將仲子》,《詩·鄭風》。義取衆言可畏，衛侯雖別有罪，

〔一〕 晉侯兼享之 "享"，阮刻本作"亨"。

而衆人猶謂晉爲臣執君。

［一二］子展，鄭子罕之子。居身儉而用心壹。鄭穆公十一子，子然、二子孔，三族已亡。子羽不爲卿，故唯言七穆。

〔襄經·二十六·六〕

秋，宋公殺其世子痤。[一]

［一］稱君以殺，惡其父子相殘害。

（襄傳·二十六·十）

初，宋芮司徒生女子，[一]赤而毛，棄諸堤下。共姬之妾取以入，[二]名之曰棄。長而美。平公入夕，[三]共姬與之食。公見棄也而視之，尤。[四]姬納諸御，嬖，生佐。[五]惡而婉。[六]大子痤美而很，[七]合左師畏而惡之。[八]寺人惠牆伊戾爲大子内師而無寵。[九]

［一］芮司徒，宋大夫。

［二］共姬，宋伯姬也。

［三］平公，共姬子也。

［四］尤，甚也。

［五］佐，元公。

［六］佐貌惡而心順。

［七］貌美而心很戾。

［八］合左師，向戌。

［九］惠牆，氏。伊戾，名。

秋，楚客聘於晉，過宋。[一]大子知之，請野享之。公使往，伊戾請從之。公曰："夫不惡女乎？"[二]對曰："小人之事君子也，惡之不敢遠，好之不敢近。敬以待命，敢有貳心乎？縱有共其外，莫共其内。[三]臣請往也。”遣之。至則欿，用牲，加書徵之，[四]而騁告公[五]曰：“大子將爲亂，既與楚客盟矣。”公曰：“爲我子又何求？”對曰：“欲速。”[六]公使視之，則信有焉。[七]問諸夫人與左師，[八]則皆曰：“固聞之。”公囚大子，大子曰：“唯佐也能免我。”[九]召而使請，曰：“日中不來，吾知死矣。”左師聞之，聒而與之語。[一〇]過期，乃縊而死。佐爲大子。公徐聞其無罪也，乃亨伊戾。左師見夫人之步馬者，[一一]問之。對曰：“君夫人氏也。”左師曰：“誰爲君夫人？余胡弗知？”圉人歸，以告夫人。夫人使饋之錦與馬，先之以玉，[一二]曰：“君之妾棄，使某獻左師。”改命曰：“君夫人。”而後再拜稽首，受之。[一三]

［一］上已有秋，復發傳者，中間有初，不言秋，則嫌楚客過在他年。

［二］夫，謂大子也。

［三］伊戾爲大子内師，不行，恐内侍廢闕。

［四］詐作盟處，於大子反徵驗也〔一〕。

［五］騁，馳也。

［六］言欲速得公位。

［七］有盟徵焉。

［八］夫人，佐母棄也。

［九］以其婉也。

［一〇］聒，讙也。欲使佐失期。

〔一〕 於大子反徵驗也 “於”，興國軍本作“爲”。

［一一］步馬，習馬。

［一二］以玉爲錦、馬之先。

［一三］左師令使者改命也。《傳》言宋公闇，左師諛，大子所以無罪而死。

〔襄經·二十六·七〕

晉人執衛甯喜。

〔左氏附〕

（襄傳·二十六·十一）

鄭伯歸自晉，[一] 使子西如晉聘。辭曰："寡君來煩執事，懼不免於戾。[二] 使夏謝不敏。"[三] 君子曰："善事大國。"[四]

［一］請衛侯歸。

［二］言自懼失敬於大國而得罪。

［三］夏，子西名。

［四］將求於人，必先下之，言鄭所以能自安。

〔左氏附〕

（襄傳·二十六·十二）

初，楚伍參與蔡太師子朝友，其子伍舉與聲子相善也。[一] 伍舉娶於王子牟，王子牟爲申公而亡。[二] 楚人曰："伍舉實送之。"伍舉奔鄭，將遂奔晉。聲子將如晉，遇之於鄭郊，班荆相與食，而言復故。[三] 聲子曰："子行也，吾必復子。"及宋向戌將平晉、楚，[四] 聲子通使於晉。[五] 還如楚，令尹子木與之語，問晉故焉。[六] 且曰："晉大夫與楚孰賢?”對曰:“晉卿不如楚,其大夫則賢,皆卿材也。如杞、梓、皮革,自楚往也。[七]雖楚有材,晉實用之。”[八]子木曰:“夫獨無族姻乎?”[九]

[一]聲子,子朝之子。伍舉,子胥祖父椒舉也。

[二]獲罪出奔。

[三]班,布也。布荆坐地,共議歸楚事。朋友世親。

[四]平在明年。

[五]爲國通平事。

[六]故事。

[七]杞、梓,皆木名。

[八]言楚亡臣多在晉。

[九]夫謂晉。

對曰:“雖有,而用楚材實多。歸生聞之,[一]善爲國者,賞不僭而刑不濫。賞僭,則懼及淫人。刑濫,則懼及善人。若不幸而過,寧僭無濫。與其失善,寧其利淫。無善人則國從之。[二]《詩》曰‘人之云亡,邦國殄瘁’,無善人之謂也。[三]故《夏書》曰‘與其殺不辜,寧失不經’,懼失善也。[四]《商頌》有之曰‘不僭不濫,不敢怠皇,命于下國,封建厥福’,[五]此湯所以獲天福也。古之治民者,勸賞而畏刑,[六]恤民不倦。賞以春夏,刑以秋冬。[七]是以將賞爲之加膳,加膳則飫賜,[八]此以知其勸賞也。將刑爲之不舉,不舉則徹樂,[九]此以知其畏刑也。夙興夜寐,朝夕臨政,此以知其恤民也。三者,禮之大節也。有禮無敗。今楚多淫刑,其大夫逃死於四方,而爲之謀主以害楚

國，不可救療，所謂不能也。[一〇]

［一］歸生，聲子名。

［二］從之亡也。

［三］《詩·大雅》。殄，盡也。瘁，病也。

［四］逸《書》也。不經，不用常法。

［五］《詩·商頌》。言殷湯賞不僭差，刑不濫溢，不敢怠解自寬暇，故能爲下國所命爲天子。

［六］樂行賞而憚用刑。

［七］順天時。

［八］飫，饜也。酒食賜下無不饜足，所謂"加膳"也。

［九］不舉盛饌。

［一〇］療，治也，所謂楚人不能用其材也。

"子儀之亂，析公奔晉。[一]晉人寘諸戎車之殿，以爲謀主。[二]繞角之役，晉將遁矣，析公曰:'楚師輕窕，易震蕩也。若多鼓鈞聲，以夜軍之，[三]楚師必遁。'晉人從之，楚師宵潰。晉遂侵蔡，襲沈，獲其君。敗申、息之師於桑隧，獲申麗而還。[四]鄭於是不敢南面。楚失華夏，則析公之爲也。

［一］在文十四年。

［二］殿，後軍。

［三］鈞同其聲。

［四］成六年晉欒書救鄭，與楚師遇於繞角。楚師還，晉侵沈，獲沈子。八年復侵楚，敗申、息，獲申麗。

“雍子之父兄譖雍子，君與大夫不善是也。[一] 雍子奔晉。晉人與之鄐，[二] 以爲謀主。彭城之役，晉、楚遇於靡角之谷，[三] 晉將遁矣。雍子發命於軍曰：‘歸老幼，反孤疾，二人役，歸一人，簡兵蒐乘，[四] 秣馬蓐食，師陳焚次，[五] 明日將戰。’行歸者而逸楚囚，[六] 楚師宵潰。晉降彭城而歸諸宋，以魚石歸。[七] 楚失東夷，子辛死之，則雍子之爲也。[八]

[一] 不是其曲直。

[二] 鄐，晉邑。

[三] 在成十八年。

[四] 簡，擇。蒐，閱。

[五] 次，舍也。焚舍示必死。

[六] 欲使楚知之。

[七] 在元年。

[八] 楚東小國及陳，見楚不能救彭城，皆叛。五年楚人討陳叛，故殺令尹子辛。

“子反與子靈爭夏姬，[一] 而雍害其事。[二] 子靈奔晉。晉人與之邢，[三] 以爲謀主。扞禦北狄，通吳於晉，教吳叛楚，教之乘車、射御、驅侵，使其子狐庸爲吳行人焉。吳於是伐巢，取駕，克棘，入州來。[四] 楚罷於奔命，至今爲患，則子靈之爲也。[五]

[一] 子靈，巫臣。

[二] 子反亦雍害巫臣，不使得取夏姬。

[三] 邢，晉邑。

［四］駕、棘，皆楚邑。譙國酇縣東北有棘亭。

［五］事見成七年。

“若敖之亂，伯賁之子賁皇奔晉。晉人與之苗，[一]以爲謀主。鄢陵之役，[二]楚晨壓晉軍而陳，晉將遁矣。苗賁皇曰：‘楚師之良，在其中軍王族而已。[三]若塞井夷竈，成陳以當之，[四]欒、范易行以誘之，[五]中行、二郤必克二穆。[六]吾乃四萃於其王族，必大敗之。’[七]晉人從之，楚師大敗，王夷師熸，[八]子反死之。鄭叛吳興，楚失諸侯，則苗賁皇之爲也。”

［一］若敖亂在宣四年。苗，晉邑。

［二］在成十六年。

［三］言楚之精卒唯在中軍。

［四］塞井夷竈以爲陳。

［五］欒書時將中軍，范燮佐之。易行，謂簡易兵備，欲令楚貪己，不復顧二穆之兵。

［六］郤錡時將上軍，中行偃佐之。郤至佐新軍。令此三人分良以攻二穆之兵。楚子重、子辛皆出穆王，故曰“二穆”。

［七］四萃，四面集攻之。

［八］夷，傷也。吳、楚之間謂火滅爲熸。

子木曰：“是皆然矣。”聲子曰：“今又有甚於此。椒舉娶於申公子牟，子牟得戾而亡，君大夫謂椒舉：‘女實遣之。’懼而奔鄭，引領南望曰：‘庶幾赦余！’亦弗圖也。[一]今在晉矣。晉人將與之縣，以比叔向。[二]彼若謀害楚國，

豈不爲患?”子木懼，言諸王，益其祿爵而復之。聲子使椒鳴逆之。[三]

[一]言楚亦不以爲意。

[二]以舉材能比叔向。

[三]椒鳴，伍舉子。《傳》言聲子有辭，伍舉所以得反，子孫復仕於楚。

〔襄經·二十六·八〕

八月壬午，許男甯卒于楚。[一]

[一]未同盟而赴以名。

(襄傳·二十六·十三)

許靈公如楚，請伐鄭，[一]曰:“師不興，孤不歸矣。”八月，卒于楚。楚子曰:“不伐鄭，何以求諸侯?”

[一]十六年晉伐許，他國皆大夫，獨鄭伯自行，故許恚欲報之。

〔襄經·二十六·九〕

冬，楚子、蔡侯、陳侯伐鄭。

(襄傳·二十六·十四)

冬十月，楚子伐鄭。[一]鄭人將禦之，子產曰:“晉、楚將平，諸侯將和，[二]楚王是故昧於一來。[三]不如使逞而歸，乃易成也。[四]夫小人之性，釁於勇，嗇於禍，以足其性而求名焉者，非國家之利也，若何從之?”[五]子展説，不禦寇。十二月乙酉，入南里，墮其城，[六]涉於樂氏，[七]門于師之梁。[八]縣門發，獲九人焉。

[一]爲許。

［二］和在明年。

［三］昧，猶貪冒。

［四］逞，快也。

［五］釁，動也。嗇，貪也。言鄭之欲與楚戰者，皆釁勇貪名之人，非能爲國計慮久利，不可從也。

［六］南里，鄭邑。

［七］樂氏，津名。

［八］鄭城門。

〔襄經·二十六·十〕

葬許靈公。

（襄傳·二十六·十五）

涉于汜而歸，[一]而後葬許靈公。[二]

［一］於汜城下涉汝水南歸。

［二］卒靈公之志而後葬之。

〔左氏附〕

（襄傳·二十六·十六）

衛人歸衛姬于晉，乃釋衛侯。[一]君子是以知平公之失政也。[二]

［一］衛侯以女説晉，而後得免。

［二］《傳》言晉之衰。

〔左氏附〕

（襄傳·二十六·十七）

晉韓宣子聘于周，王使請事。[一]對曰："晉士起將歸

時事於宰旅，無他事矣。”[二] 王聞之曰：“韓氏其昌阜於晉乎？辭不失舊。”[三]

[一] 問何事來聘。

[二] 起，宣子名。禮，諸侯大夫入天子國稱士。時事，四時貢職。宰旅，冢宰之下士。言獻職貢於宰旅，不敢斥尊。

[三] 阜，大也。《傳》言周衰，諸侯莫能如禮，唯韓起不失舊。

〔左氏附〕

（襄傳·二十六·十八）

齊人城郟之歲，[一] 其夏，齊烏餘以廩丘奔晉。[二] 襲衛羊角，取之。[三] 遂襲我高魚。[四] 有大雨自其竇入，[五] 介于其庫，[六] 以登其城，克而取之。[七] 又取邑于宋。於是范宣子卒，[八] 諸侯弗能治也。及趙文子爲政，乃卒治之。文子言於晉侯曰：“晉爲盟主，諸侯或相侵也，則討而使歸其地〔一〕。今烏餘之邑，皆討類也。[九] 而貪之，是無以爲盟主也。請歸之。”公曰：“諾！孰可使也？”對曰：“胥梁帶能無用師。”晉侯使往。[一〇]

[一] 在二十四年。

[二] 烏餘，齊大夫。廩丘，今東郡廩丘縣故城是。

[三] 今廩丘縣所治羊角城是。

[四] 高魚城在廩丘縣東北。

[五] 雨，故水竇開。

[六] 入高魚庫而介其甲。

〔一〕 則討而使歸其地 “而”，阮刻本作“之”。

[七] 取魯高魚，無所諱而不書，其義未聞。

[八] 宣子，范匄。

[九] 言於比類宜見討。

[一〇] 胥梁帶，晉大夫。能無用師，言有權謀。

襄公二十七年

〔左氏附〕

(襄傳·二十七·一)

二十七年春，胥梁帶使諸喪邑者具車徒以受地，必周。[一]使烏餘具車徒以受封，[二]烏餘以其衆出。[三]使諸侯僞效烏餘之封者，[四]而遂執之，盡獲之。[五]皆取其邑而歸諸侯，諸侯是以睦於晉。[六]

［一］諸喪邑謂齊、魯、宋也。周，密也。必密來，勿以受地爲名。

［二］烏餘以地來，故詐許封之。

［三］出受封也。

［四］效，致也。使齊、魯、宋僞若致邑封烏餘者。

［五］皆獲其徒衆。

［六］《傳》言趙文子賢，故平公雖失政，而諸侯猶睦。

〔襄經·二十七·一〕

二十有七年春，齊侯使慶封來聘。[一]

［一］景公即位，通嗣君也。

(襄傳·二十七·二)

齊慶封來聘，其車美。孟孫謂叔孫曰："慶季之車，不亦美乎？"[一]叔孫曰："豹聞之，服美不稱，必以惡終。美車何爲？"叔孫與慶封食不敬，爲賦《相鼠》，亦不知也。[二]

［一］季，慶封字。

［二］《相鼠》,《詩·鄘風》。曰:“相鼠有皮，人而無儀。人而無儀，不死何爲。”慶封不知此詩爲己，言其闇甚，爲明年慶封來奔《傳》。

〔襄經·二十七·二〕

夏，叔孫豹會晉趙武、楚屈建、蔡公孫歸生、衛石惡、陳孔奐、鄭良霄、許人、曹人于宋。[一]

［一］案《傳》，會者十四國，齊、秦不交相見，邾、滕爲私屬，皆不與盟。宋爲主人，地於宋則與盟可知，故《經》唯序九國大夫，楚先晉歃而書先晉，貴信也。陳于晉會常在衛上，孔奐非上卿，故在石惡下。

(襄傳·二十七·五)

宋向戌善於趙文子，又善於令尹子木，欲弭諸侯之兵以爲名。[一]如晉，告趙孟。趙孟謀於諸大夫。韓宣子曰:“兵，民之殘也，財用之蠹，[二]小國之大菑也。將或弭之，雖曰不可，必將許之。[三]弗許，楚將許之，以召諸侯，則我失爲盟主矣。”晉人許之。如楚，楚亦許之。如齊，齊人難之。陳文子曰:“晉、楚許之，我焉得已。且人曰弭兵，而我弗許，則固攜吾民矣，將焉用之?”齊人許之。告於秦，秦亦許之。皆告於小國，爲會於宋。

［一］欲獲息民之名。

［二］蠹，害物之蟲。

［三］言雖知兵不得久弭，今不可不許。

五月甲辰，晉趙武至於宋。丙午，鄭良霄至。六月丁未朔，宋人享趙文子，叔向爲介，司馬置折俎，禮也。[一]仲尼使舉是禮也，以爲多文辭。[二]戊申，叔孫豹、齊慶封、陳須無、衛石惡至。[三]甲寅，晉荀盈從趙武至。[四]丙辰，邾悼公至。[五]壬戌，楚公子黑肱先至，成言於晉。[六]丁卯，宋向戌如陳，從子木成言於楚。[七]戊辰，滕成公至。[八]子木謂向戌："請晉、楚之從，交相見也。"[九]庚午，向戌復於趙孟。趙孟曰："晉、楚、齊、秦，匹也。晉之不能於齊，猶楚之不能於秦也，[一〇]楚君若能使秦君辱於敝邑，寡君敢不固請於齊?"[一一]壬申，左師復言於子木。子木使馹謁諸王。[一二]王曰："釋齊、秦，他國請相見也。"[一三]秋七月戊寅，左師至。[一四]是夜也，趙孟及子晳盟以齊言。[一五]庚辰，子木至自陳。陳孔奐、蔡公孫歸生至。[一六]曹、許之大夫皆至。以藩爲軍。[一七]

［一］折俎，體解節折，升之於俎，合卿享宴之禮，故曰"禮也"。周禮：司馬掌會同之事。

［二］宋向戌自美弭兵之意，敬逆趙武。趙武、叔向因享宴之會，展賓主之辭，故仲尼以爲多文辭。

［三］須無，陳文子。

［四］趙武命盈追己，故言從趙武。後武遣盈如楚。

［五］小國，故君自來。

［六］時令尹子木止陳，遣黑肱就晉大夫成盟載之言，兩相然可。

［七］就於陳，成楚之要言。

［八］亦小國，君自來。

［九］使諸侯從晉、楚者，更相朝見。

［一〇］不能服而使之。

［一一］請齊使朝楚。

［一二］馹，傳也。謁，告也。

［一三］《經》所以不書齊、秦。

［一四］從陳還。

［一五］子皙，公子黑肱。素要齊其辭，至盟時不得復訟爭。

［一六］二國大夫與子木俱至。

［一七］示不相忌。

晉、楚各處其偏。[一] 伯夙謂趙孟[二] 曰："楚氛甚惡，懼難。"[三] 趙孟曰："吾左還入於宋，若我何？"[四]

［一］晉處北，楚處南。

［二］伯夙，荀盈。

［三］氛，氣也，言楚有襲晉之氣。

［四］營在宋北，東頭爲上，故晉營在東，有急可左迴入宋東門。

〔襄經·二十七·三〕

衛殺其大夫甯喜。[一]

［一］甯喜弑剽立衎，衎今雖不以弑剽致討，於大義宜追討之，故《經》以國討爲文書名也。書在宋會下，從赴。

（襄傳·二十七·三）

衛甯喜專，公患之。公孫免餘請殺之。[一] 公曰："微甯子不及此。[二] 吾與之言矣。[三] 事未可知，[四] 祇成惡名，止也。"[五] 對曰："臣殺之，君勿與知。"乃與公孫無地、公孫臣謀，[六] 使攻甯氏，弗克，皆死。[七] 公曰："臣也無罪，父子死余矣。"[八] 夏，免餘復攻甯氏，殺甯喜及右宰

穀，尸諸朝。[九] 石惡將會宋之盟，受命而出。衣其尸，枕之股而哭之。欲斂以亡，懼不免，且曰："受命矣。"乃行。[一〇]

［一］免餘，衛大夫。

［二］及此，反國也。

［三］言政由甯氏。

［四］恐伐之未必勝。

［五］衹，適也。

［六］二公孫，衛大夫。

［七］無地及臣皆死。

［八］獻公出時，公孫臣之父爲孫氏所殺。

［九］穀不書，非卿也。

［一〇］行會于宋，爲明年石惡奔《傳》。

〔襄經·二十七·四〕

衛侯之弟鱄出奔晉。[一]

［一］衛侯始者云"政由甯氏，祭則寡人"，而今復患其專，緩答免餘，既負其前信，且不能友于賢弟，使至出奔，故書"弟"以罪兄。

(襄傳·二十七·四)

子鮮曰："逐我者出，[一] 納我者死。[二] 賞罰無章，何以沮勸？君失其信而國無刑，不亦難乎？[三] 且鱄實使之。"[四] 遂出奔晉。公使止之，不可。[五] 及河，又使止之，止使者而盟於河。[六] 託於木門，[七] 不鄉衛國而坐。[八] 木門大夫勸之仕，不可。曰："仕而廢其事，罪也。從之，昭吾所以出也。將誰懟乎？[九] 吾不可以立於人之朝矣。”終身不仕。[一〇] 公喪之，如稅服終身。[一一] 公與免餘邑六十，辭曰：“唯卿備百邑，臣六十矣。下有上祿，亂也。[一二] 臣弗敢聞。且甯子唯多邑，故死。臣懼死之速及也。”公固與之，受其半。以爲少師。公使爲卿，辭曰：“大叔儀不貳，能贊大事。[一三] 君其命之。”乃使文子爲卿。[一四]

［一］謂孫林父。

［二］謂甯喜。

［三］難以治國。

［四］使甯喜納君。

［五］不肯留。

［六］誓不還。

［七］木門，晉邑。

［八］怨之深也。

［九］從之，謂治其事也。事治則明己出欲仕，無所自懟。

［一〇］自誓不仕終身。

［一一］稅即繐也。《喪服》：繐，縗裳，縷細而希，非五服之常，本無月數。痛愍子鮮，故特爲此服。此服無月數，而獻公尋薨，故言終身。

［一二］此一乘之邑，非四井之邑。《論語》稱“千室”，又云“十室”，明通稱。

［一三］贊，佐也。

［一四］文子，大叔儀。

〔襄經·二十七·五〕

秋七月辛巳，豹及諸侯之大夫盟于宋。[一]

［一］夏會之大夫也。豹不倚順，以顯弱命之君，而辨小是以自從，故以違命貶之。《釋例》論之備矣。

(襄傳·二十七·六)

辛巳，將盟於宋西門之外，楚人衷甲。[一] 伯州犁曰："合諸侯之師以爲不信，無乃不可乎？夫諸侯望信於楚，是以來服。若不信，是棄其所以服諸侯也。"固請釋甲。子木曰："晉、楚無信久矣，事利而已。苟得志焉，焉用有信？"大宰退，[二] 告人曰："令尹將死矣，不及三年。求逞志而棄信，志將逞乎？志以發言，言以出信，信以立志，參以定之。[三] 信亡，何以及三？"[四] 趙孟患楚衷甲，以告叔向。叔向曰："何害也？匹夫一爲不信，猶不可，單斃其死。[五] 若合諸侯之卿以爲不信，必不捷矣。食言者不病，[六] 非子之患也。[七] 夫以信召人，而以僭濟之，[八] 必莫之與也，安能害我？且吾因宋以守病〔一〕，[九] 則夫能致死。與宋致死，雖倍楚可也。[一〇] 子何懼焉？又不及是。曰弭兵以召諸侯，而稱兵以害我，[一一] 吾庸多矣，非所患也。"[一二]

［一］甲在衣中，欲因會擊晉。

［二］大宰，伯州犁。

［三］志、言、信，三者具而後身安存。

［四］爲明年子木死起本。

〔一〕 清姚範《援鶉堂筆記》卷第十二："'二（誠按：原訛作"三"）十七年且吾因宋以守病則夫能致死與宋致死雖倍楚可也'，一無'與宋致死'四字。據註但解'則夫能致死'五字更無與宋致死之意，則無四字爲是。余以'守'字句，'病'字句。"顧炎武《左傳杜解補正》："邵氏曰：'入于宋，則因宋以守也。病，謂楚攻而病也。夫，猶言人人也。言人人能致死，與人同力，故可以倍楚（"守"字句絶。按：夫猶彼也。謂宋也）。'"王引之《經傳釋詞》亦謂"守"字絶句，"病"字屬下。今依整理體例從杜預讀，存諸説備參。

［五］單，盡也。斃，踣也。

［六］不病者，單斃於死。

［七］楚食言當死。晉不食言，故無患。

［八］濟，成也。

［九］爲楚所病則欲入宋城。

［一〇］宋爲地主，致死助我，則力可倍楚。

［一一］稱，舉也。

［一二］晉獨取信，故其功多。

季武子使謂叔孫以公命，曰："視邾、滕。"[一]既而齊人請邾，宋人請滕，皆不與盟。[二]叔孫曰："邾、滕，人之私也；我，列國也，何故視之？宋、衛，吾匹也。"乃盟。故不書其族，言違命也。[三]晉、楚爭先。[四]晉人曰："晉固爲諸侯盟主，未有先晉者也。"楚人曰："子言晉、楚匹也，若晉常先，是楚弱也。且晉、楚狎主諸侯之盟也久矣，[五]豈專在晉？"叔向謂趙孟曰："諸侯歸晉之德只，[六]非歸其尸盟也。[七]子務德，無爭先。且諸侯盟，小國固必有尸盟者。[八]楚爲晉細，不亦可乎？"[九]乃先楚人。書先晉，晉有信也。[一〇]

［一］兩事晉、楚，則貢賦重，故欲比小國。武子恐叔孫不從其言，故假公命以敕之。

［二］私屬二國故。

［三］季孫專政於國，魯君非得有命。今君唯以此命告豹，豹宜崇大順以顯弱命之君，而遂其小是，故貶之。

［四］爭先歃血。

［五］狎，更也。

［六］只，辭。

［七］尸，主也。

［八］小國主辨具。

［九］欲推使楚主盟〔一〕。

［一〇］蓋孔子追正之。

壬午，宋公兼享晉、楚之大夫，趙孟爲客。[一]子木與之言，弗能對。使叔向侍言焉，子木亦不能對也。乙酉，宋公及諸侯之大夫盟于蒙門之外。[二]子木問於趙孟曰："范武子之德何如？"[三]對曰："夫子之家事治，言於晉國無隱情。其祝史陳信於鬼神，無愧辭。"[四]子木歸，以語王。王曰："尚矣哉！[五]能歆神人，[六]宜其光輔五君以爲盟主也。"[七]子木又語王曰："宜晉之伯也！有叔向以佐其卿，楚無以當之，不可與爭。"晉荀寅遂如楚涖盟。[八]

［一］客一坐所尊，故季孫飲大夫酒，臧紇爲客。

［二］前盟，諸大夫不敢敵公，禮也。今宋公以近在其國，故謙而重盟。重盟，故不書。蒙門，宋城門。

［三］士會賢，聞於諸侯，故問之。

［四］祝陳馨香，德足副之，故不愧。

［五］尚，上也。

［六］歆，享也。使神享其祭，人懷其德。

［七］五君，謂文、襄、靈、成、景。

［八］重結晉、楚之好。

〔一〕欲推使楚主盟　"欲"，原作"故"，據興國軍本改。

〔左氏附〕

(襄傳·二十七·七)

鄭伯享趙孟于垂隴,[一]子展、伯有、子西、子産、子大叔、二子石從。[二]趙孟曰:“七子從君以寵武也,請皆賦以卒君貺,武亦以觀七子之志。”[三]子展賦《草蟲》,[四]趙孟曰:“善哉!民之主也。[五]抑武也不足以當之。”[六]伯有賦《鶉之賁賁》,[七]趙孟曰:“牀笫之言不踰閾,况在野乎?非使人之所得聞也。”[八]子西賦《黍苗》之四章,[九]趙孟曰:“寡君在,武何能焉?”[一〇]子産賦《隰桑》,[一一]趙孟曰:“武請受其卒章。”[一二]子大叔賦《野有蔓草》,[一三]趙孟曰:“吾子之惠也。”[一四]印段賦《蟋蟀》,[一五]趙孟曰:“善哉!保家之主也,吾有望矣。”[一六]公孫段賦《桑扈》,[一七]趙孟曰:“‘匪交匪敖’,福將焉往?[一八]若保是言也,欲辭福禄得乎?”

[一]自宋還過鄭。

[二]二子石,印段、公孫段。

[三]詩以言志。

[四]《草蟲》,《詩·召南》。曰:“未見君子,憂心忡忡。亦既見止,亦既覯止,我心則降。”以趙孟爲君子。

[五]在上不忘降,故可以主民。

[六]辭君子。

[七]《鶉之賁賁》,《詩·鄘風》。衛人刺其君淫亂,鶉鵲之不若。義取“人之無良,我以爲兄,我以爲君”也。

[八]笫,簀也〔一〕。此詩刺淫亂,故云“牀笫之言”。閾,門限。使

〔一〕簀也 “簀”,原作“簣”,據興國軍本改。

人，趙孟自謂。

［九］《黍苗》，《詩·小雅》。四章曰："肅肅謝功，召伯營之。列列征師，召伯成之。"比趙孟於召伯。

［一〇］推善於其君。

［一一］《隰桑》，《詩·小雅》。義取思見君子，盡心以事之。曰："既見君子，其樂如何。"

［一二］卒章曰："心乎愛矣，遐不謂矣。中心藏之，何日忘之。"趙武欲子產之見規誨。

［一三］《野有蔓草》，《詩·鄭風》。取其"邂逅相遇，適我願兮"。

［一四］大叔喜於相遇，故趙孟受其惠。

［一五］《蟋蟀》，《詩·唐風》。曰："無以大康，職思其居。好樂無荒，良士瞿瞿。"言瞿瞿然顧禮儀。

［一六］能戒懼不荒，所以保家。

［一七］《桑扈》，《詩·小雅》。義取君子有禮文，故能受天之祜。

［一八］此《桑扈》詩卒章，趙孟因以取義。

卒享。文子告叔向曰："伯有將爲戮矣。詩以言志，志誣其上而公怨之，以爲賓榮，[一]其能久乎？幸而後亡。"[二]叔向曰："然！已侈。所謂不及五稔者，夫子之謂矣。"[三]文子曰："其餘皆數世之主也。子展其後亡者也，在上不忘降。[四]印氏其次也，樂而不荒。[五]樂以安民，不淫以使之，後亡，不亦可乎？"

［一］言誣，則鄭伯未有其實。趙孟倡賦詩以自寵，故言公怨之以爲賓榮。

［二］言必先亡。

［三］稔，年也。爲三十年鄭殺良霄《傳》。

［四］謂賦《草蟲》，曰“我心則降”。

［五］謂賦《蟋蟀》，曰“好樂無荒”。

〔左氏附〕

（襄傳·二十七·八）

宋左師請賞，曰：“請免死之邑。”[一]公與之邑六十，以示子罕。子罕曰：“凡諸侯小國，晉、楚所以兵威之，畏而後上下慈和，慈和而後能安靖其國家，以事大國，所以存也。無威則驕，驕則亂生，亂生必滅，所以亡也。天生五材，[二]民並用之，廢一不可，誰能去兵？兵之設久矣，所以威不軌而昭文德也。聖人以興，[三]亂人以廢，[四]廢興存亡昏明之術，皆兵之由也。而子求去之，不亦誣乎？以誣道蔽諸侯，罪莫大焉。縱無大討，而又求賞，無厭之甚也。”削而投之。[五]左師辭邑。

［一］欲宋君稱功加厚賞，故謙言免死之邑也。

［二］金、木、水、火、土也。

［三］謂湯、武。

［四］謂桀、紂。

［五］削賞左師之書。

向氏欲攻司城，[一]左師曰：“我將亡，夫子存我，德莫大焉。又可攻乎？”君子曰：“‘彼己之子，邦之司直’，[二]樂喜之謂乎！[三]‘何以恤我，我其收之’，[四]向戌之謂乎！”[五]

［一］司城，子罕。

［二］《詩·鄭風》。司，主也。

［三］樂喜，子罕也，善其不阿向戌。

［四］逸《詩》。恤，憂也。收，取也。

［五］善向戌能知其過。

〔左氏附〕

（襄傳·二十七·九）

齊崔杼生成及彊而寡，[一]娶東郭姜，生明。東郭姜以孤入，曰棠無咎，[二]與東郭偃相崔氏。[三]崔成有疾而廢之，[四]而立明。成請老于崔。[五]崔子許之。偃與無咎弗予，曰："崔，宗邑也，必在宗主。"[六]成與彊怒，將殺之，告慶封曰："夫子之身，亦子所知也，唯無咎與偃是從，父兄莫得進矣。大恐害夫子，敢以告。"[七]慶封曰："子姑退，吾圖之。"告盧蒲嫳。[八]盧蒲嫳曰："彼，君之讎也，天或者將棄彼矣。彼實家亂，子何病焉？[九]崔之薄，慶之厚也。"[一〇]他日又告。[一一]慶封曰："苟利夫子，必去之。難，吾助女。"

［一］偏喪曰寡。寡，特也。

［二］無咎，棠公之子。

［三］東郭偃，姜之弟。

［四］有惡疾也。

［五］濟南東朝陽縣西北有崔氏城。成欲居崔邑以終老。

［六］宗邑，宗廟所在。宗主，謂崔明。

［七］夫子謂崔杼。

［八］嫳，慶封屬大夫，封以成、彊之言告嫳。

［九］君謂齊莊公，爲崔杼所弑。

［一〇］崔敗，則慶專權。

［一一］成、彊復告。

九月庚辰，崔成、崔彊殺東郭偃、棠無咎於崔氏之朝。崔子怒而出，其衆皆逃，求人使駕，不得。使圉人駕，寺人御而出。[一]且曰："崔氏有福，止余猶可。"[二]遂見慶封。慶封曰："崔、慶一也，[三]是何敢然？請爲子討之。"使盧蒲嫳帥甲以攻崔氏，崔氏堞其宫而守之，[四]弗克。使國人助之，遂滅崔氏。殺成與彊而盡俘其家，其妻縊。[五]嫳復命於崔子，且御而歸之。[六]至，則無歸矣，乃縊。[七]崔明夜辟諸大墓。[八]辛巳，崔明來奔，慶封當國。[九]

［一］圉人，養馬者。寺人，奄士。

［二］恐滅家，禍不止其身。

［三］言如一家。

［四］堞，短垣。使其衆居短垣内以守。

［五］妻，東郭姜。

［六］嫳爲崔子御。

［七］終，"入於其宫，不見其妻，凶"。

［八］開先人之冢以藏之。

［九］當國，秉政。

〔左氏附〕

（襄傳·二十七·十）

楚薳罷如晉涖盟。[一]晉侯享之，將出，賦《既醉》。[二]

叔向曰：“薳氏之有後於楚國也，宜哉！承君命，不忘敏，子蕩將知政矣。敏以事君，必能養民。政其焉往？”[三]

[一] 罷，令尹子蕩。報荀盈也。

[二]《既醉》,《詩·大雅》。曰：“既醉以酒，既飽以德，君子萬年，介爾景福。”以美晉侯，比之太平君子也。

[三] 言政必歸之。

〔左氏附〕

(襄傳·二十七·十一)

崔氏之亂，[一] 申鮮虞來奔，僕賃於野，以喪莊公。[二] 冬，楚人召之，遂如楚，爲右尹。[三]

[一] 在二十五年。

[二] 爲齊莊公服喪。

[三]《傳》言楚能用賢。

〔襄經·二十七·六〕

冬十有二月乙卯朔〔一〕**，日有食之。**[一]

[一] 今《長曆》推十一月朔，非十二月。《傳》曰“辰在申”,“再失閏”。若是十二月，則爲三失閏，故知《經》誤。

(襄傳·二十七·十二)

十一月乙亥朔，日有食之。辰在申，司歷過也，再失閏矣。[一]

〔一〕 十有二月乙卯朔　按：阮校曰：“石經、宋本、宋殘本、淳熙本、岳本、足利本‘卯’作‘亥’，不誤。”

[一] 謂斗建指申。周十一月，今之九月，斗當建戌而在申，故知再失閏也。文十一年三月甲子至今年七十一歲，應有二十六閏，今《長曆》推得二十四閏，通計少再閏。《釋例》言之詳矣。

襄公二十八年

〔襄經·二十八·一〕

二十有八年春，無冰。[一]

［一］前年知其再失閏，頓置兩閏以應天正，故此年正月建子，得以無冰爲災而書。

(襄傳·二十八·一)

二十八年春，無冰。梓慎曰："今兹宋、鄭其饑乎？[一]歲在星紀，而淫於玄枵，[二]以有時菑，陰不堪陽。[三]蛇乘龍。[四]龍，宋、鄭之星也，[五]宋、鄭必饑。玄枵，虚中也。[六]枵，秏名也。土虚而民秏，不饑何爲？"[七]

［一］梓慎，魯大夫。今年鄭游吉、宋向戌言之，明年饑甚，《傳》乃詳其事。

［二］歲，歲星也。星紀在丑，斗、牛之次。玄枵在子，虚、危之次。十八年，晉董叔曰："天道多在西北。"是歲，歲星在亥，至此年十一歲，故在星紀。明年乃當在玄枵〔一〕，今已在玄枵，淫行失次。

［三］時菑，無冰也。盛陰用事，而温無冰，是陰不勝陽，地氣發洩。

［四］蛇，玄武之宿，虚危之星。龍，歲星。歲星，木也。木爲青龍，失次出虚危，下爲蛇所乘。

［五］歲星本位在東方，東方房、心爲宋，角、亢爲鄭，故以龍爲宋、鄭之星。

〔一〕明年乃當在玄枵　"年"，阮刻本作"言"。

［六］玄枵三宿，虛星在其中。

［七］歲爲宋、鄭之星，今失常，淫入虛耗之次。時復無冰，地氣發泄，故曰“土虛民秏”。

〔左氏附〕

（襄傳·二十八·二）

夏，齊侯、陳侯、蔡侯、北燕伯、杞伯、胡子、沈子、白狄朝于晉，宋之盟故也。[一] 齊侯將行，慶封曰：“我不與盟，何爲於晉？”[二] 陳文子曰：“先事後賄，禮也。[三] 小事大，未獲事焉，從之如志，禮也。[四] 雖不與盟，敢叛晉乎？重丘之盟，未可忘也。子其勸行。”[五]

［一］陳侯、蔡侯、胡子、沈子，楚屬也。宋盟曰“晉、楚之從，交相見”，故朝晉。燕國，今薊縣。

［二］以宋盟釋齊、秦。

［三］事大國當先從其政事，而後薦賄以副己心。

［四］言當從大國請事，以順其志。

［五］重丘盟在二十五年。

〔襄經·二十八·二〕

夏，衛石惡出奔晉。[一]

［一］甯喜之黨。書名，惡之。

（襄傳·二十八·三）

衛人討甯氏之黨，故石惡出奔晉。衛人立其從子圃，以守石氏之祀，禮也。[一]

［一］石惡之先石碏，有大功於衛國。惡之罪，不及不祀〔一〕，故曰“禮”。

〔襄經·二十八·三〕

邾子來朝。

（襄傳·二十八·四）

邾悼公來朝，時事也。[一]

［一］《傳》言“來朝”，非宋盟。宋盟唯施於朝晉、楚。

〔襄經·二十八·四〕

秋八月，大雩。

（襄傳·二十八·五）

秋八月，大雩，旱也。

〔左氏附〕

（襄傳·二十八·六）

蔡侯歸自晉，入于鄭，鄭伯享之，不敬。子産曰：“蔡侯其不免乎？[一]日其過此也，[二]君使子展廷勞於東門之外而傲。[三]吾曰：‘猶將更之。’今還，受享而惰，乃其心也。君小國，事大國，而惰傲以爲己心，將得死乎？若不免，必由其子。其爲君也，淫而不父。[四]僑聞之，如是者，恒有子禍。”[五]

［一］不免禍。

［二］往日至晉時。

〔一〕不及不祀　“不祀”，原作“下祀”，據興國軍本改。

［三］迋，往也。

［四］通大子班之妻。

［五］爲三十年蔡世子班弒其君《傳》。

〔襄經 · 二十八 · 五〕

仲孫羯如晉。[一]

［一］告將朝楚。

（襄傳 · 二十八 · 七）

孟孝伯如晉，告將爲宋之盟故如楚也。[一]

［一］魯，晉屬，故告晉而行。

〔左氏附〕

（襄傳 · 二十八 · 八）

蔡侯之如晉也，鄭伯使游吉如楚。及漢，楚人還之，曰："宋之盟，君實親辱。[一]今吾子來，寡君謂吾子姑還，吾將使馹奔問諸晉而以告。"[二]子大叔曰："宋之盟，君命將利小國，而亦使安定其社稷，鎮撫其民人，以禮承天之休，[三]此君之憲令，而小國之望也。[四]寡君是故使吉奉其皮幣，[五]以歲之不易，聘於下執事。[六]今執事有命曰：女何與政令之有？必使而君，棄而封守，跋涉山川，蒙犯霜露，以逞君心。小國將君是望，敢不唯命是聽？無乃非盟載之言，以闕君德，而執事有不利焉，小國是懼。不然，其何勞之敢憚？"

［一］君，謂鄭伯。

［二］問鄭君應來朝否。

［三］休，福禄也。

［四］憲，法也。

［五］聘用乘皮束帛。

［六］言歲有饑荒之難，故鄭伯不得自朝楚。

子大叔歸，復命，告子展曰："楚子將死矣。不脩其政德，而貪昧於諸侯，以逞其願，欲久得乎？《周易》有之，在《復》䷗[一]之《頤》䷚[二]曰：'迷復，凶。'[三]其楚子之謂乎？欲復其願，[四]而棄其本，[五]復歸無所，是謂迷復。[六]能無凶乎？君其往也。送葬而歸，以快楚心，[七]楚不幾十年，未能恤諸侯也。[八]吾乃休吾民矣。"[九]裨竈曰〔一〕："今兹周王及楚子皆將死，[一〇]歲棄其次，而旅於明年之次，以害鳥帑。周、楚惡之。"[一一]

［一］《震》下《坤》上，《復》。

［二］《震》下《艮》上，《頤》。《復》上六變得《頤》。

［三］《復》上六爻辭也。復，反也。極陰反陽之卦，上處極位，迷而復反，失道已遠，遠而無應，故凶。

［四］謂欲得鄭朝以復其願。

［五］不脩德。

［六］失道已遠，又無所歸。

［七］言楚子必死，君往當送其葬。

［八］幾，近也。言失道遠者，復之亦難。

［九］休，息也。言楚不能復爲害。

［一〇］裨竈，鄭大夫。

〔一〕裨竈曰　"裨"，原作"禆"，阮刻本同。據興國軍本改。

［一一］旅，客處也。歲星棄星紀之次，客在玄枵，歲星所在，其國有福。失次於北〔一〕，禍衝在南。南爲朱鳥，鳥尾曰帑。鶉火、鶉尾，周、楚之分，故周王、楚子受其咎。俱論歲星過次，梓慎則曰宋、鄭饑，裨竈則曰周、楚王死。《傳》故備舉，以示卜占惟人所在。

九月，鄭游吉如晉，告將朝于楚，以從宋之盟。子產相鄭伯以如楚，舍不爲壇。[一]外僕言曰："昔先大夫相先君，適四國，未嘗不爲壇。[二]自是至今，亦皆循之。今子草舍，無乃不可乎？"子產曰："大適小則爲壇，小適大苟舍而已，焉用壇？僑聞之，大適小有五美，宥其罪戾，赦其過失，救其菑患，賞其德刑，[三]教其不及。小國不困，懷服如歸。是故作壇以昭其功，宣告後人，無怠於德。[四]小適大有五惡：說其罪戾，[五]請其不足，行其政事，[六]共其職貢，從其時命。[七]不然，則重其幣帛，以賀其福而弔其凶，皆小國之禍也，焉用作壇以昭其禍？所以告子孫，無昭禍焉可也。"[八]

［一］至敵國郊，除地封土爲壇，以受郊勞。

［二］外僕，掌次舍者。

［三］刑，法也。

［四］怠，解也。

［五］自解說也。

［六］奉行大國之政。

［七］從朝會之命。

〔一〕失次於北　"北"，阮刻本訛作"此"。

［八］無昭禍以告子孫〔一〕。

〔襄經·二十八·六〕

冬，齊慶封來奔。［一］

［一］崔杼之黨，耆酒荒淫而出，書名，罪之。自魯奔吴，不書，以絶位不爲卿〔二〕。

（襄傳·二十八·九）

齊慶封好田而耆酒，與慶舍政。［一］則以其内實遷于盧蒲嫳氏，易内而飲酒。［二］數日，國遷朝焉。［三］使諸亡人得賊者，以告而反之，［四］故反盧蒲癸。癸臣子之，［五］有寵，妻之。［六］慶舍之士謂盧蒲癸曰："男女辨姓，子不辟宗，何也？"［七］曰："宗不余辟，［八］余獨焉辟之？賦詩斷章，余取所求焉，惡識宗？"［九］癸言王何而反之，二人皆嬖，［一〇］使執寢戈而先後之。［一一］

［一］舍，慶封子。慶封當國，不自爲政，以付舍。

［二］内實，寶物、妻妾也。移而居嫳家。

［三］就於盧蒲氏朝見封。

［四］亡人，辟崔氏難出奔者。

［五］子之，慶舍。

［六］子之以其女妻癸。

［七］辨，别也。别姓而後可相取。慶氏、盧蒲氏，皆姜姓。

［八］言舍欲妻己。

〔一〕無昭禍以告子孫　"無"，原作"然"，據興國軍本改。

〔二〕以絶位不爲卿　"卿"，原作"罪"，據興國軍本改。按：阮校曰："以絶位不爲卿，淳熙本'卿'作'罪'，非也。"

［九］言己苟欲有求於慶氏，不能復顧禮，譬如賦詩者取其一章而已。

［一〇］二子皆莊公黨。二十五年崔氏弒莊公，癸、何出奔，今還求寵於慶氏〔一〕，欲爲莊公報雠。

［一一］寢戈，親近兵杖。

公膳，日雙雞。[一] 饔人竊更之以鶩。御者知之，則去其肉而以其洎饋。[二] 子雅、子尾怒。[三] 慶封告盧蒲嫳，[四] 盧蒲嫳曰："譬之如禽獸，吾寢處之矣。"[五] 使析歸父告晏平仲。[六] 平仲曰："嬰之衆不足用也，知無能謀也。言弗敢出，[七] 有盟可也。"子家曰："子之言云，[八] 又焉用盟？"告北郭子車。[九] 子車曰："人各有以事君，非佐之所能也。"[一〇] 陳文子謂桓子[一一] 曰："禍將作矣。吾其何得？"對曰："得慶氏之木百車於莊。"[一二] 文子曰："可慎守也已。"[一三]

［一］卿、大夫之膳食。

［二］御，進食者。饔人、御者欲使諸大夫怨慶氏，減其膳。蓋盧蒲癸、王何之謀。

［三］二子皆惠公孫。

［四］以二子怒告嫳。

［五］言能殺而席其皮。

［六］欲與共謀子雅、子尾。

［七］不敢洩謀。

［八］子家，析歸父。

〔一〕 今還求寵於慶氏　"求"，阮刻本作"來"。

［九］子車，齊大夫。

［一〇］佐，子車名。

［一一］桓子，文子之子無宇。

［一二］慶封時有此木，積於六軌之道。

［一三］善其不志於貨財。

盧蒲癸、王何卜攻慶氏，示子之兆，[一] 曰："或卜攻讎，敢獻其兆。"子之曰："克，見血。"冬十月，慶封田于萊，陳無宇從。丙辰，文子使召之。請曰："無宇之母疾病，請歸。"慶季卜之，[二] 示之兆，曰："死。"奉龜而泣。[三] 乃使歸。慶嗣聞之，[四] 曰："禍將作矣。"謂子家："速歸，[五] 禍作必於嘗，[六] 歸猶可及也。"子家弗聽，亦無悛志。[七] 子息曰："亡矣。幸而獲在吳、越。"[八] 陳無宇濟水而戕舟發梁。[九]

［一］龜兆。

［二］季，慶封。

［三］無宇泣。

［四］嗣，慶封之族。

［五］子家，慶封字。

［六］嘗，秋祭。

［七］悛，改寤也。

［八］子息，慶嗣。

［九］戕，殘壞也，不欲慶封得救難。

盧蒲姜謂癸曰："有事而不告我，必不捷矣。"[一] 癸告之。[二]姜曰："夫子愎，莫之止，將不出，我請止之。"[三]癸曰："諾。"十一月乙亥，嘗于大公之廟，慶舍涖事。[四]盧蒲姜告之，且止之。弗聽，曰："誰敢者！"遂如公。[五]麻嬰爲尸，[六]慶奊爲上獻。[七]盧蒲癸、王何執寢戈，慶氏以其甲環公宫。[八]陳氏、鮑氏之圉人爲優。[九]慶氏之馬善驚，士皆釋甲束馬[一〇]而飲酒，且觀優，至於魚里。[一一]欒、高、陳、鮑之徒介慶氏之甲。[一二]子尾抽桷擊扉三，[一三]盧蒲癸自後刺子之。王何以戈擊之，解其左肩。猶援廟桷，動於甍，[一四]以俎壺投殺人而後死。[一五]遂殺慶繩、麻嬰。[一六]公懼，鮑國曰："群臣爲君故也。"[一七]陳須無以公歸，稅服而如内宫。[一八]

[一]姜，癸妻，慶舍女。

[二]告欲殺慶舍。

[三]夫子謂慶舍。

[四]臨祭事。

[五]至公所。

[六]爲祭尸。

[七]上獻，先獻者。

[八]廟在宫内。

[九]優，俳。

[一〇]束，絆之也。

[一一]魚里，里名。優在魚里，就觀之。

[一二]欒，子雅。高，子尾。陳，陳須無。鮑，鮑國。

[一三]桷，椽也。扉，門闔也。以桷擊扉爲期。

[一四]甍，屋棟。

［一五］言其多力。

［一六］慶繩，慶奊。

［一七］言欲尊公室，非爲亂。

［一八］言公懼於外難。

慶封歸，遇告亂者。丁亥，伐西門，弗克。還伐北門，克之。入，伐内宮，[一]弗克，反陳于嶽。[二]請戰，弗許。遂來奔。獻車於季武子，美澤可以鑑。[三]展莊叔見之，[四]曰：“車甚澤，人必瘁，宜其亡也。”叔孫穆子食慶封，慶封氾祭。[五]穆子不説〔一〕，使工爲之誦《茅鴟》，[六]亦不知。既而齊人來讓，[七]奔吳。吳句餘予之朱方，[八]聚其族焉而居之，富於其舊。子服惠伯謂叔孫曰：“天殆富淫人，慶封又富矣。”穆子曰：“善人富，謂之賞。淫人富，謂之殃。天其殃之也，其將聚而殲旃。”[九]

［一］陳、鮑在公所故。

［二］嶽，里名。

［三］光鑑形也。

［四］魯大夫。

［五］禮，食有祭，示有所先也。氾祭，遠散所祭，不共。

［六］工，樂師。《茅鴟》，逸《詩》，刺不敬。

［七］讓魯受慶封。

［八］句餘，吳子夷末也〔二〕。朱方，吳邑。

［九］殲，盡也。旃，之也。爲昭四年殺慶封《傳》。

〔一〕穆子不説　按：阮校曰：“石經、宋本作‘弗説’，與《釋文》合。”

〔二〕吳子夷末也　“末”，原作“朱”，據興國軍本改。

〔左氏附〕

（襄傳·二十八·十）

癸巳，天王崩。未來赴，亦未書，禮也。[一]

［一］嫌時已聞喪當書，故發例。

〔左氏附〕

（襄傳·二十八·十一）

崔氏之亂，喪群公子。故鉏在魯，叔孫還在燕，賈在句瀆之丘。[一]及慶氏亡，皆召之，具其器用而反其邑焉。[二]與晏子邶殿，其鄙六十，[三]弗受。子尾曰："富，人之所欲也，何獨弗欲?"對曰："慶氏之邑足欲，故亡。吾邑不足欲也，益之以邶殿乃足欲。足欲，亡無日矣。在外，不得宰吾一邑。不受邶殿，非惡富也，恐失富也。且夫富如布帛之有幅焉，爲之制度，使無遷也。[四]夫民生厚而用利，於是乎正德以幅之，[五]使無黜嫚，[六]謂之幅利。利過則爲敗。吾不敢貪多，所謂幅也。"與北郭佐邑六十，受之。與子雅邑，辭多受少。與子尾邑，受而稍致之。[七]公以爲忠，故有寵。釋盧蒲嫳于北竟。[八]

［一］在襄二十五年。

［二］反，還也。

［三］邶殿，齊别都。以邶殿邊鄙六十邑與晏嬰。

［四］遷，移也。

［五］言厚利皆人之所欲，唯正德可以爲之幅。

［六］黜，猶放也。

［七］致還公。

［八］釋，放也。

求崔杼之尸，將戮之，不得。叔孫穆子曰：“必得之。武王有亂臣十人，[一]崔杼其有乎？不十人，不足以葬。”[二]既，崔氏之臣曰：“與我其拱璧，[三]吾獻其柩。”於是得之。十二月乙亥朔，齊人遷莊公，殯于大寢。[四]以其棺尸崔杼於市，[五]國人猶知之，皆曰：“崔子也。”[六]

［一］亂，治也。

［二］葬必須十人，崔氏不能令十人同心，故必得。

［三］崔氏大璧。

［四］更殯之於路寢也。十二月戊戌朔，乙亥誤。

［五］崔氏弒莊公，又葬不如禮，故以莊公棺著崔杼尸邊，以章其罪。

［六］始求崔杼之尸，不得，故《傳》云“國人皆知之”。

〔襄經·二十八·七〕

十有一月，公如楚。[一]

［一］爲宋之盟，故朝楚。

（襄傳·二十八·十二）

爲宋之盟故，公及宋公、陳侯、鄭伯、許男如楚。公過鄭，鄭伯不在。[一]伯有廷勞於黄崖，不敬。[二]穆叔曰：“伯有無戾於鄭，鄭必有大咎。[三]敬，民之主也，而棄之，何以承守？[四]鄭人不討，必受其辜。濟澤之阿，[五]行潦之蘋藻，[六]寘諸宗室，[七]季蘭尸之，敬也。[八]敬可棄乎？”[九]

［一］已在楚。

［二］滎陽宛陵縣西有黄水，西南至新鄭城，西入洧。

［三］伯有不受戮，必還爲鄭國害。

［四］言無以承先祖守其家。

［五］言薄土。

［六］言賤菜。

［七］薦宗廟。

［八］言取蘋藻之菜於阿澤之中，使服蘭之女而爲之主，神猶享之，以其敬也。

［九］爲三十年鄭殺良霄《傳》。

〔襄經·二十八·八〕

十有二月甲寅，天王崩。[一]

［一］靈王也。

（襄傳·二十八·十五）

王人來告喪，問崩日，以甲寅告。故書之，以徵過也。[一]

［一］徵，審也。此緩告，非有事宜，直臣子怠慢，故以此發例。

〔襄經·二十八·九〕

乙未，楚子昭卒。[一]

［一］康王也。十二月無乙未，日誤。

（襄傳·二十八·十三）

及漢，楚康王卒。公欲反，叔仲昭伯曰："我楚國之爲，豈爲一人？行也。"[一]子服惠伯曰："君子有遠慮，小人從邇。[二]飢寒之不恤，誰遑其後？[三]不如姑歸也。"叔孫穆子曰："叔仲子專之矣，[四]子服子始學者也。"[五]榮成伯曰："遠圖者，忠也。"[六]公遂行。[七]宋向戌曰："我一人之爲，非爲楚也，飢寒之不恤，誰能恤楚？姑歸而息民，待其立君而爲之備。"宋公遂反。

［一］昭伯，叔仲帶。

［二］邇，近也。

［三］遑，暇也。

［四］言足專任。

［五］言未識遠。

［六］成伯，榮駕鵞。

［七］從昭伯謀。

〔左氏附〕

（襄傳·二十八·十四）

楚屈建卒。趙文子喪之如同盟，禮也。[一]

［一］宋盟有衷甲之隙，不以此廢好，故曰"禮"。

春秋左氏經傳集解襄公六第十九

春秋左氏經傳集解襄公六第十九〔一〕

杜　氏

襄公二十九年

〔襄經·二十九·一〕

二十有九年春王正月，公在楚。[一]

［一］公在外，闕朝正之禮甚多，而唯書此一年者，魯公如楚既非常，此公又踰年，故發此一事以明常。

（襄傳·二十九·一）

二十九年春王正月，公在楚，釋不朝正于廟也。[一]楚人使公親襚，[二]公患之。穆叔曰："祓殯而襚，則布幣也。"[三]乃使巫以桃茢先祓殯。[四]楚人弗禁，既而悔之。[五]

［一］釋，解也。告廟在楚，解公所以不朝正。

［二］諸侯有遣使賵襚之禮，今楚欲遣使之比。

［三］先使巫祓除殯之凶邪而行襚禮，與朝而布幣無異。

［四］茢，黍穰。

［五］禮，君臨臣喪乃祓殯，故楚悔之。

〔左氏附〕

（襄傳·二十九·二）

二月癸卯，齊人葬莊公於北郭。[一]

〔一〕原卷標題"襄"字後闕"公"字，據本書體例補。

［一］兵死不入兆域，故葬北郭。

〔左氏附〕

（襄傳·二十九·三）

夏四月，葬楚康王。公及陳侯、鄭伯、許男送葬，至於西門之外。諸侯之大夫皆至于墓。楚郟敖即位，[一] 王子圍爲令尹。[二] 鄭行人子羽曰："是謂不宜，必代之昌。松柏之下，其草不殖。"[三]

［一］郟敖，康王子熊麇也。

［二］圍，康王弟。

［三］言楚君弱，令尹强，物不兩盛。爲昭元年圍弑郟敖起本。

〔襄經·二十九·二〕

夏五月，公至自楚。

（襄傳·二十九·四）

公還，及方城。季武子取卞，[一] 使公冶問，[二] 璽書追而與之〔一〕，[三] 曰："聞守卞者將叛，臣帥徒以討之，既得之矣，敢告。"公冶致使而退，[四] 及舍而後聞取卞。[五] 公曰："欲之而言叛，祇見疏也。"[六] 公謂公冶曰："吾可以入乎？"[七] 對曰："君實有國，誰敢違君？"公與公冶冕服。[八] 固辭，强之而後受。公欲無入，榮成伯賦《式微》，乃歸。[九] 五月，公至自楚。

［一］取卞邑以自益。

［二］問公起居。公冶，季氏屬大夫。

〔一〕璽書追而與之　按：阮校曰："石經、宋本'與'作'予'。案，《外傳》亦作'予'。"

［三］璽，印也。

［四］致季氏使命。

［五］發書乃聞之。

［六］言季氏欲得下而欺我言叛，益疏我。

［七］以季氏疏己，故不敢入。

［八］以卿服玄冕賞之。

［九］《式微》，《詩·邶風》。曰："式微式微，胡不歸。"式，用也。義取寄寓之微陋，勸公歸〔一〕。

公冶致其邑於季氏，[一] 而終不入焉。[二] 曰："欺其君，何必使余！"季孫見之，則言季氏如他日，不見，則終不言季氏。及疾，聚其臣，[三] 曰："我死必無以冕服斂，非德賞也。[四] 且無使季氏葬我。"

［一］本從季氏得邑，故還之。

［二］不入季孫家。

［三］大夫家臣。

［四］言公畏季氏而賞其使，非以我有德。

〔襄經·二十九·三〕

庚午，衛侯衎卒。[一]

［一］無《傳》。四同盟。

〔左氏附〕

（襄傳·二十九·五）

葬靈王。[一] 鄭上卿有事，子展使印段往。伯有曰："弱

〔一〕 勸公歸　阮刻本"歸"後有"也"字。

不可。”[二] 子展曰:“與其莫往，弱不猶愈乎?《詩》云:‘王事靡盬，不遑啓處。’[三] 東西南北，誰敢寧處?[四] 堅事晉、楚，以蕃王室也。[五] 王事無曠，何常之有?”遂使印段如周。[六]

[一] 不書，魯不會。

[二] 印段年少官卑。

[三]《詩·小雅》。盬，不堅固也。啓，跪也。言王事無不堅固，故不暇跪處。

[四] 謂上卿。

[五] 言我固事晉、楚，乃所以蕃屏王室。

[六]《傳》言周衰，卑於晉、楚。

〔襄經·二十九·四〕

閽弑吳子餘祭。[一]

[一] 閽，守門者，下賤非士，故不言盜。

(襄傳·二十九·六)

吳人伐楚，獲俘焉，以爲閽，使守舟。吳子餘祭觀舟，閽以刀弑之。[一]

[一] 言以刀，明近刑人。

〔左氏附〕

(襄傳·二十九·七)

鄭子展卒，子皮即位。[一] 於是鄭饑，而未及麥，民病。子皮以子展之命，餼國人粟，户一鍾，[二] 是以得鄭國之民，故罕氏常掌國政以爲上卿。宋司城子罕聞之，曰:

“鄰於善，民之望也。”[三] 宋亦饑，請於平公，出公粟以貸，使大夫皆貸。司城氏貸而不書，[四] 爲大夫之無者貸。宋無飢人。叔向聞之，曰：“鄭之罕，宋之樂，其後亡者也。二者其皆得國乎！[五] 民之歸也，施而不德，樂氏加焉，其以宋升降乎！”[六]

[一] 子皮代父爲上卿。

[二] 在喪，故以父命也。六斛四斗曰鍾。

[三] 民亦望君爲善。

[四] 施而不德。

[五] 得掌國政。

[六] 升降，隨宋盛衰。

〔襄經·二十九·五〕

仲孫羯會晉荀盈、齊高止、宋華定、衛世叔儀、鄭公孫段、曹人、莒人、滕人、薛人、小邾人城杞。[一]

[一] 公孫段，伯石也。三十年伯有死，乃命爲卿，今蓋以攝卿行。

（襄傳·二十九·八）

晉平公，杞出也，故治杞。[一] 六月，知悼子合諸侯之大夫以城杞。孟孝伯會之，鄭子大叔與伯石往。[二] 子大叔見大叔文子，[三] 與之語。文子曰：“甚乎！其城杞也。”子大叔曰：“若之何哉？晉國不恤周宗之闕，而夏肄是屏。[四] 其棄諸姬，亦可知也已。諸姬是棄，其誰歸之？吉也聞之，棄同即異，是謂離德。《詩》曰：‘協比其鄰，昏姻孔云。’[五] 晉不鄰矣，其誰云之？”[六]

［一］治理其地，脩其城。

［二］大叔不書，不親事。

［三］文子，衛大叔儀。

［四］周宗，諸姬也。夏肄，杞也。肄，餘也。屏，城也。

［五］《詩·小雅》。言王者和協近親，則昏姻甚歸附。

［六］云，猶旋，旋歸之。

〔左氏附〕

（襄傳·二十九·九）

齊高子容與宋司徒見知伯，女齊相禮。[一] 賓出，司馬侯言於知伯曰："二子皆將不免。子容專，[二] 司徒侈，皆亡家之主也。"知伯曰："何如？"對曰："專則速及，[三] 侈將以其力斃，[四] 專則人實斃之，將及矣。"[五]

［一］子容，高止也。司徒，華定也。知伯，荀盈也。女齊，司馬侯也。相禮，侍威儀也。

［二］專，自是也。

［三］速及禍也。

［四］力盡而自斃。

［五］爲此秋高止出奔燕，昭二十年華定出奔陳《傳》。

〔襄經·二十九·六〕

晉侯使士鞅來聘。

（襄傳·二十九·十）

范獻子來聘，拜城杞也。[一] 公享之，展莊叔執幣。[二] 射者三耦，[三] 公臣不足，取於家臣。家臣：展瑕、展玉父

爲一耦；公臣：公巫召伯、仲顏莊叔爲一耦，鄫鼓父、黨叔爲一耦。[四]

[一]謝魯爲杞城。

[二]公將以酬賓。

[三]二人爲耦。

[四]言公室卑微，公臣不能備於三耦。

〔左氏附〕

(襄傳·二十九·十一)

晉侯使司馬女叔侯來治杞田，[一]弗盡歸也。晉悼夫人慍曰："齊也取貨。[二]先君若有知也，不尚取之。"[三]公告叔侯。叔侯曰："虞、虢、焦、滑、霍、揚、韓、魏，皆姬姓也，[四]晉是以大。若非侵小，將何所取？武、獻以下兼國多矣，[五]誰得治之？杞，夏餘也，而即東夷。[六]魯，周公之後也，而睦於晉。以杞封魯猶可，而何有焉？[七]魯之於晉也，職貢不乏，玩好時至，公、卿、大夫相繼於朝，史不絶書，[八]府無虛月。[九]如是可矣，可必瘠魯以肥杞？且先君而有知也，毋寧夫人而焉用老臣？"[一〇]

[一]使魯歸前侵杞田。所歸少，故不書。

[二]夫人，平公母，杞女也。謂叔侯取貨於魯，故不盡歸杞田。

[三]不尚叔侯之取貨。

[四]八國皆晉所滅，焦在陝縣，揚屬平陽郡。

[五]武公、獻公，晉始盛之君。

[六]行夷禮。

[七]何有，盡歸之。

［八］書魯之朝聘。

［九］無月不受魯貢。

［一〇］言先君毋寧怪夫人之所爲，無用責我。

〔襄經·二十九·七〕

杞子來盟。[一]

［一］杞復稱子，用夷禮也。

（襄傳·二十九·十二）

杞文公來盟，[一]書曰“子”，賤之也。[二]

［一］魯歸其田，故來盟。

［二］賤其用夷禮。

〔襄經·二十九·八〕

吳子使札來聘。[一]

［一］吳子，餘祭，既遣札聘上國而後死。札以六月到魯，未聞喪也。不稱公子，其禮未同於上國。

（襄傳·二十九·十三）

吳公子札來聘，見叔孫穆子，説之。謂穆子曰：“子其不得死乎？[一]好善而不能擇人，吾聞君子務在擇人。吾子爲魯宗卿而任其大政，不慎舉，何以堪之？禍必及子。”[二]

［一］不得以壽死。

［二］爲昭四年豎牛作亂起本。

請觀於周樂。[一]使工爲之歌《周南》《召南》，[二]曰：“美哉！[三]始基之矣，[四]猶未也，[五]然勤而不怨矣。”[六]

爲之歌《邶》《鄘》《衛》，[七]曰：“美哉，淵乎！憂而不困者也。[八]吾聞衛康叔、武公之德如是，是其《衛風》乎？”[九]爲之歌《王》，[一〇]曰：“美哉！思而不懼，其周之東乎？”[一一]爲之歌《鄭》，[一二]曰：“美哉！其細已甚，民弗堪也，是其先亡乎？”[一三]爲之歌《齊》，[一四]曰：“美哉！泱泱乎大風也哉！[一五]表東海者，其大公乎？[一六]國未可量也。”[一七]爲之歌《豳》，[一八]曰：“美哉！蕩乎！樂而不淫，其周公之東乎？”[一九]爲之歌《秦》，[二〇]曰：“此之謂夏聲。夫能夏則大，大之至也，其周之舊乎？”[二一]爲之歌《魏》，[二二]曰：“美哉！渢渢乎大而婉，險而易行，以德輔此，則明主也。”[二三]爲之歌《唐》，[二四]曰：“思深哉！其有陶唐氏之遺民乎？不然，何憂之遠也？[二五]非令德之後，誰能若是？”爲之歌《陳》，[二六]曰：“國無主，其能久乎？”[二七]自《鄶》以下無譏焉。[二八]

［一］魯以周公故，有天子禮樂。

［二］此皆各依其本國歌所常用聲曲。

［三］美其聲。

［四］《周南》《召南》，王化之基。

［五］猶有商紂未盡善也。

［六］未能安樂，然其音不怨怒。

［七］武王伐紂，分其地爲三監。三監叛，周公滅之，更封康叔并三監之地，故三國盡被康叔之化。

［八］淵，深也。亡國之音哀以思，其民困。衛康叔、武公德化深遠，雖遭宣公淫亂，懿公滅亡，民猶秉義，不至於困。

［九］康叔，周公弟。武公，康叔九世孫。皆衛之令德君也。聽聲以爲别，故有疑言。

[一〇]《王》,《黍離》也。幽王遇西戎之禍，平王東遷，王政不行於天下，風俗下與諸侯同，故不爲雅。

[一一] 宗周隕滅，故憂思；猶有先王之遺風，故不懼。

[一二]《詩》第七。

[一三] 美其有治政之音，譏其煩碎，知不能久。

[一四]《詩》第八。

[一五] 泱泱，弘大之聲。

[一六] 大公封齊，爲東海之表式。

[一七] 言其或將復興。

[一八]《詩》第十五。豳，周之舊國，在新平漆縣東北。

[一九] 蕩乎，蕩然也。樂而不淫，言有節。周公遭管、蔡之變，東征三年，爲成王陳后稷、先公不敢荒淫，以成王業，故言“其周公之東乎”。

[二〇]《詩》第十一。後仲尼刪定，故不同。

[二一] 秦本在西戎，汧、隴之西，秦仲始有車馬禮樂，去戎狄之音而有諸夏之聲，故謂之“夏聲”。及襄公佐周平王東遷而受其故地，故曰“周之舊”。

[二二]《詩》第九。魏，姬姓國。閔元年晉獻公滅之。

[二三] 渢渢，中庸之聲。婉，約也。險當爲“儉”字之誤也。大而約，則儉節易行。惜其國小無明君也。

[二四]《詩》第十。《唐》，晉詩。

[二五] 晉本唐國，故有堯之遺風。憂深思遠，情發於聲。

[二六]《詩》第十二。

[二七] 淫聲放蕩，無所畏忌，故曰“國無主”。

[二八]《鄶》第十三。《曹》第十四。言季子聞此二國歌，不復譏論之，以其微也。

爲之歌《小雅》，[一]曰：“美哉！思而不貳，[二]怨而不言，[三]其周德之衰乎？[四]猶有先王之遺民焉。”[五]爲之歌《大雅》，[六]曰：“廣哉！熙熙乎！[七]曲而有直體，[八]其文王之德乎？”[九]爲之歌《頌》，[一〇]曰：“至矣哉！[一一]直而不倨，[一二]曲而不屈，[一三]邇而不偪，[一四]遠而不攜，[一五]遷而不淫，[一六]復而不厭，[一七]哀而不愁，[一八]樂而不荒，[一九]用而不匱，[二〇]廣而不宣，[二一]施而不費，[二二]取而不貪，[二三]處而不底，[二四]行而不流。[二五]五聲和，[二六]八風平，[二七]節有度，守有序，[二八]盛德之所同也。”[二九]

[一]《小雅》，小正，亦樂歌之常。

[二]思文、武之德，無貳叛之心。

[三]有哀音。

[四]衰，小也。

[五]謂有殷王餘俗，故未大衰〔一〕。

[六]《大雅》，陳文王之德，以正天下。

[七]熙熙，和樂聲。

[八]論其聲。

[九]《雅》《頌》所以詠盛德形容，故但歌其美者，不皆歌變雅。

[一〇]《頌》者，以其成功告於神明。

[一一]言道備至矣〔二〕。

[一二]倨，傲。

[一三]屈，橈。

〔一〕故未大衰　“衰”，據興國軍本補。按：阮校曰：“宋本、淳熙本無‘衰’字。《史記集解》引注文同。《正義》云‘故使周德未得大也’，亦無‘衰’字。”

〔二〕言道備至矣　“至矣”，興國軍本、阮刻本無。按：《釋文》曰：“一本無‘矣’字。”

[一四] 謙退。

[一五] 攜，貳。

[一六] 淫，過蕩。

[一七] 常日新。

[一八] 知命。

[一九] 節之以禮。

[二〇] 德弘大。

[二一] 不自顯。

[二二] 因民所利而利之。

[二三] 義然後取。

[二四] 守之以道。

[二五] 制之以義。

[二六] 宮、商、角、徵、羽，謂之“五聲”。

[二七] 八方之氣，謂之“八風”。

[二八] 八音克諧，節有度也。無相奪倫，守有序也。

[二九]《頌》有殷、魯，故曰“盛德之所同”。

見舞《象箾》《南籥》者，[一] 曰：“美哉！猶有憾。”[二] 見舞《大武》者，[三] 曰：“美哉！周之盛也，其若此乎？”見舞《韶濩》者，[四] 曰：“聖人之弘也，而猶有慙德，聖人之難也。”[五] 見舞《大夏》者，[六] 曰：“美哉！勤而不德，非禹其誰能脩之？”[七] 見舞《韶箾》者，[八] 曰：“德至矣哉！大矣！如天之無不幬也，[九] 如地之無不載也。雖甚盛德，其蔑以加於此矣。觀止矣！若有他樂，吾不敢請已。”[一〇]

[一]《象箾》，舞所執。《南籥》，以籥舞也。皆文王之樂。

[二] 義哉，美其容也。文王恨不及己致大平。

［三］武王樂。

［四］殷湯樂。

［五］慙於始伐。

［六］禹之樂。

［七］盡力溝洫，勤也。

［八］舜樂。

［九］幬，覆也。

［一〇］魯用四代之樂，故及《韶箾》而季子知其終也。季札賢明才博，在吴雖已涉見此樂歌之文，然未聞中國雅聲，故請此周樂，欲聽其聲，然後依聲以參時政，知其興衰也。聞秦詩謂之"夏聲"，聞《頌》曰"五聲和，八風平"，皆論聲以參政也。舞畢知其樂終，是素知其篇數。

其出聘也，通嗣君也。[一] 故遂聘于齊，説晏平仲，謂之曰："子速納邑與政！[二] 無邑無政，乃免於難。齊國之政，將有所歸，未獲所歸，難未歇也。"[三] 故晏子因陳桓子以納政與邑，是以免於欒、高之難。[四]

［一］吴子餘祭嗣立。

［二］納，歸之公。

［三］歇，盡也。

［四］難在昭八年。

聘於鄭，見子産，如舊相識，與之縞帶，子産獻紵衣焉。[一] 謂子産曰："鄭之執政侈，難將至矣。政必及子，子爲政，慎之以禮。不然，鄭國將敗。"[二] 適衛，説蘧瑗、[三] 史狗、[四] 史鰌、[五] 公子荆、公叔發、[六] 公子朝，曰：

“衛多君子，未有患也。”

［一］大帶也。吳地貴縞，鄭地貴紵，故各獻己所貴，示損己而不爲彼貨利。

［二］侈，謂伯有。

［三］蘧伯玉。

［四］史朝之子文子。

［五］史魚。

［六］公叔文子。

自衛如晉，將宿於戚，[一]聞鍾聲焉，曰：“異哉！吾聞之也，辯而不德，必加於戮。[二]夫子獲罪於君以在此，[三]懼猶不足，而又何樂？夫子之在此也，猶燕之巢於幕上。[四]君又在殯，而可以樂乎？”[五]遂去之。[六]文子聞之，終身不聽琴瑟。[七]適晉，説趙文子、韓宣子、魏獻子，曰：“晉國其萃於三族乎？”[八]説叔向，將行，謂叔向曰：“吾子勉之，君侈而多良，大夫皆富，政將在家。[九]吾子好直，必思自免於難。”

［一］戚，孫文子之邑。

［二］辯，猶爭也。

［三］孫文子以戚叛。

［四］言至危。

［五］獻公卒未葬。

［六］不止宿。

［七］聞義能改。

［八］言晉國之政將集於三家。

［九］富必厚施，故政在家。

〔襄經·二十九·九〕

秋九月，葬衛獻公。[一]

［一］無《傳》。

〔襄經·二十九·十〕

齊高止出奔北燕。[一]

［一］止，高厚之子。

（襄傳·二十九·十四）

秋九月，齊公孫蠆、公孫竈放其大夫高止於北燕。[一]乙未出，書曰“出奔”，罪高止也。[二]高止好以事自爲功，且專，故難及之。

［一］蠆，子尾。竈，子雅。放者，宥之以遠。

［二］實放書“奔”，所以示罪。

〔襄經·二十九·十一〕

冬，仲孫羯如晉。

（襄傳·二十九·十五）

冬，孟孝伯如晉，報范叔也。[一]

［一］范叔，士鞅也。此年夏來聘。

〔左氏附〕

（襄傳·二十九·十六）

爲高氏之難故，高豎以盧叛。[一]十月庚寅，閭丘嬰帥師圍盧。高豎曰：“苟使高氏有後，請致邑。”[二]齊人立敬仲之曾孫酀，[三]良敬仲也。[四]十一月乙卯，高豎致盧而

出奔晉，晉人城緜而寘旃。[五]

[一] 豎，高止子。

[二] 還邑於君。

[三] 敬仲，高傒。

[四] 良，猶賢也。

[五] 晉人善其致邑。

〔左氏附〕

(襄傳·二十九·十七)

鄭伯有使公孫黑如楚，[一] 辭曰："楚、鄭方惡，而使余往，是殺余也。"伯有曰："世行也。"[二] 子皙曰："可則往，難則已，何世之有？"伯有將强使之。子皙怒，將伐伯有氏，大夫和之。十二月己巳，鄭大夫盟於伯有氏。裨諶曰："是盟也，其與幾何？[三]《詩》曰'君子屢盟，亂是用長'，今是長亂之道也。禍未歇也，必三年而後能紓。"[四] 然明曰："政將焉往？"裨諶曰："善之代不善，天命也，其焉辟子產？[五] 舉不踰等，則位班也。[六] 擇善而舉，則世隆也。[七] 天又除之，奪伯有魄。[八] 子西即世，將焉辟之？天禍鄭久矣，其必使子產息之，乃猶可以戾。[九] 不然，將亡矣。"

[一] 黑，子皙。

[二] 言女世爲行人。

[三] 言不能久也。裨諶，鄭大夫。

[四] 紓，解也。

[五] 言政必歸子產。

[六] 子產位班次應知政。

[七] 世所高也。

[八] 喪其精神，爲子產驅除。

[九] 戾，定也。

襄公三十年

〔襄經·三十·一〕

三十年春王正月，楚子使薳罷來聘。

（襄傳·三十·一）

三十年春王正月，楚子使薳罷來聘，通嗣君也。[一]穆叔問王子之爲政何如。[二]對曰："吾儕小人，食而聽事，猶懼不給命而不免於戾，焉與知政？"固問焉，不告。穆叔告大夫曰："楚令尹將有大事，子蕩將與焉，[三]助之匿其情矣。"[四]

［一］郟敖即位。

［二］王子圍爲令尹。

［三］子蕩，薳罷。

［四］子圍素貴，郟敖微弱，諸侯皆知其將爲亂〔一〕，故穆叔問之。

〔左氏附〕

（襄傳·三十·二）

子産相鄭伯以如晉。叔向問鄭國之政焉。對曰："吾得見與否，在此歲也。駟、良方爭，未知所成。[一]若有所成，吾得見，乃可知也。"叔向曰："不既和矣乎？"對曰："伯有侈而愎。[二]子晳好在人上，莫能相下也。雖其和也，猶相積惡也，惡至無日矣。"[三]

〔一〕諸侯皆知其將爲亂　"諸"，原作"請"，據興國軍本改。

［一］駟氏，子晳也。良氏，伯有也。

［二］愎，很也。

［三］爲此年秋良霄出奔《傳》。

〔左氏附〕

(襄傳·三十·三)

二月癸未，晉悼夫人食輿人之城杞者。[一]絳縣人或年長矣，無子，而往與於食。有與疑年，使之年。[二]曰："臣小人也，不知紀年。臣生之歲，正月甲子朔，四百有四十五甲子矣，其季於今三之一也。"[三]吏走問諸朝，[四]師曠曰："魯叔仲惠伯會郤成子于承匡之歲也。[五]是歲也，狄伐魯。叔孫莊叔於是乎敗狄于鹹，獲長狄僑如及虺也、豹也，而皆以名其子，七十三年矣。"[六]史趙曰："亥有二首六身，[七]下二如身，是其日數也。"[八]士文伯曰："然則二萬二千六百有六旬也。"[九]趙孟問其縣大夫，則其屬也。[一〇]召之而謝過焉，曰："武不才，任君之大事，以晉國之多虞，不能由吾子，[一一]使吾子辱在泥塗久矣，武之罪也。敢謝不才。"遂仕之，使助爲政，辭以老。與之田，使爲君復陶，[一二]以爲絳縣師，[一三]而廢其輿尉。[一四]

［一］輿，衆也。城杞在往年。

［二］使言其年。

［三］所稱"正月"，謂夏正月也。三分六甲之一，得甲子、甲戌，盡癸未。

［四］皆不知，故問之。

［五］在文十一年。

［六］叔孫僑如、叔孫豹，皆取長狄名。

［七］史趙，晉大史。亥字二畫在上，併三六爲身，如算之六。

［八］下亥上二畫，豎置身旁。

［九］文伯，士弱之子。

［一〇］屬趙武。

［一一］由，用也。

［一二］復陶，主衣服之官。

［一三］縣師，掌地域，辨其夫家人民。

［一四］以役孤老故。

於是魯使者在晉，歸以語諸大夫。季武子曰："晉未可媮也。[一] 有趙孟以爲大夫，有伯瑕以爲佐，[二] 有史趙、師曠而咨度焉，有叔向、女齊以師保其君。其朝多君子，其庸可媮乎？勉事之而後可。"[三]

［一］媮，薄也。

［二］伯瑕，士文伯。

［三］《傳》言晉所以不失諸侯，且明歷也。

〔左氏附〕

(襄傳 · 三十 · 四)

夏四月己亥，鄭伯及其大夫盟。[一] 君子是以知鄭難之不已也。[二]

［一］駟、良爭故。

［二］鄭伯微弱，不能制其臣下，君臣詛盟，故曰"亂未已"。

〔襄經 · 三十 · 二〕

夏四月，蔡世子般弑其君固。

（襄傳 · 三十 · 五）

蔡景侯爲大子般娶于楚，通焉。大子弑景侯。[一]

［一］終子產言有子禍也。

〔襄經 · 三十 · 三〕

五月甲午，宋災，[一]**宋伯姬卒。**

［一］天火曰災。

（襄傳 · 三十 · 七）

或叫于宋大廟，[一]曰："譆譆，出出。"[二]鳥鳴于亳社，[三]如曰："譆譆。"[四]甲午，宋大災，宋伯姬卒，待姆也。[五]君子謂："宋共姬，女而不婦，女待人，[六]婦義事也。"[七]

［一］叫，呼也。

［二］譆譆，熱也。出出，戒伯姬。

［三］殷社。

［四］皆火妖也。

［五］姆，女師。

［六］待人而行。

［七］義，從宜也。伯姬時年六十左右。

〔襄經 · 三十 · 四〕

天王殺其弟佞夫。[一]

［一］稱弟以惡王殘骨肉。

（襄傳·三十·六）

初，王儋季卒，[一]其子括將見王而歎。[二]單公子愆期爲靈王御士，過諸廷，[三]聞其歎而言曰：“烏乎！必有此夫。”[四]入以告王，且曰：“必殺之。不慼而願大，視躁而足高，心在他矣。不殺，必害〔一〕。”王曰：“童子何知？”及靈王崩，儋括欲立王子佞夫，[五]佞夫弗知。戊子，儋括圍蔿，逐成愆。[六]成愆奔平時。[七]五月癸巳，尹言多、劉毅、單蔑、甘過、鞏成殺佞夫，[八]括、瑕、廖奔晉。[九]書曰“天王殺其弟佞夫”，罪在王也。[一〇]

[一]儋季，周靈王弟。

[二]括除服見靈王，入朝而歎。

[三]愆期行過王廷。

[四]欲有此朝廷之權。

[五]佞夫，靈王子，景王弟。

[六]成愆，蔿邑大夫。

[七]平時，周邑。

[八]五子，周大夫。

[九]括、廖不書，賤也。

[一〇]佞夫不知故。《經》書在宋災下，從赴。

〔襄經·三十·五〕

王子瑕奔晉。[一]

〔一〕必害　按：洪亮吉據石經於“必”下增“爲”字。阮校曰：“石經‘必’下有‘爲’字，非也。”

［一］不言出奔，周無外。

〔左氏附〕

（襄傳·三十·八）

六月，鄭子産如陳涖盟。歸，復命。告大夫曰：“陳，亡國也，不可與也。[一]聚禾粟，繕城郭，恃此二者而不撫其民。其君弱植，公子侈，大子卑，大夫敖，政多門，[二]以介於大國，[三]能無亡乎？不過十年矣。”[四]

［一］不可與結好。

［二］政不由一人。

［三］介，間也。

［四］爲昭八年楚滅陳《傳》。

〔襄經·三十·六〕

秋七月，叔弓如宋，葬宋共姬。[一]

［一］共姬從夫謚也。叔弓，叔老之子。卿共葬事，禮過厚。三月而葬，速。

（襄傳·三十·九）

秋七月，叔弓如宋，葬共姬也。[一]

［一］傷伯姬之遇災，故使卿共葬。

〔襄經·三十·七〕

鄭良霄出奔許，[一]**自許入于鄭。**[二]**鄭人殺良霄。**

［一］耆酒荒淫。書名，罪之。

［二］不言復入，獨還無兵。

(襄傳·三十·十)

鄭伯有耆酒，爲窟室，[一]而夜飲酒，擊鍾焉，朝至未已。朝者曰："公焉在？"[二]其人曰："吾公在壑谷。"[三]皆自朝布路而罷。[四]既而朝，[五]則又將使子晳如楚，歸而飲酒。庚子，子晳以駟氏之甲伐而焚之，伯有奔雍梁，[六]醒而後知之，遂奔許。大夫聚謀。子皮曰〔一〕："《仲虺之志》[七]云：'亂者取之，亡者侮之。推亡固存，國之利也。'罕、駟、豐同生，[八]伯有汰侈，故不免。"[九]

[一]窟室，地室。

[二]家臣，故謂伯有爲公。

[三]壑谷，窟室。

[四]布路，分散。

[五]伯有朝鄭君。

[六]雍梁，鄭地。

[七]仲虺，湯左相。

[八]罕，子皮。駟，子晳。豐，公孫段也。三家本同母兄弟。

[九]三家同出而伯有孤特，又汰侈，所以亡。

人謂子產："就直助彊。"[一]子產曰："豈爲我徒！[二]國之禍難，誰知所敝？或主彊直，難乃不生。[三]姑成吾所。"[四]辛丑，子產斂伯有氏之死者而殯之，不及謀而遂行。[五]印段從之。[六]子皮止之。衆曰："人不我順，何止焉？"子皮曰："夫子禮於死者，況生者乎？"遂自止之。壬寅，子產入。癸卯，子石入。[七]皆受盟于子晳氏。

〔一〕子皮曰　"皮"，原作"反"，據興國軍本改。

［一］時謂子晳直，三家彊。

［二］徒，黨也。言不以駟、良爲黨。

［三］言能彊能直，則可弭難。今三家未能，則伯有方爭。

［四］欲以無所附著爲所。

［五］不與於國謀。

［六］義子産。

［七］子石，印段。

乙巳，鄭伯及其大夫盟于大宫，[一]盟國人于師之梁之外。[二]伯有聞鄭人之盟己也怒，聞子皮之甲不與攻己也喜，曰："子皮與我矣。"癸丑，晨自墓門之瀆入，[三]因馬師頡介于襄庫，以伐舊北門。[四]駟帶率國人以伐之。[五]皆召子産。[六]子産曰："兄弟而及此，吾從天所與。"[七]伯有死於羊肆，[八]子産襚之，枕之股而哭之，斂而殯諸伯有之臣在市側者。既而葬諸斗城。[九]子駟氏欲攻子産，子皮怒之曰："禮，國之幹也。殺有禮，禍莫大焉。"乃止。[一〇]

［一］大宫，祖廟。

［二］師之梁，鄭城門。

［三］墓門，鄭城門。

［四］馬師頡，子羽孫。

［五］駟帶，子西之子，子晳之宗主。

［六］駟氏、伯有俱召。

［七］兄弟恩等，故無所偏助。

［八］羊肆，市列。

［九］斗城，鄭地名。

［一〇］斂葬伯有爲有禮。

於是游吉如晉，還，聞難不入，[一]復命于介。八月甲子，奔晉。駟帶追之，及酸棗，與子上盟，用兩珪，質于河。[二]使公孫肸入盟大夫。己巳，復歸。[三]書曰“鄭人殺良霄”，不稱大夫，言自外入也。[四]

［一］懼禍并及。

［二］子上，駟帶也。沈珪於河爲信也。酸棗，陳留縣。

［三］游吉歸也。

［四］既出，位絶，非復鄭大夫。

於子蟜之卒也，[一]將葬，公孫揮與裨竈晨會事焉。[二]過伯有氏，其門上生莠。子羽曰：“其莠猶在乎？”[三]於是歲在降婁，降婁中而旦。[四]裨竈指之曰：“猶可以終歲，[五]歲不及此次也已。”[六]及其亡也，歲在娵訾之口。[七]其明年，乃及降婁。

［一］子蟜，公孫蠆。卒在十九年。

［二］會葬事。

［三］子羽，公孫揮。以莠喻伯有，伯有侈，知其不能久存。

［四］降婁，奎婁也。周七月，今五月。降婁中而天明。

［五］指降婁也。歲星十二年而一終。

［六］不及降婁。

［七］娵訾，營室東壁。二十八年歲星淫在玄枵，今三十年在娵訾，是歲星停在玄枵二年。

僕展從伯有，與之皆死。[一]羽頡出奔晉，爲任大夫。[二]雞澤之會，[三]鄭樂成奔楚，遂適晉。羽頡因之，與之比而事趙文子，言伐鄭之説焉。以宋之盟，故不可。[四]子皮以公孫鉏爲馬師。[五]

［一］僕展，鄭大夫，伯有黨。

［二］羽頡，馬師頡。任，晉縣，今屬廣平郡。

［三］在三年。

［四］宋盟約弭兵故。

［五］鉏，子罕之子。代羽頡。

〔襄經·三十·八〕

冬十月，葬蔡景公。[一]

［一］無《傳》。

〔左氏附〕

(襄傳·三十·十一)

楚公子圍殺大司馬蔿掩，而取其室。[一]申無宇曰："王子必不免。[二]善人，國之主也。王子相楚國，將善是封殖，而虐之，是禍國也。且司馬，令尹之偏，[三]而王之四體也。[四]絶民之主，去身之偏，艾王之體，以禍其國，無不祥大焉。何以得免？"[五]

［一］蔿掩，二十五年爲大司馬。

［二］無宇，芋尹。

［三］偏，佐也。

［四］俱股肱也〔一〕。

［五］爲昭十三年楚弒靈王《傳》。

〔襄經·三十·九〕

晉人、齊人、宋人、衛人、鄭人、曹人、莒人、邾人、滕人、薛人、杞人、小邾人會于澶淵。宋災故。[一]

［一］會未有言其事者，此言宋災故，以惡宋人不克己自責而出會求財〔二〕。

（襄傳·三十·十二）

爲宋災故，諸侯之大夫會，以謀歸宋財。冬十月，叔孫豹會晉趙武、齊公孫蠆、宋向戌、衛北宮佗、[一]鄭罕虎，[二]及小邾之大夫會于澶淵。既而無歸於宋，故不書其人。君子曰："信其不可不慎乎？澶淵之會，卿不書，不信也。夫諸侯之上卿，會而不信，寵名皆棄，不信之不可也如是。[三]《詩》曰'文王陟降，在帝左右'，信之謂也。[四]又曰'淑慎爾止，無載爾僞'，不信之謂也。"[五]書曰"某人某人會于澶淵，宋災故"，尤之也。[六]不書魯大夫，諱之也。[七]

［一］佗，北宮括之子。

［二］虎，子皮。

［三］寵謂族也。

［四］《詩·大雅》。言文王所以能上接天，下接人，動順帝者唯以信。

［五］逸《詩》也。言當善慎舉止，無載行詐僞。

〔一〕 俱股肱也 "股"，原作"服"，據興國軍本改。

〔二〕 以惡宋……會求財 "責"，原作"貴"。據興國軍本改。

［六］《傳》云既而無歸，所以釋諸侯大夫之不書也。又云“宋災故，尤之”，所以釋向戌之并貶也。戌爲正卿，深致火災，燒殺其夫人，未聞克己之意，而以求財合諸侯，故與不歸財者同文。

［七］向戌既以災求財，諸大夫許而不歸，客主皆貶。君子以尊尊之義也，君親有隱，故略不書魯大夫以示例。

〔左氏附〕

（襄傳 · 三十 · 十三）

鄭子皮授子産政，[一]辭曰：“國小而偪，[二]族大寵多，不可爲也。”[三]子皮曰：“虎帥以聽，誰敢犯子？子善相之。國無小，[四]小能事大，國乃寬。”[五]

［一］伯有死，子皮知政，以子産賢，故讓之。

［二］偪近大國。

［三］爲，猶治也。

［四］言在治政。

［五］爲大所恤故也。

子産爲政，有事伯石，賂與之邑。[一]子大叔曰：“國，皆其國也，奚獨賂焉？”[二]子産曰：“無欲實難。[三]皆得其欲以從其事，而要其成，非我有成，其在人乎？[四]何愛於邑，邑將焉往？”[五]子大叔曰：“若四國何？”[六]子産曰：“非相違也，而相從也。[七]四國何尤焉？鄭書有之[八]曰：‘安定國家，必大焉先。’[九]姑先安大，以待其所歸。”[一〇]既伯石懼而歸邑，卒與之。[一一]伯有既死，使大史命伯石

爲卿，辭。大史退，則請命焉。[一二]復命之，又辭，如是三，乃受策入拜。子產是以惡其爲人也，[一三]使次己位。[一四]

［一］伯石，公孫段。有事欲使之。

［二］言鄭大夫共憂鄭國事，何爲獨賂之。

［三］言人不能無欲。

［四］言成猶在我，非在他。

［五］言猶在國。

［六］恐爲四鄰所笑。

［七］言賂以邑，欲爲和順。

［八］鄭國史書。

［九］先和大族，而後國家安。

［一〇］要其成也。

［一一］卒，終也。

［一二］請大史更命己。

［一三］惡其虛飾。

［一四］畏其作亂，故寵之。

子產使都鄙有章，[一]上下有服，[二]田有封洫，[三]廬井有伍。[四]大人之忠儉者，[五]從而與之。泰侈者，因而斃之。[六]豐卷將祭，請田焉。弗許，[七]曰："唯君用鮮，[八]衆給而已。"[九]子張怒，[一〇]退而徵役。[一一]子產奔晉，子皮止之而逐豐卷，豐卷奔晉。子產請其田里，[一二]三年而復之，反其田里及其入焉。[一三]從政一年，輿人誦之曰："取我衣冠而褚之，[一四]取我田疇而伍之，孰殺子產，吾其與之！"[一五]及三年，又誦之曰："我有子弟，子產誨之。

我有田疇，子產殖之。[一六]子產而死，誰其嗣之？”[一七]

［一］國都及邊鄙，車服尊卑各有分部。

［二］公、卿、大夫服不相踰。

［三］封，疆也。洫，溝也。

［四］廬，舍也。九夫爲井，使五家相保。

［五］謂卿、大夫。

［六］因其有罪而斃踣之。

［七］田，獵也。

［八］鮮，野獸。

［九］衆臣祭以芻豢爲足。

［一〇］子張，豐卷。

［一一］召兵欲攻子產。

［一二］請於公，不役入。

［一三］田里所收入。

［一四］褚，畜也。奢侈者畏法，故畜藏。

［一五］並畔爲疇。

［一六］殖，生也。

［一七］嗣，續也。《傳》言鄭所以興。

襄公三十一年

〔襄經·三十一·一〕

三十有一年春王正月。

〔左氏附〕

(襄傳·三十一·一)

三十一年春王正月，穆叔至自會，[一] 見孟孝伯，語之曰：“趙孟將死矣，其語偷，不似民主。[二] 且年未盈五十，而諄諄焉如八九十者，弗能久矣。[三] 若趙孟死，爲政者其韓子乎！[四] 吾子盍與季孫言之，可以樹善，君子也。[五] 晉君將失政矣，若不樹焉，使早備魯，[六] 既而政在大夫，韓子懦弱，大夫多貪，求欲無厭，齊、楚未足與也！魯其懼哉！”孝伯曰：“人生幾何，誰能無偷？朝不及夕，將安用樹？”穆叔出而告人曰：“孟孫將死矣。吾語諸趙孟之偷也，而又甚焉。”[七] 又與季孫語晉故，[八] 季孫不從。及趙文子卒，[九] 晉公室卑，政在侈家。韓宣子爲政，不能圖諸侯。魯不堪晉求，讒慝弘多，是以有平丘之會。[一〇]

［一］澶淵會還。

［二］偷，苟且。

［三］成二年戰於鞌，趙朔已死，於是趙文子始生。至襄三十年會澶淵，蓋年四十七八，故言未盈五十。

［四］韓子，韓起。

［五］言韓起有君子之德，今方知政可素往立善。

［六］使韓子早爲魯備。

［七］言朝不及夕，偷之甚也。

［八］如與孟孫言。

［九］在昭元年。

［一〇］平丘會在昭十三年，晉人執季孫意如。

〔左氏附〕

（襄傳·三十一·二）

齊子尾害閭丘嬰，欲殺之，使帥師以伐陽州。[一] 我問師故。[二] 夏五月，子尾殺閭丘嬰以說于我師，[三] 工僂灑、渻竈、孔虺、賈寅出奔莒。[四] 出群公子。[五]

［一］陽州，魯地。

［二］魯以師往，問齊何故伐我。

［三］言伐魯者，嬰所爲也。伐陽州不書，不成伐。

［四］四子，嬰之黨。

［五］爲昭十年欒、高之難，復群公子起本。

〔襄經·三十一·二〕

夏六月辛巳，公薨于楚宮。[一]

［一］公不居先君之路寢，而安所樂，失其所也。

（襄傳·三十一·三）

公作楚宮。[一] 穆叔曰："《大誓》云：'民之所欲，天必從之。'[二] 君欲楚也夫，故作其宮。若不復適楚，必死是宮也。"六月辛巳，公薨于楚宮。叔仲帶竊其拱璧，[三] 以與御人，納諸其懷而從取之，由是得罪。[四]

［一］適楚，好其宫，歸而作之。

［二］今《尚書·大誓》亦無此文，故諸儒疑之。

［三］拱璧，公大璧。

［四］得罪，謂魯人薄之，故子孫不得志於魯。

〔襄經·三十一·三〕

秋九月癸巳，子野卒。[一]

［一］不書葬，未成君。

(襄傳·三十一·四)

立胡女敬歸之子子野，[一]次于季氏。秋九月癸巳，卒，毁也。[二]

［一］胡，歸姓之國。敬歸，襄公妾。

［二］過哀毁瘠，以致滅性。

〔襄經·三十一·四〕

己亥，仲孫羯卒。

(襄傳·三十一·五)

己亥，孟孝伯卒。[一]立敬歸之娣齊歸之子公子裯。[二]穆叔不欲，曰："大子死，有母弟則立之，無則立長〔一〕。[三]年鈞擇賢，義鈞則卜，古之道也。[四]非適嗣，何必娣之子？[五]且是人也，居喪而不哀，在慼而有嘉容，是謂不度。不度之人，鮮不爲患。若果立之，必爲季氏憂。"武子不聽，卒立之。比及葬，三易衰，衰衽如故衰。[六]於是

〔一〕無則立長　"立長"，阮刻本作"長立"。

昭公十九年矣，猶有童心。君子是以知其不能終也。[七]

［一］終穆叔言。

［二］齊，謚。裯，昭公名。

［三］立庶子則以年。

［四］先人事，後卜筮也。義鈞，謂賢等。

［五］言子野非適嗣。

［六］言其嬉戲無度。

［七］爲昭二十五年公孫於齊《傳》。

〔襄經·三十一·五〕

冬十月，滕子來會葬。[一]

［一］諸侯會葬，非禮。

（襄傳·三十一·六）

冬十月，滕成公來會葬，惰而多涕。[一]子服惠伯曰："滕君將死矣。怠於其位，而哀已甚，兆於死所矣。[二]能無從乎？"[三]

［一］惰，不敬也。

［二］有死兆。

［三］爲昭三年滕子卒《傳》。

〔襄經·三十一·六〕

癸酉，葬我君襄公。

（襄傳·三十一·七）

癸酉，葬襄公。公薨之月，子産相鄭伯以如晉。晉侯以我喪故，未之見也。子産使盡壞其館之垣，而納車馬焉。

士文伯讓之曰：“敝邑以政刑之不脩，寇盜充斥，[一]無若諸侯之屬辱在寡君者何，是以令吏人完客所館，[二]高其閈閎，[三]厚其牆垣，以無憂客使。[四]今吾子壞之，雖從者能戒，其若異客何？以敝邑之爲盟主，繕完葺牆，[五]以待賓客。若皆毀之，其何以共命？寡君使匄請命。”[六]對曰：“以敝邑褊小，介於大國，[七]誅求無時，[八]是以不敢寧居，悉索敝賦，以來會時事。[九]逢執事之不間，而未得見，又不獲聞命，未知見時。不敢輸幣，亦不敢暴露。其輸之，則君之府實也，非薦陳之，不敢輸也。[一〇]其暴露之，則恐燥濕之不時而朽蠹，以重敝邑之罪。僑聞文公之爲盟主也，[一一]宮室卑庳，無觀臺榭，以崇大諸侯之館。館如公寢，庫廄繕脩，司空以時平易道路，[一二]圬人以時塓館宮室〔一〕，[一三]諸侯賓至，甸設庭燎，[一四]僕人巡宮，[一五]車馬有所，[一六]賓從有代，[一七]巾車脂轄，[一八]隸人牧圉各瞻其事，[一九]百官之屬各展其物。[二〇]公不留賓，而亦無廢事。[二一]憂樂同之，事則巡之，[二二]教其不知，而恤其不足。賓至如歸，無寧菑患。[二三]不畏寇盜，而亦不患燥濕。今銅鞮之宮數里，[二四]而諸侯舍於隸人，[二五]門不容車，而不可踰越。[二六]盜賊公行，而夭癘不戒。[二七]賓見無時，命不可知。若又勿壞，是無所藏幣以重罪也。敢請執事，將何以命之？[二八]雖君之有魯喪，亦敝邑之憂也。[二九]若獲薦幣，[三〇]脩垣而行，[三一]君之惠也，敢憚勤勞！”文伯復命，[三二]趙文子曰：“信。[三三]我實不德，而以隸人之垣以贏諸侯，[三四]是吾罪也。”使士文伯謝不敏焉。

〔一〕圬人以時塓館宮室　“宮”，阮刻本作“公”，阮校引作“宮”。

[一] 充，滿。斥，見。言其多。

[二] 館，舍也。

[三] 閎，門也。

[四] 無令客使憂寇盜。

[五] 葺，覆也。

[六] 請問毁垣之命。

[七] 介，間也。

[八] 誅，責也。

[九] 隨時來朝會。

[一〇] 薦陳，猶獻見也。

[一一] 僑，子產名。文公，晉重耳。

[一二] 易，治也。

[一三] 圬人，塗者。塓，塗也。

[一四] 庭燎，設火於庭。

[一五] 巡宫，行夜。

[一六] 有所處。

[一七] 代客役。

[一八] 巾車，主車之官。

[一九] 瞻視客所當得。

[二〇] 展，陳也。謂群官各陳其物以待賓。

[二一] 賓得速去，則事不廢。

[二二] 巡，行也。

[二三] 言見遇如此，寧當復有菑患邪？無寧，寧也。

[二四] 銅鞮，晉離宫。

[二五] 舍如隸人舍。

［二六］門庭之内迫迮，又有牆垣之限。

［二七］癘，猶災也。言水潦無時。

［二八］問晉命己所止之宜。

［二九］言鄭與魯亦有同姓之憂。

［三〇］薦，進也。

［三一］行，去也。

［三二］反命於晉君。

［三三］信如子産言。

［三四］蠃，受也。

晉侯見鄭伯，有加禮，[一]厚其宴好而歸之。乃築諸侯之館。叔向曰："辭之不可以已也如是夫。子産有辭，諸侯賴之。若之何其釋辭也？《詩》曰：'辭之輯矣，民之協矣。辭之繹矣，民之莫矣。'[二]其知之矣。"[三]

［一］禮加敬。

［二］《詩·大雅》。言辭輯睦則民協同，辭説繹則民安定。莫，猶定也。

［三］謂詩人知辭之有益。

〔左氏附〕

（襄傳·三十一·八）

鄭子皮使印段如楚，以適晉告，禮也。[一]

［一］得事大國之禮。

〔襄經·三十一·七〕

十有一月，莒人弑其君密州。[一]

［一］不稱弑者主名，君無道也。

（襄傳·三十一·九）

莒犂比公生去疾及展輿。[一] 既立展輿，[二] 又廢之。犂比公虐，國人患之。十一月，展輿因國人以攻莒子，弑之，乃立。[三] 去疾奔齊，齊出也。[四] 展輿，吳出也。[五] 書曰“莒人弑其君買朱鉏”，[六] 言罪之在也。[七]

［一］犂比，莒子密州之號。

［二］立以爲世子。

［三］展輿立爲君。

［四］母齊女也。

［五］爲明年奔吳《傳》。

［六］買朱鉏，密州之字。

［七］罪在鉏也。《傳》始例申明君臣書“弑”，今者父子，故復重明例。

〔左氏附〕

（襄傳·三十一·十）

吳子使屈狐庸聘于晉，[一] 通路也。[二] 趙文子問焉，曰：“延州來季子其果立乎？[三] 巢隕諸樊，[四] 閽戕戴吳，[五] 天似啓之，何如？”對曰：“不立。是二王之命也，非啓季子也。若天所啓，其在今嗣君乎！[六] 甚德而度，德不失民，[七] 度不失事，[八] 民親而事有序，其天所啓也。有吳國者，必此君之子孫實終之。季子，守節者也。雖有國，不立。”[九]

［一］狐庸，巫臣之子也。成七年適吴爲行人〔一〕。

［二］通吴、晉之路。

［三］延州來，季札邑。

［四］在二十五年。

［五］在二十九年。戴吴，餘祭。

［六］嗣君謂夷末。

［七］民歸德。

［八］審事情。

［九］言其三兄雖欲傳國與之，終不肯立。

〔左氏附〕

（襄傳·三十一·十一）

十二月，北宫文子相衛襄公以如楚，[一]宋之盟故也。[二]過鄭，印段迋勞于棐林，如聘禮而以勞辭。[三]文子入聘。[四]子羽爲行人，馮簡子與子大叔逆客。[五]事畢而出，言於衛侯曰："鄭有禮，其數世之福也，其無大國之討乎？《詩》云：'誰能執熱，逝不以濯？'[六]禮之於政，如熱之有濯也。濯以救熱，何患之有？"[七]

［一］文子，北宫佗。襄公，獻公子。

［二］晉、楚之從，交相見也。

［三］用聘禮而用郊勞之辭。

［四］報印段。

［五］逆文子。

［六］《詩·大雅》。濯，以水濯手。

〔一〕成七年適吴爲行人　"七"，阮刻本誤作"十"，阮校引不誤。

［七］此以上文子辭。

子產之從政也，擇能而使之。馮簡子能斷大事。子大叔美秀而文。[一]公孫揮能知四國之爲，[二]而辨於其大夫之族姓、班位、貴賤、能否，而又善爲辭令。裨諶能謀，謀於野則獲，[三]謀於邑則否。[四]鄭國將有諸侯之事，子產乃問四國之爲於子羽，且使多爲辭令。與裨諶乘以適野，使謀可否。而告馮簡子使斷之。事成，乃授子大叔使行之，以應對賓客。是以鮮有敗事。北宮文子所謂“有禮”也。[五]

［一］其貌美，其才秀。

［二］知諸侯所欲爲。

［三］得所謀也。

［四］此才性之敝。

［五］《傳》跡子產行事，以明北宮文子之言。

〔左氏附〕

（襄傳·三十一·十二）

鄭人游于鄉校，[一]以論執政。[二]然明謂子產曰：“毁鄉校，如何〔一〕？”[三]子產曰：“何爲？夫人朝夕退而游焉，以議執政之善否。其所善者，吾則行之。其所惡者，吾則改之。是吾師也，若之何毁之？我聞忠善以損怨，[四]不聞作威以防怨。[五]豈不遽止？然猶防川，[六]大決所犯，傷人必多，吾不克救也。不如小決使道，[七]不如吾聞而藥之也。”[八]然明曰：“蔑也今而後知吾子之信可事也。小人實

〔一〕毁鄉校如何　“如何”，阮刻本作“何如”。

不才，若果行此，其鄭國實賴之，豈唯二三臣？”仲尼聞是語也，曰：“以是觀之，人謂子產不仁，吾不信也。”[九]

［一］鄉之學校。

［二］論其得失。

［三］患人於中謗議國政。

［四］爲忠善則怨謗息。

［五］欲毀鄉校，即作威。

［六］遽，畏懼也。

［七］道，通也。

［八］以爲己藥石。

［九］仲尼以二十二年生，於是十歲，長而後聞之。

〔左氏附〕

（襄傳·三十一·十三）

子皮欲使尹何爲邑，[一]子產曰：“少，未知可否。”[二]子皮曰：“愿，吾愛之，不吾叛也。[三]使夫往而學焉，夫亦愈知治矣。”[四]子產曰：“不可。人之愛人，求利之也。今吾子愛人則以政，[五]猶未能操刀而使割也，其傷實多。[六]子之愛人，傷之而已，其誰敢求愛於子？子於鄭國，棟也，棟折榱崩，僑將厭焉，敢不盡言？子有美錦，不使人學製焉。[七]大官大邑，身之所庇也，而使學者製焉，其爲美錦，不亦多乎？[八]僑聞學而後入政，未聞以政學者也。若果行此，必有所害。譬如田獵，射御貫，則能獲禽。[九]若未嘗登車射御，則敗績厭覆是懼，何暇思獲？”子皮曰：“善哉！虎不敏。吾聞君子務知大者、遠者，小人務知小者、近者。

我，小人也，衣服附在吾身，我知而慎之。大官、大邑所以庇身也，我遠而慢之。[一〇]微子之言，吾不知也。他日我曰：‘子爲鄭國，我爲吾家，以庇焉其可也。’今而後知不足。[一一]自今，請雖吾家，聽子而行。”子產曰：“人心之不同，如其面焉。吾豈敢謂子面如吾面乎？抑心所謂危，亦以告也。”子皮以爲忠，故委政焉。子產是以能爲鄭國。[一二]

［一］爲邑大夫。

［二］尹何年少。

［三］愿，謹善也。

［四］夫，謂尹何。

［五］以政與之。

［六］多自傷。

［七］製，裁也。

［八］言官邑之重，多於美錦。

［九］貫，習也。

［一〇］慢，易也。

［一一］自知謀慮不足謀其家。

［一二］《傳》言子產之治，乃子皮之力。

〔左氏附〕

（襄傳·三十一·十四）

衛侯在楚，北宮文子見令尹圍之威儀，言於衛侯曰：“令尹似君矣，將有他志，[一]雖獲其志，不能終也。《詩》云：‘靡不有初，鮮克有終。’終之實難，令尹其將不免。”

公曰："子何以知之？"對曰："《詩》云：'敬慎威儀，惟民之則。'令尹無威儀，民無則焉。民所不則，以在民上，不可以終。"

[一]言語、瞻視、行步不常。

公曰："善哉！何謂威儀？"對曰："有威而可畏，謂之威；有儀而可象，謂之儀。君有君之威儀，其臣畏而愛之，則而象之，故能有其國家，令聞長世。臣有臣之威儀，其下畏而愛之，故能守其官職，保族宜家。順是以下皆如是，是以上下能相固也。《衛詩》曰：'威儀棣棣，不可選也。'[一]言君臣上下、父子兄弟、内外大小皆有威儀也。《周詩》曰：'朋友攸攝，攝以威儀。'[二]言朋友之道，必相教訓以威儀也。《周書》數文王之德[三]曰：'大國畏其力，小國懷其德。'言畏而愛之也。《詩》云：'不識不知，順帝之則。'言則而象之也。[四]紂囚文王七年，諸侯皆從之囚。紂於是乎懼而歸之，可謂愛之。文王伐崇，再駕而降爲臣，[五]蠻夷帥服，可謂畏之。文王之功，天下誦而歌舞之，可謂則之。文王之行，至今爲法，可謂象之。有威儀也。故君子在位可畏，施舍可愛，進退可度，周旋可則，容止可觀，作事可法，德行可象，聲氣可樂，動作有文，言語有章，以臨其下，謂之有威儀也。"

[一]《詩·邶風》。棣棣，富而閑也。選，數也。

[二]《詩·大雅》。攸，所也。攝，佐也。

[三]逸《書》。

［四］《大雅》又言文王行事無所斟酌，唯在則象上天。

［五］文王聞崇德亂而伐之，三旬不降，退脩教而復伐之〔一〕，因壘而降。

〔一〕退脩教而復伐之 "復"，阮刻本作"後"。